Wechselstrom-Leistungsmessungen

Von

Werner Skirl

Oberingenieur

Dritte, vollständig umgearbeitete und
erweiterte Auflage

Mit 247 zum größten Teil auf Tafeln
angeordneten Bildern

Berlin
Verlag von Julius Springer
1930

ISBN-13: 978-3-642-98217-0   e-ISBN-13: 978-3-642-99028-1
DOI: 10.1007/978-3-642-99028-1

Vorwort.

Als ich dieses Buch im Jahre 1920 zum ersten Male herausgab, folgte ich vielfach geäußerten Wünschen, die von mir für die Firma Siemens & Halske geschriebenen Technischen Anweisungen über Wechselstrom-Leistungsmessungen weitesten Kreisen in geschlossener Form zugänglich zu machen. Bei dieser Entwicklung konnten naturgemäß nur Siemens-Apparate in dem Buch beschrieben werden. Da diese jedoch nur als Ausführungsbeispiele für den im übrigen allgemein behandelten Stoff dienen und sich die Fabrikate anderer Firmen von den beschriebenen nicht prinzipiell, sondern nur in konstruktiven Einzelheiten unterscheiden, ist die Beschränkung auf ein Fabrikat belanglos. Diese Behandlungsweise bietet vielmehr den Vorteil, daß das ganze Gebiet an einer einheitlich durchgebildeten Reihe von Meßgeräten besprochen werden kann und daß statt allgemeiner Angaben überall festliegende Zahlen gebracht werden können. Um den hierdurch gegebenen Gebrauchswert des Buches zu erhalten, sind auch in der zweiten und in der vorliegenden dritten Auflage als Ausführungsbeispiele im allgemeinen nur Siemens-Meßgeräte gebracht. Im übrigen ist jedoch das Buch seit dem ersten Erscheinen vollständig umgearbeitet worden.

In der vorliegenden dritten Auflage ist der Stoff nach allgemein gültigen Gesichtspunkten neu aufgebaut und gegliedert worden. Hierdurch ergab sich die Möglichkeit, das Gemeinsame der verschiedenen Meßgeräte zusammenzufassen und einheitlich zu behandeln. So wird beispielsweise erst die Bauart der verschiedenen Meßwerke der Leistungsmesser geschlossen behandelt, dann werden die Ausführungsmöglichkeiten der Innenschaltung und endlich die für die Messungen erforderliche Berechnung der Konstanten in allgemein geltender Form gebracht. Die Strom-, Spannungs-, Leistungsfaktor- und Frequenzmesser sind ebenfalls in einem gemeinsamen Abschnitt als Meßgeräte zur Bestimmung von Nebenumständen der Leistungsmessungen zusammengezogen. Der Abschnitt über Meßwandler ist gegen die 2. Auflage wesentlich erweitert und unter Berücksichtigung der neuesten Bauformen entwicklungsgemäß aufgebaut. Besonders eingehend sind hierbei die Meßfehler der Wandler und ihre Korrektion behandelt. Bei der Einführung zu den Messungen ist ein neuer, für das Verständnis sehr wichtiger Abschnitt über den Richtungssinn der Leistung und die Polung·der Leistungsmesser eingefügt worden. Bei den Drehstrom-Messungen sind die Wirk- und Blindlastmessungen in getrennten Abschnitten an Hand von Diagrammen und Kurven eingehend entwickelt. Ebenso ist die Bestimmung des mittleren Leistungsfaktors als besonderer Abschnitt gebracht worden. Bei den vollständigen Drehstrom-Schaltungen, die auch für Blindlastmessungen erweitert sind, ist noch auf den einleitenden Abschnitt über Besonderheiten der Drehstrom-Schaltungen hinzuweisen. Das Buch ist außerdem durch viele neue Kurventafeln erweitert worden. Auch die in der zweiten Auflage erstmalig gebrachten, vom Verfasser entworfenen Schwarz-Weiß-Bilder der Meßwerke sind entsprechend den neusten Ausführungsformen ergänzt worden. Neu hinzugekommen sind auch eine Reihe Schwarz-Weiß-Zeichnungen der neuen Ausführungen der Meßwandler.

Zum Schluß sei noch auf das sehr ausführliche Sachverzeichnis aufmerksam gemacht, in dem der Stoff unter den verschiedenen Stichworten nochmals vielfach gegliedert ist, so daß man ohne vieles Nachschlagen stets rasch die gewünschte Auskunft findet.

Charlottenburg, November 1929.

Werner Skirl.

Inhaltsverzeichnis.

A. Allgemeine Betrachtungen über die erreichbare Meßgenauigkeit.

Die mit einem Zeigerinstrument erreichbare Meßgenauigkeit hängt nicht nur von den elektrischen, sondern in sehr hohem Grade auch von den mechanischen Eigenschaften des Meßwerkes ab. Da im allgemeinen die Bedingungen für die elektrische und die mechanische Güte einander widersprechen, kann die Verbesserung der elektrischen Eigenschaften nur auf Kosten der mechanischen Eigenschaften erfolgen und umgekehrt. Man wird daher bei der Ausführung eines Instrumentes stets ein Kompromiß schließen müssen, das verschieden ausfallen wird, je nachdem, ob ein Instrument mit hoher Meßgenauigkeit, oder ein solches mit geringerer Meßgenauigkeit verlangt wird. Die elektrische Güte eines Instrumentes ist von vornherein durch die Type des Instruments festgelegt. Sie hängt im wesentlichen von der inneren Schaltung und ihren elektrischen Widerständen ab und ist im allgemeinen unveränderlich, solange das Instrument nicht beschädigt ist. Die mechanischen Eigenschaften des Instruments ändern sich dagegen im Gebrauch dauernd. Sie hängen nicht nur von der Art des Instruments, sondern auch wesentlich von der Behandlung durch den Benutzer ab.

1. Mechanische Fehler.

Die Sicherheit der Einstellung eines beweglichen Meßorgans hängt in erster Linie von dem Quotienten

$$\frac{\text{Drehmoment}}{\text{Gewicht}}$$

ab. Je größer das Drehmoment und je kleiner das Gewicht ist, desto sicherer wird sich das Meßorgan unter sonst gleichen Verhältnissen einstellen. Die Größe des Drehmoments hängt von den elektrischen Daten des Instruments, also von der zur Verfügung stehenden Energie ab. Es wird bei einem Präzisionsinstrument, das nur einen kleinen Eigenverbrauch aufweisen soll, wesentlich kleiner sein dürfen, als bei einem Betriebsinstrument, bei dem eine größere Energiemenge zur Verfügung steht. Das Gewicht des Meßorgans hängt im wesentlichen von der Art des Meßwerks und seiner Ausführung ab. Man wird das Gewicht so klein wählen, wie es die mechanische Festigkeit des Meßorgans zuläßt, um auf diese Weise bei der für das Meßwerk zur Verfügung stehenden Energie die größtmögliche Einstellsicherheit zu erreichen. Der auf diese Weise berechnete Quotient Drehmoment: Gewicht erfordert jedoch noch eine kleine Korrektur. Es liegt auf der Hand, daß von zwei Meßinstrumenten, die den gleichen Quotienten Drehmoment: Gewicht ergeben, dasjenige das bessere ist, das das kleinere Gewicht hat, da das größere Gewicht die Spitzen und Lager mehr beansprucht und damit die sichere Einstellung des Meßorgans erschwert. Man setzt daher neuerdings nach K e i n a t h in diese Formel das Gewicht mit der Potenz 1,5 ein, so daß der Quotient bei größeren Gewichten verschlechtert und bei kleineren verbessert wird. Um runde Zahlen zu erhalten, wird der so berechnete Wert noch mit 10 multipliziert. Man nennt ihn dann den Gütefaktor des Instruments. Der Gütefaktor ist demnach

$$\text{Gütefaktor} = 10 \cdot \frac{\text{Drehmoment}}{(\text{Gewicht})^{1,5}} .$$

Bei den Präzisions-Instrumenten mit senkrechter Achse liegt der Gütefaktor zwischen 0,5 und 0,3. Bei Instrumenten mit waagerechter Achse muß der Gütefaktor bei gleicher mechanischer Sicherheit höher liegen, da die waagerechte Lagerung eine wesentlich größere Reibung verursacht. Die hierzu erforderliche Vergrößerung des Drehmomentes wird durch einen entsprechend größeren Eigenverbrauch des Meßwerkes aufgebracht. Der Gütefaktor liegt bei den Betriebsinstrumenten etwa zwischen 1 und 0,5.

Für die bei der Benutzung eines Meßinstrumentes auftretenden Reibungsfehler ist die Art der Lagerung der Achse des Meßorgans von einschneidender Bedeutung. Bei senkrechter Lagerung der Achse ergibt sich die kleinste Lagerreibung, daher führt man die Präzisionsinstrumente fast ausschließlich mit senkrechter Achse aus. Bei waagerechter Achse lassen sich ähnlich günstige Reibungsverhältnisse nicht erzielen, daher kann eine waagerechte Achse nur für weniger genaue Betriebsinstrumente in Frage kommen. Die Lagerung selbst wird meistenteils so ausgeführt, daß an dem beweglichen Organ polierte Stahlspitzen angebracht sind, die in geschliffenen Edelsteinen laufen. Die Lagerspitzen und Lagersteine müssen mit denkbar größter Vorsicht bearbeitet werden, da selbst geringe, nur unter dem Vergrößerungsglas wahrnehmbare Beschädigungen der Spitzen oder Steine sehr leicht eine unzulässige Vergrößerung der Reibungsfehler zur Folge haben. Die Beseitigung derartiger, etwa durch derbe Stöße auf dem Transport oder grobe Behandlung verursachten Reibungsfehler ist in den meisten Fällen recht kostspielig, da außer den eigentlichen Instandsetzungskosten für die Erneuerung der Spitzen und Steine noch erhebliche Kosten für die erforderliche Neuabgleichung des Meßwerks entstehen. Die Größe der Reibungsfehler an einem fertigen Instrument mißt man durch den Skalenbogen in Millimetern, um die der Zeigerausschlag infolge der Reibung von dem richtigen Wert des Ausschlags abweicht. Sagt man z. B., ein Instrument hat 1 mm Reibung, so heißt dies, der Zeigerausschlag weicht infolge der Reibung um 1 mm vom richtigen Wert ab. Bei Präzisionsinstrumenten ist eine Reibung von etwa 0,05 mm, bei Betriebsinstrumenten von 0,25 mm noch zulässig. Man kann sich bei Niederspannungsmessungen von dem Reibungsfehler unabhängig machen, indem man leicht auf das Instrument klopft.

Außer den Reibungsfehlern sind bei der Beurteilung eines Instrumentes noch die etwaigen Fehler der mechanischen Auswägung zu berücksichtigen. Das bewegliche Organ eines Meßinstruments muß derart ausgewogen sein, daß sein Schwerpunkt auf die Achse fällt. Der auf Null stehende Zeiger muß dann in allen Lagen des Instruments auf Null stehen bleiben. Bei den Präzisionsinstrumenten mit senkrechter Achse sind etwaige kleine Auswägungsfehler belanglos, sofern die Achse genau senkrecht steht, also das Instrument auf einer waagerechten Tischfläche aufgestellt ist. Bei etwaiger Neigung des Instruments dagegen können durch die Auswägungsfehler recht wohl Meßfehler verursacht werden, zumal da hierbei die Auswägung noch durch einseitiges Durchhängen der Federn gestört werden kann. Um Meßfehler zu vermeiden, empfiehlt es sich daher, Präzisionsinstrumente nur in annähernd waagerechter Lage zu benutzen. Bei den Betriebsinstrumenten mit geringerer Meßgenauigkeit sind kleine Auswägungsfehler von geringerer Bedeutung, zumal da die hierdurch entstehenden Meßfehler durch die Nulleinstellvorrichtung praktisch behoben werden können.

1*

2. Skalenfehler.

Außer den vorher genannten mechanischen Fehlern des Meßwerkes sind noch die etwaigen Skalenfehler zu berücksichtigen. Zunächst entstehen durch die Ungenauigkeit der zur Eichung benutzten Normalinstrumente, sowie durch fehlerhaftes Ablesen schon bei der Eichung des Instruments kleine Fehler, die durch sorgfältige Arbeit und genaue Kontrolle der Normalinstrumente wohl sehr herabgesetzt, aber niemals ganz vermieden werden können. Bei der Eichung wird die Skala an 10 bis 15 Punkten durch direktes Vergleichen mit dem Normalinstrument empirisch aufgenommen. Die weitere Unterteilung der Skala erfolgt willkürlich; meist wird das zwischen zwei aufgenommenen Punkten liegende Intervall proportional unterteilt. Schon bei der Aufzeichnung der bei der Eichung aufgenommenen Punkte können Zeichenfehler entstehen. Weiterhin sind aber auch bei der Unterteilung der zwischen diesen Punkten liegenden Zwischenräume Zeichenfehler nicht zu vermeiden. Hierzu kommt noch, daß die proportionale Unterteilung der zwischen zwei aufgenommenen Punkten liegenden Abschnitte gar nicht in jedem Falle dem Skalencharakter entspricht.

Die erreichbare Ablesegenauigkeit eines Instruments hängt einmal von der Art der Teilung der Skala, zum andern aber von der Ausführung des Zeigers ab. Am günstigsten ist eine gleichmäßig geteilte Skala, da man hierbei mit großer Sicherheit die zwischen den einzelnen Teilstrichen liegenden Werte abschätzen kann. Bei Präzisionsinstrumenten unterteilt man die Skala so, daß die Breite eines Skalenteiles nicht mehr als etwa 1 bis 1,5 mm beträgt. Der Zeiger wird hierbei als Schneidenzeiger ausgeführt. Zur Vermeidung der durch Parallaxe entstehenden Fehler erhält die Skala eine Spiegelunterlage. Man liest dann so ab, daß das Spiegelbild des Zeigers vom Zeiger verdeckt wird. Bei einer derartig ausgeführten Skala kann ein geübter Beobachter mit ziemlicher Sicherheit noch Zehntel eines Skalenteiles ablesen oder schätzen.

3. Anzeigefehler.

Die gesamte, durch die mechanischen Fehler und die Skalenfehler verursachte Abweichung der Instrumentangabe vom wahren Wert der zu messenden Größe bezeichnet man als Anzeigefehler des Instruments. Der Anzeigefehler wird in Prozenten des

Präzisionsinstrumente		Fehlergrenzen
Klasse E	Drehspul-Meßwerk	Anzeigefehler in % d. End-wertes des Meßbereiches
	Strommesser	± 0,2%
	Spannungsmesser	± 0,2%
	Alle übrigen Meßwerke	
	Strommesser	± 0,4%
	Spannungsmesser	± 0,3%
	Leistungsmesser	± 0,3%
Klasse F	Drehspul-Meßwerk	
	Strommesser	± 0,3%
	Spannungsmesser	± 0,3%
	Alle übrigen Meßwerke	
	Strommesser	± 0,6%
	Spannungsmesser	± 0,5%
	Leistungsmesser	± 0,5%
Zusätzliche Fehler für Klasse E u. F	Meßinstrumente mit austauschbaren	
	Nebenwiderständen	weitere 0,2%
	Vorwiderständen	weitere 0,1%
	Meßbereiche über 250 V	weitere 0,1%

Betriebsinstrumente		Fehlergrenzen
Klasse G	Für alle Meßwerke	Anzeigefehler in % d. End-wertes des Meßbereiches
	Strommesser	± 1,5%
	Spannungsmesser	± 1,5%
	Leistungsmesser	± 1,5%
	Leistungsfaktormesser	Anzeigefehler in Winkel-graden der Skala ± 2
	Zungenfrequenzmesser	Anzeigefehler in % des Sollwertes ± 1%
Klasse H	Für alle Meßwerke	Anzeigefehler in % d. End-wertes des Meßbereiches
	Strommesser	± 3%
	Spannungsmesser	± 3%
	Leistungsmesser	± 3%

Endwertes des Meßbereiches angegeben. Er ist positiv, wenn der vom Instrument angezeigte Wert größer ist als der wahre Wert der zu messenden Größe, er ist negativ, wenn der angezeigte Wert kleiner ist. Beträgt z. B. der Anzeigefehler eines Präzisionsinstruments $\pm$ 0,2% des Endwertes des Meßbereichs, so entspricht dies unter Voraussetzung einer 100-teiligen Skala einer Fehlergrenze von $\pm$ 0,2 Teilstrichen, die über den ganzen Meßbereich konstant ist. Die zulässige Größe der Anzeigefehler wird durch die vom Verband deutscher Elektrotechniker aufgestellten Regeln für Meßgeräte bestimmt. Hiernach werden die Instrumente in die vier Klassen E, F, G und H unterteilt. Die Klassen E und F umfassen Präzisionsinstrumente, die Klassen G und H Betriebsinstrumente. Die für diese Klassen geltenden Fehlergrenzen sind auf Seite 5 angegeben. Sämtliche Werte gelten für eine Raumtemperatur von 20° C und setzen voraus, daß keine Beeinflussungen durch fremde Magnetfelder vorliegen.

Bei der Fehlerberechnung einer Messung müssen die Anzeigefehler in Prozente des Sollwertes umgerechnet werden. Beträgt der Anzeigefehler, wie vorher angenommen, $\pm$ 0,2% des Endwertes des Meßbereichs, so ist der Fehler in Prozenten des Sollwertes bei vollem Zeigerausschlag 0,2%, beim halben Ausschlag 0,4% und bei 10 Teilstrichen sogar 2%. Die Fehler in Prozenten des Sollwertes werden demnach um so größer, je kleiner der Zeigerausschlag wird. Man muß daher bei der Ausführung einer Messung stets darauf achten, daß man durch passende Wahl des Meßbereichs einen genügend großen Zeigerausschlag erhält. Die physikalisch-technische Reichsanstalt schreibt vor, daß für genaue Messungen stets nur die letzten zwei Drittel der Skala benutzt werden sollen.

4. Beeinflussungsfehler.

Die Angaben der Meßinstrumente können durch die Temperatur und durch fremde magnetische Felder beeinflußt werden. Die Beeinflussungen durch die Temperatur können zweierlei Art sein; einesteils ändert sich die Raumtemperatur, andernteils aber ändert sich die Temperatur im Innern des Instruments infolge der Stromwärme. Durch diese Temperaturänderungen ändern sich die elektrischen Leitungswiderstände im Instrument und die mechanischen Gegenkräfte der Instrumentfedern. Bei Gleichstrominstrumenten ändert sich außerdem noch die Stärke des vom Dauermagneten erzeugten wirksamen Feldes. Alle diese Änderungen werden, wie später bei der Besprechung der Innenschaltung der einzelnen Instrumentarten gezeigt wird, durch mehr oder weniger komplizierte Spezialschaltungen auf ein Mindestmaß herabgedrückt. Immerhin ist es nicht möglich, diese Fehler vollkommen zum Verschwinden zu bringen. Es wird daher bei besonders genauen Messungen vorgeschrieben, die Präzisions-Leistungsmesser vor der Messung 30 Minuten durch Belastung mit der Nennspannung und mit 70% des Nennstromes vorzuwärmen. Außerdem ist eine normale Raumtemperatur von 20° vorausgesetzt. Weicht die Raumtemperatur hiervon um $\pm\,10°$ ab, so sind nach den Regeln für Meßgeräte folgende Änderungen der Anzeige zulässig: Bei den Präzisions-Strommessern 0,5%, bei den Präzisions-Spannungsmessern und Leistungsmessern 0,3% und endlich bei den Betriebsmeßgeräten 2%. Eine Beeinflussung durch fremde Magnetfelder ist namentlich bei den eisenlosen elektrodynamischen Meßinstrumenten zu erwarten, da bei diesen das wirksame Magnetfeld verhältnismäßig schwach ist. Man muß daher bei der Aufstellung der Instrumente stets darauf achten, daß sie nicht fremden Streufeldern ausgesetzt werden. Die für die einzelnen Instrumentarten notwendigen Vorsichtsmaßregeln sind in dem Abschnitt Fremdfeldeinfluß auf Seite 261 zusammengestellt.

5. Korrektionstabellen.

Die Skalen aller Instrumente müssen so genau unterteilt werden, daß die in Abschnitt 3 angegebenen Anzeigefehler in keinem Falle überschritten werden. Um die Meßgenauigkeit über diese Grenzwerte hinaus noch weiter zu erhöhen, werden von den meisten Firmen zu den Präzisionsinstrumenten besondere Korrektionstabellen geliefert. Durch die in diesen Tabellen angegebenen Korrekturen werden alle an einem fertigen Präzisionsinstrument etwa noch nachweisbaren Skalenfehler nach Möglichkeit verbessert. Die Korrekturen werden meistens von 10 zu 10 Teilstrichen aufgenommen. Für dazwischenliegende Werte kann man sinngemäß interpolieren. Das Anbringen von Korrekturen ist jedoch nur bei besonders genauen Messungen erforderlich. Es ist dann folgendes zu beachten:

Um aus der Ablesung des Instruments den richtigen Strom- oder Spannungswert zu erhalten, sind die in der Korrektionstabelle angegebenen Werte je nach ihren Vorzeichen zu den abgelesenen Werten zu addieren oder von ihnen zu subtrahieren. Hat man z. B. an einem Instrument genau 50,1 Skalenteile abgelesen und steht in der Korrektionstabelle bei Skalenteil 50 eine Korrektur von —0,1, so ist der richtige Wert 50,0.

Beim Einstellen des Instruments auf einen bestimmten Strom- oder Spannungswert sind die in der Korrektionstabelle angegebenen oder interpolierten Korrekturwerte mit entgegengesetzten Vorzeichen anzubringen. Will man z. B. einen Stromwert einstellen, für den man mittels der Instrumentkonstante einen Zeigerausschlag von genau 50 Skalenteilen berechnet hat, und beträgt die Korrektur für 50 Skalenteile —0,1, so muß man den Strom so regeln, daß das Instrument auf Skalenteil 50,1 einspielt.

Es wird oft die Forderung aufgestellt, daß ein Präzisionsinstrument auch ohne jede Korrektur die größtmögliche Meßgenauigkeit ergeben soll. Diese Forderung ist indessen nicht berechtigt, da man bei der Herstellung der Instrumente in jedem Falle ein gewisses Spiel haben muß. Wenn man nach dem Vorstehenden auch die Korrektionstabelle nur in seltenen Fällen bei besonders genauen Messungen benutzt, so wird diese doch stets bei etwaigen Nacheichungen des Instrumentes einen Anhaltspunkt über kleine Veränderungen geben. Korrekturen werden immer erforderlich sein, denn absolut richtig zeigende Instrumente gibt es nicht.

B. Die verschiedenen Meßwerke der Leistungsmesser.

Ein elektrodynamischer Leistungsmesser besteht ganz allgemein aus einer Feldspule, die das wirksame Feld erzeugt, und einer Drehspule, die in diesem Feld drehbar gelagert ist. Die Feldspule wird meist unmittelbar in den Stromkreis eingeschaltet, so daß sie von dem gesamten zu messenden Strom durchflossen wird. Die drehbare Spannungsspule wird dagegen unter Vorschaltung von Ohmschen Widerständen an die zu messende Spannung angelegt. Unter der Einwirkung der in den beiden Spulen fließenden Ströme dreht sich die Drehspule. Sie überwindet dabei das

Gegendrehmoment einer Feder und stellt sich in eine Lage ein, in der sich das Drehmoment der Spule mit dem Gegendrehmoment der Feder die Waage hält. Bedeutet

α = erzeugter Zeigerausschlag,
AW = Amperewindungszahl der feststehenden Feldspule,
aw = Amperewindungszahl der Drehspule,
M = Gegendrehmoment der Feder oder des Aufhängebandes,

so ist die allgemeine Gleichung des Leistungsmessers

$$\alpha = \mathrm{const} \cdot AW \cdot \frac{aw}{M}.$$

Die Größe des von einem derartigen Leistungsmesser erzeugten Zeigerausschlages ist demnach dem Produkte der Amperewindungszahlen der Feldspule und Drehspule direkt und dem Gegendrehmoment der Feder umgekehrt proportional. Die Ausschlagsrichtung des Zeigers hängt nur von dem gegenseitigen Richtungssinn der Ströme in den beiden Spulen ab. Sie ändert sich daher nicht, wenn die Stromrichtung in der Feldspule und in der Drehspule gleichzeitig geändert wird.

Die verschiedenen Bauformen der Leistungsmesser unterscheiden sich einerseits durch die gegenseitige Anordnung und Formgebung der Spulen und andererseits durch das Nichtvorhandensein oder Vorhandensein von Eisen.

1. Eisenlose elektrodynamische Meßwerke.

Das eisenlose Meßwerk ist dadurch charakterisiert, daß die von der Feldspule erzeugten Kraftlinien auf ihrem ganzen Wege durch die Luft verlaufen. Der Aufbau des Meßwerkes ohne Eisen bietet die Möglichkeit, die höchste Meßgenauigkeit zu erreichen, da mit dem Eisen auch die durch dieses bedingten Hysteresis- und Wirbelstromfehler wegfallen. Allerdings muß man beachten, daß infolge des Fehlens des Eisens auch das wirksame Feld und damit das vom Meßorgan ausgeübte Drehmoment klein wird. Um trotzdem eine sichere Zeigereinstellung zu gewährleisten, muß die Achse des Meßorgans bei den eisenlosen Instrumenten stets senkrecht stehend ausgeführt werden. Weiterhin ist durch die Kleinheit des wirksamen Feldes im Instrument eine verhältnismäßig große Empfindlichkeit gegen äußere Streufelder bedingt, die nur durch besondere Maßnahmen, wie geschickte Spulenanordnung und richtige Aufstellung des Instruments unschädlich

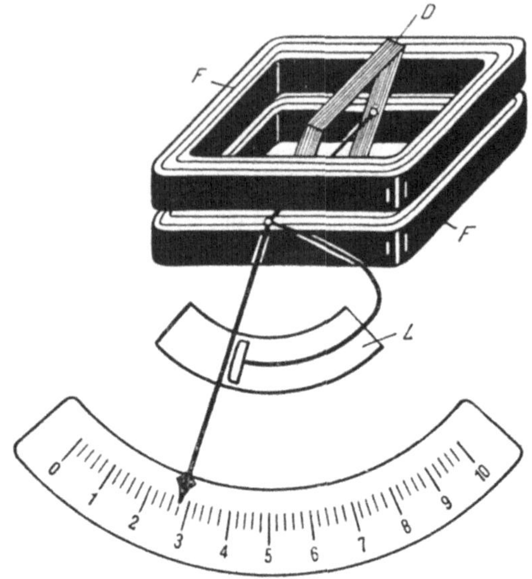

Bild 1. Das Meßwerk beruht auf der mechanischen Kraftwirkung, die zwei stromdurchflossene Spulen aufeinander ausüben. Es besteht aus der feststehenden Feldspule F und einer innerhalb dieser gelagerten Drehspule D. Als Gegenkraft dienen die Spiralfedern, die der Drehspule den Strom zuführen. Die Bewegungen des Zeigers werden durch die Luftdämpfung L gedämpft.

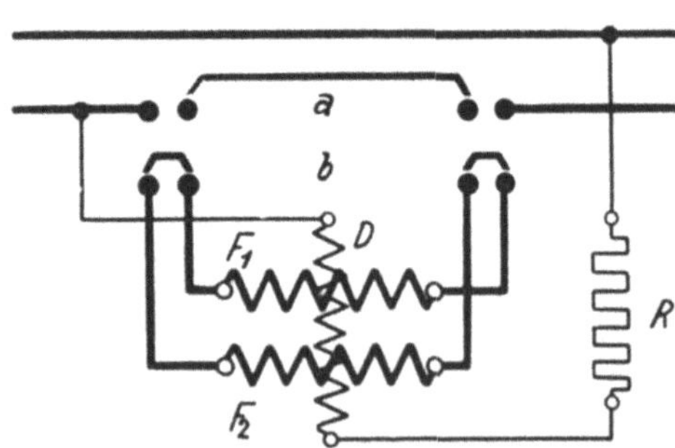

Bild 2. Die beiden Feldspulenteile F_1 und F_2 werden je nach dem gewünschten Meßbereich in Reihe oder parallel geschaltet (vgl. S. 31).

Eisenloses elektrodynamisches Meßwerk mit außenliegender Feldspule.

gemacht werden kann (vgl. Abschnitt Fremdfeldeinfluß auf S. 261).
Während man früher bei dem Aufbau des Meßwerkes mit einer
gewissen Ängstlichkeit alle Metallkonstruktionsteile vermied, um
Störungen der Instrumentangaben durch Wirbelströme von vorn-
herein auszuschließen, sind bei allen neueren Instrumenten die
Spulenträger zur Erzielung einer größeren mechanischen Festig-
keit aus Metall hergestellt. Die Anordnung und Form dieser
Metallkonstruktionsteile ist jedoch hierbei so gewählt, daß die
Bildung von Wirbelströmen so gut wie ausgeschlossen ist.

Da die Angaben der Instrumente infolge des Fehlens jeglichen
Eisens bei Gleich- und Wechselstrom die gleichen sind, können
sie ohne weiteres mit gewendetem Gleichstrom geeicht werden.
Das Wenden des Stromes ist bei Gleichstrom nicht zu umgehen,
da hierbei das Erdfeld als Fehlerquelle auftritt. Eine Ausnahme
bilden hierbei nur die astatischen Instrumente, bei denen durch
die Astasierung auch die Einwirkungen des Erdfeldes aufgehoben
werden.

a) Meßwerk mit außenliegender Feldspule.

Bei dem Meßwerk mit außenliegender Feldspule ist die Drehspule im Hohlraum der Feldspule gelagert. Die beiden Spulen
können rund oder viereckig ausgeführt werden. Die führenden
deutschen Firmen verwenden rechteckige Spulen, während die
amerikanischen Firmen mit Vorliebe kreisrunde Spulen benutzen.
Die runden Spulen haben den Vorzug, daß bei gleicher Amperewindungszahl der Ohmsche Widerstand und damit der Eigenverbrauch der Spulen klein wird. Andererseits geben die rechteckigen Spulen eher die Möglichkeit, eine gleichmäßig unterteilte
Skala zu erreichen.

Bild 1 zeigt die prinzipielle Anordnung eines derartigen Meßwerkes, wie es die Siemens & Halske AG. für ihre Instrumente
der Laboratoriumstype verwendet. Die Feldspule ist hierbei
zweiteilig ausgeführt. Symmetrisch zwischen den beiden Teilen
ist die Drehspule gelagert. Die Größenverhältnisse sind hierbei
so gewählt, daß die Spulenseiten der Drehspule bei ihrer Bewegung
stets ein gleichförmiges Magnetfeld schneiden. Da die Gegenkraft
der Federn, die der Drehspule den Strom zuführen, proportional
mit dem Drehwinkel wächst, ergibt sich bei dem gleichförmigen
Feld eine gleichmäßig unterteilte Skala.

Um die Einstellung des Zeigers unabhängig von etwaigen Unsicherheiten der Lagerung zu machen, ist in den letzten Jahren eine neue kippfehlerfreie Bauart eingeführt worden. Bei dieser ist der Zeiger, wie Bild 4 zeigt, nach unten abgebogen, so daß die Zeigerspitze in die Ebene der tragenden Lagerspitze a des Meßorgans fällt. Hierdurch wird erreicht, daß sich die Kippbewegungen

Bild 3. Neuer Präzisions-Leistungsmesser in Preßstoffgehäuse; Laboratoriumstype (S. & H.).

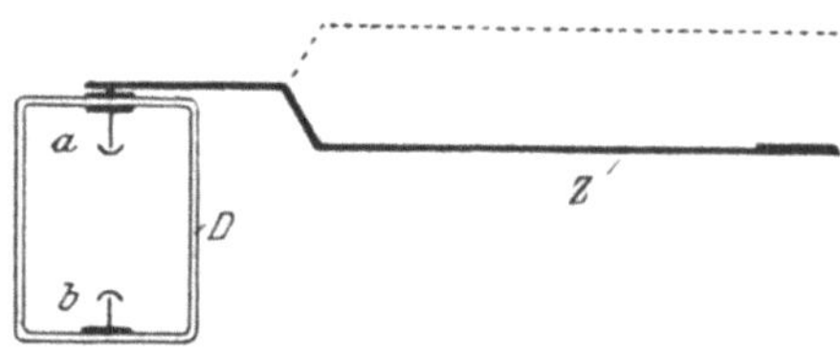

Bild 4. Kippfehlerfreies Meßorgan des obigen Leistungsmessers.

der Drehspule, die durch seitliche Verschiebungen der anderen Lagerspitze b entstehen, nicht auf die Zeigerspitze übertragen können. Äußerlich sind die kippfehlerfreien Instrumente an der tiefliegenden Skala kenntlich.

Zur Vermeidung von Störungen des Meßwerkes durch elektrostatische Ladungen sind die Instrumente mit einem statischen Schutz versehen. Hierbei werden etwaige innerhalb des Instrumentes auftretende Ladungen dadurch vermieden, daß alle Metallteile des Meßwerkes durch unmittelbare Verbindung auf das gleiche Potential gebracht werden. Um zu verhüten, daß das Meßorgan mit außerhalb befindlichen Leitern in elektrische Wechselwirkungen treten kann, wird das ganze Meßwerk durch einen im Gehäuse angebrachten Metallbelag eingeschlossen. Bei den älteren Instrumenten war das Gehäuse mit Staniol ausgekleidet; bei den neuen Instrumenten ist ein Schirmblech vorgesehen, das durch einen federnden Bolzen mit den Metallteilen des Meßwerkes verbunden ist.

Die Instrumente werden für Nennströme von 0,5 bis 50 Ampere ausgeführt. Damit man mit einem Instrument einen möglichst großen Strombereich erfassen kann, werden sie für zwei und drei Nennströme gebaut (s. S. 34). Der Eigenverbrauch der Feldspulen beträgt unabhängig von den jeweiligen Nennströmen durchschnittlich 5 bis 7 Watt. Der Stromverbrauch des Spannungskreises beträgt bei voller Nennspannung genau 30 Milliampere, so daß sich für 30 Volt ein Eigenverbrauch von 0,9 Watt ergibt. Die äußeren Vorwiderstände werden für Spannungen bis 3000 Volt ausgeführt. Der Frequenzbereich liegt zwischen 15 und 80 Perioden. Für höhere Frequenzen bis herauf zu 1000 Perioden in der Sekunde werden die Instrumente als Sonderausführung mit offenem Spannungskreis verwendet.

b) Meßwerk mit innenliegender Feldspule.

Bild 5. Neuer Prüffeld-Leistungsmesser in Preßstoffgehäuse (S. & H.).

Das Meßwerk mit innenliegender Feldspule wird für die Leistungsmesser der Prüffeldtype verwendet, die in erster Linie für indirekte Messungen mit Strom- und Spannungswandlern bestimmt sind. Bild 6 zeigt die prinzipielle Anordnung. Die innen-

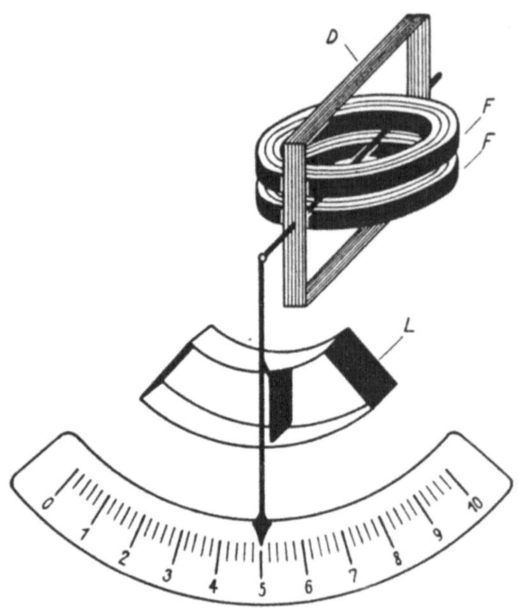

Bild 6. Das Meßwerk unterscheidet sich von dem auf S. 10 beschriebenen Meßwerk dadurch, daß die feststehende Feldspule F innerhalb der Drehspule D angeordnet ist. Durch diese Anordnung ergibt sich ein besonders kleiner Eigenverbrauch des Instrumentes (vgl. S. 17).

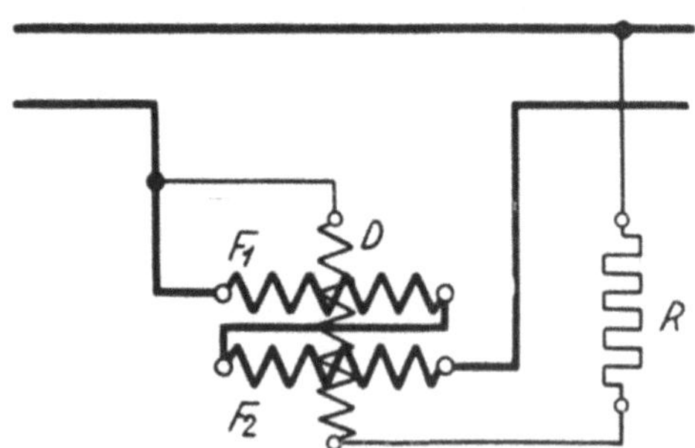

Bild 7. Die beiden Feldspulenteile F_1 und F_2 sind dauernd in Reihe geschaltet.

Eisenloses elektrodynamisches Meßwerk mit innenliegender Feldspule.

liegende Feldspule wird besonders klein und ergibt, da sie außerdem noch rund ist, eine sehr kleine Windungslänge und damit den kleinstmöglichen Spannungsabfall des Strompfades. Die Amperewindungszahl der Feldspulen wird bei dieser Bauform kleiner gewählt als bei den Leistungsmessern mit außenliegender Feldspule. Dafür erhält die Drehspule eine größere Amperewindungszahl. Die größere Amperewindungszahl der Drehspule ergibt aber eine größere Empfindlichkeit des Meßwerkes gegen fremde Streufelder (vgl. Fremdfeldeinfluß S. 261). Die kleine Feldspule mit der kleinen Amperewindungszahl gibt andererseits den Vorteil, daß das von ihr erzeugte Magnetfeld räumlich nicht so ausgedehnt ist als das der vorher beschriebenen Laboratoriums-Instrumente. Die gegenseitige Beeinflussung nebeneinander stehender Instrumente ist daher wesentlich geringer, so daß man die Instrumente ohne weiteres dicht nebeneinander aufstellen kann. Durch die andere Anordnung der Feldspulen ist außerdem noch ein sehr gedrängter Aufbau des Meßwerkes erreicht worden. Da alle Konstruktionsteile aus Metall ausgeführt sind, ist das Instrument gegen mechanische Stöße unempfindlich und daher für Abnahmeversuche und Revisionsmessungen besonders geeignet.

Entsprechend dem Verwendungszweck der Prüffeldtype wird die Feldspule nur für einen Nennstrom 5 Ampere zum Anschluß an Stromwandler und für eine Nennspannung 90 Volt zum Anschluß an Präzisions-Spannungswandler mit 100 Volt Sekundärspannung ausgeführt. Bei Anschluß an die normale Sekundärspannung 100 Volt wird daher der Spannungskreis um 10% überlastet. Der Leistungsmesser gibt dann bei voller Strom- und Spannungsbelastung schon bei einem Leistungsfaktor $\cos \varphi = 0{,}9$ den vollen Zeigerausschlag. Diese Vergrößerung des Zeigerausschlages ist von besonderem Vorteil, da man bei den weitaus meisten Messungen mit einem Leistungsfaktor $\cos \varphi < 1$ rechnen muß. Auch bei $\cos \varphi = 1$ wird man in den meisten Fällen mit der Nennspannung 90 Volt auskommen. Gegebenenfalls kann man, um den Zeigerausschlag innerhalb der Skala zu halten, auf die Nennspannung 120 Volt des Vorwiderstandes übergehen. Man wird dies namentlich dann tun, wenn in einer Anlage die vorhandenen Schalttafel-Spannungswandler mit 110 Volt Sekundärspannung für die Messung benutzt werden sollen. Für mittlere Spannungen bis 600 Volt können äußere Vorwiderstände benutzt

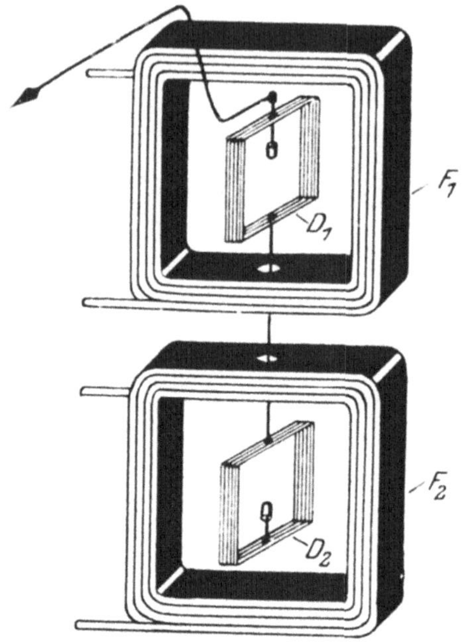

Bild 8. Die beiden mechanisch gekuppelten Drehspulen D_1 und D_2 sind innerhalb der gleichsinnig ge-
wickelten Feldspulen F_1 und F_2 angeordnet.

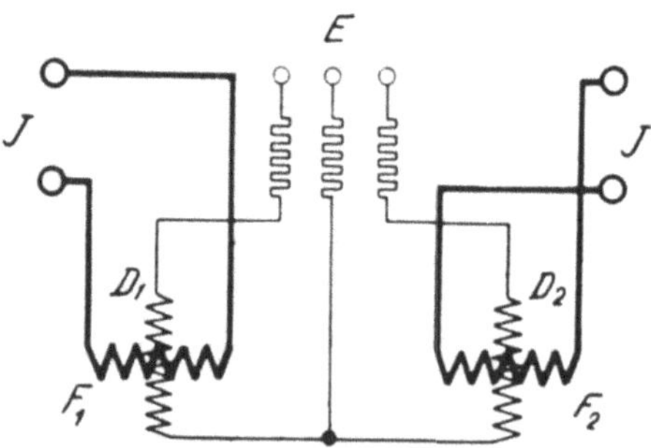

Bild 9. Innere Schaltung des Instruments.

Drehstrom-Leistungsmesser mit zwei Meßwerken.

werden, die an die 1000-Ohm-Klemme des Instrumentes angeschlossen werden (vgl. S. 41).

Der Spannungsabfall in der Feldspule des Leistungsmessers
beträgt bei 5 Ampere und 50 Perioden nur etwa 0,26 Volt, so daß
sich ein mittlerer Eigenverbrauch von etwa 1,3 Voltampere ergibt.
Der Stromverbrauch des Spannungskreises beträgt bei der Nennspannung genau 30 Milliampere. Bei Anschluß der 90-Volt-Klemme
des Instruments an die Sekundärspannung von 100 Volt der Präzisions-Spannungswandler steigt der Strom des Spannungskreises
auf 33,3 Milliampere, so daß hierbei der Eigenverbrauch 3,33 Voltampere beträgt.

c) Drehstrom-Meßwerk mit zwei gekuppelten Drehspulen.

Der Vollständigkeit halber soll hier noch ein Meßwerk beschrieben werden, das zwar jetzt nicht mehr ausgeführt wird, aber
wegen seiner Eigenart interessant ist. Dieses Meßwerk war gebaut

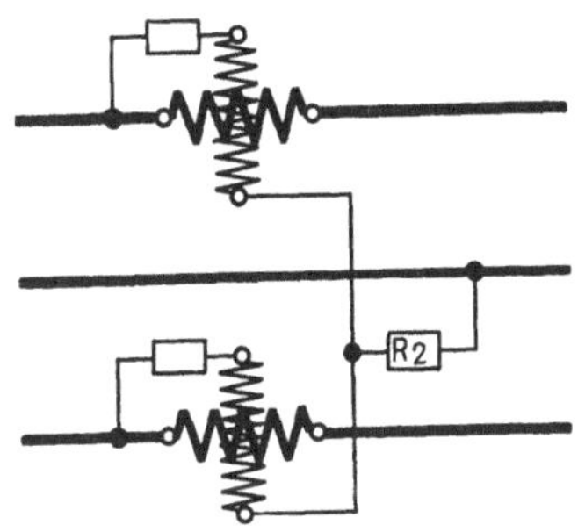

Bild 10. Äußere Schaltung des Drehstrom-Leistungsmessers.

worden, um bei Drehstrom-Leistungsmessungen nach der Zwei-
Leistungsmesser-Methode die Zeigerausschläge der beiden Leistungsmesser zu summieren, so daß man nur einen Zeigerausschlag
abzulesen brauchte. Dieser Vorteil für den Beobachter mußte aber
mit Meßfehlern erkauft werden, die man schlechterdings bei einem
Präzisionsinstrument heute nicht mehr zulassen kann.

Bild 8 zeigt die Anordnung und Bild 9 die Schaltung des
Drehstrom-Meßwerkes. Die beiden Drehspulen D_1 und D_2 sind
mechanisch starr gekuppelt, so daß sich ihre Drehmomente selbsttätig addieren oder subtrahieren. Die Schaltung der Drehspulen

unterscheidet sich von der bei der Zwei-Leistungsmesser-Methode gebräuchlichen Schaltung dadurch, daß man von dem Verbindungspunkt der beiden Drehspulen nicht unmittelbar, sondern über einen Widerstand zur dritten Leitung geht (s. Bild 10). Dieser in der Rückleitung angebrachte Widerstand dient zur Kompensation der gegenseitigen Beeinflussungen der beiden unmittelbar übereinander aufgebauten Meßwerke.

Bezeichnen: i_1, i_3 = Momentanwerte der Ströme in den feststehenden Feldspulen;

i_{s1}, i_{s3} = Momentanwerte der Ströme in den beweglichen Spannungsspulen;

i_{s2} = Momentanwert des Stromes im Korrektionswiderstand R_2;

M_1, M_1', M_3, M_3' = Momentanwerte der erzeugten Drehmomente;

c_1, c_1', c_3, c_3' = Meßwerk-Konstanten,

so würden sich folgende Drehmomente ergeben, und zwar durch Zusammenwirken von

oberer Feldspule und oberer Spannungsspule

$$c_1 \cdot i_1 \cdot i_{s1} = \text{const} \cdot M_1$$

oberer Feldspule und unterer Spannungsspule

$$c_1' \cdot i_1 \cdot i_{s3} = \text{const} \cdot M_1'$$

unterer Feldspule und unterer Spannungsspule

$$c_3 \cdot i_3 \cdot i_{s3} = \text{const} \cdot M_3$$

unterer Feldspule und oberer Spannungsspule

$$c_3' \cdot i_3 \cdot i_{s1} = \text{const} \cdot M_3'.$$

Der Ausschlag α des Instruments wird durch die Summe der auf das Meßorgan ausgeübten Drehmomente bestimmt. Setzt man voraus, daß die Empfindlichkeit des Instruments an allen Stellen der Skala gleich groß ist, so wird:

$$\text{const} \cdot (M_1 + M_1' + M_3 + M_3') = \alpha$$

$$c_1 \cdot i_1 \cdot i_{s1} + c_1' \cdot i_1 \cdot i_{s3} + c_3 \; i_3 \cdot i_{s3} + c_3' \cdot i_3 \cdot i_{s1} = \alpha.$$

Da die Summe der Momentanwerte der Ströme eines Drehstrom-Dreileitersystems gleich Null ist, gilt die Beziehung

$$i_{s1} = - (i_{s2} + i_{s3})$$

$$i_{s3} = - (i_{s1} + i_{s2}).$$

Setzen wir diese Werte oben ein, so folgt

$$i_1 \left[c_1 \cdot i_{s1} - c_1' \cdot (i_{s1} + i_{s2}) \right] + i_3 \left[c_3 \cdot i_{s3} - c_3' \cdot (i_{s2} + i_{s3}) \right] = \alpha$$

$$i_1 \left[(c_1 - c_1') \cdot i_{s1} - c_1' \cdot i_{s2} \right] + i_3 \left[(c_3 - c_3') \cdot i_{s3} - c_3' \cdot i_{s2} \right] = \alpha.$$

Sind R_1, R_2, R_3 die induktionsfreien Widerstände der drei Spannungszweige und e_1, e_2, e_3 die Momentanwerte der an ihren Enden herrschenden Spannungen, so ist

$$i_{s1} = \frac{e_1}{R_1}; \quad i_{s2} = \frac{e_2}{R_2}; \quad i_{s3} = \frac{e_3}{R_3}.$$

Setzen wir dies in die letzte Gleichung ein, so folgt:

$$i_1 \left[\frac{c_1 - c_1'}{R_1} \cdot e_1 - \frac{c_1'}{R_2} \cdot e_2 \right] + i_3 \left[\frac{c_3 - c_3'}{R_3} \cdot e_3 - \frac{c_3'}{R_2} \cdot e_2 \right] = \alpha.$$

Wählt man die Widerstände der drei Spannungszweige so, daß

$$\frac{c_1 - c_1'}{R_1} = \frac{c_1'}{R_2} = \frac{c_3 - c_3'}{R_3} = \frac{c_3'}{R_2} = \frac{1}{c}$$

wird, so erhält die Gleichung die einfache Form

$$i_1 (e_1 - e_2) + i_3 (e_3 - e_2) = c \cdot \alpha.$$

Dies ist dieselbe Gleichung, die sich auf S. 165 für die Zwei-Leistungsmesser-Methode ergibt. Die Ausdrücke $(e_1 - e_2)$ und $(e_3 - e_2)$ stellen nichts anderes dar als die verketteten Spannungen, die durch Gegeneinanderschalten von zwei Sternspannungen entstanden sind. Da das bewegliche Meßorgan des Leistungsmessers den einzelnen Impulsen der momentanen Leistungswerte nicht folgen kann, stellt es sich infolge seiner Trägheit auf einen mittleren Wert ein, der der mittleren Leistung entspricht. Die Gesamtleistung ergibt sich also aus nur einem Zeigerausschlag.

Aus der Bedingungsgleichung für die Widerstände folgt, daß die drei Größen R_1, R_2 und R_3 durch vier Gleichungen definiert, also überbestimmt sind. Die Bedingungsgleichungen werden daher nicht über die ganze Ausdehnung der Skala in gleich vollkommener Weise erfüllt.

d) Meßwerk mit Schwingspule.

Bei dem für die kleinen Leistungsmesser der Z-Type bestimmten Meßwerk ist man im Interesse eines möglichst einfachen Aufbaues noch einen Schritt weiter gegangen, indem man die Feldspule, die bei den bisher beschriebenen Meßwerken stets aus zwei Teilen bestand, einteilig ausführt und an Stelle der symmetrischen Drehspule eine einseitig gelagerte Schwingspule verwendet. Bild 11

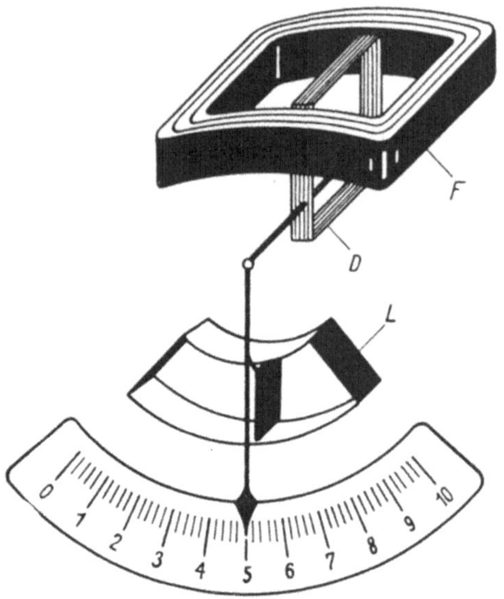

Bild 11. Die Drehspule ist bei diesem Meßwerk einseitig gelagert und taucht nur mit der freien Spulenseite in die Feldspule ein. Die einteilige Feldspule ist gebogen, so [daß ihr Feld in bezug auf die Drehspulachse radial verläuft.

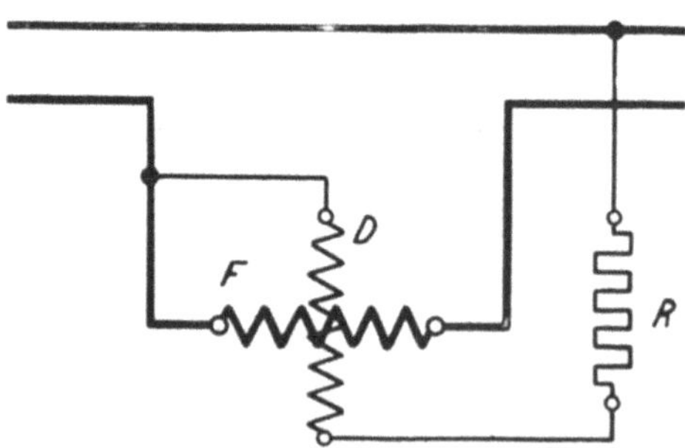

Bild 12. Innere Schaltung des Instruments.

Eisenloses elektrodynamisches Meßwerk mit Schwingspule.

zeigt die Anordnung. Die Feldspule F ist hierbei etwas gebogen, so daß man für die Drehspule ein radial verlaufendes gleichförmiges Feld und somit eine ganz gleichmäßig unterteilte Skala erhält. Die Montage des Instrumentes ist dadurch besonders einfach, daß man die Schwingspule D mit der Luftdämpfung L zunächst in den Lagern befestigen und die Feldspule erst nachträglich aufsetzen kann.

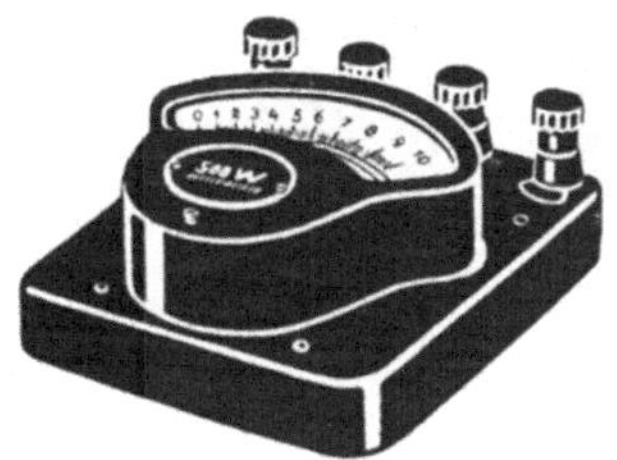

Bild 13. Kleiner Leistungsmesser der Z-Type
in Metallgehäuse (S. & H.).

Da die Z-Type vorzugsweise für halbindirekte Messungen mit Stromwandlern und Vorwiderständen benutzt wird, ist die Feldspule nur für einen Nennstrom 5 Ampere bemessen. Der Spannungskreis kann durch äußere Vorwiderstände für Nennspannungen bis 500 Volt benutzt werden. Der Eigenverbrauch der Feldspule beträgt bei vollem Nennstrom etwa 2 Voltampere, der Strom im Spannungskreis bei voller Nennspannung 25 Milliampere.

e) Astatisches Spezial-Meßwerk für sehr große Phasenverschiebungen.

Bei sehr großen Phasenverschiebungen gibt ein normaler Leistungsmesser nur einen sehr kleinen Zeigerausschlag, so daß die Meßgenauigkeit sehr klein wird. Nach der auf S. 9 angegebenen allgemeinen Gleichung des Leistungsmessers stehen zur Vergrößerung des Zeigerausschlages drei Wege offen, nämlich die Vergrößerung der Amperewindungen der Feldspule oder der Drehspule oder die Verkleinerung der Federkraft. Die Vergrößerung der Amperewindungen der Feldspule ist durch die zulässige Größe der Feldspule und ihre zulässige Erwärmung begrenzt, kann also bei sehr kleinen Leistungsfaktoren nicht zum Ziele führen. Es bleibt somit nur die Möglichkeit, die Amperewindungen der Drehspule zu vergrößern oder die Gegenkraft der Feder zu verkleinern.

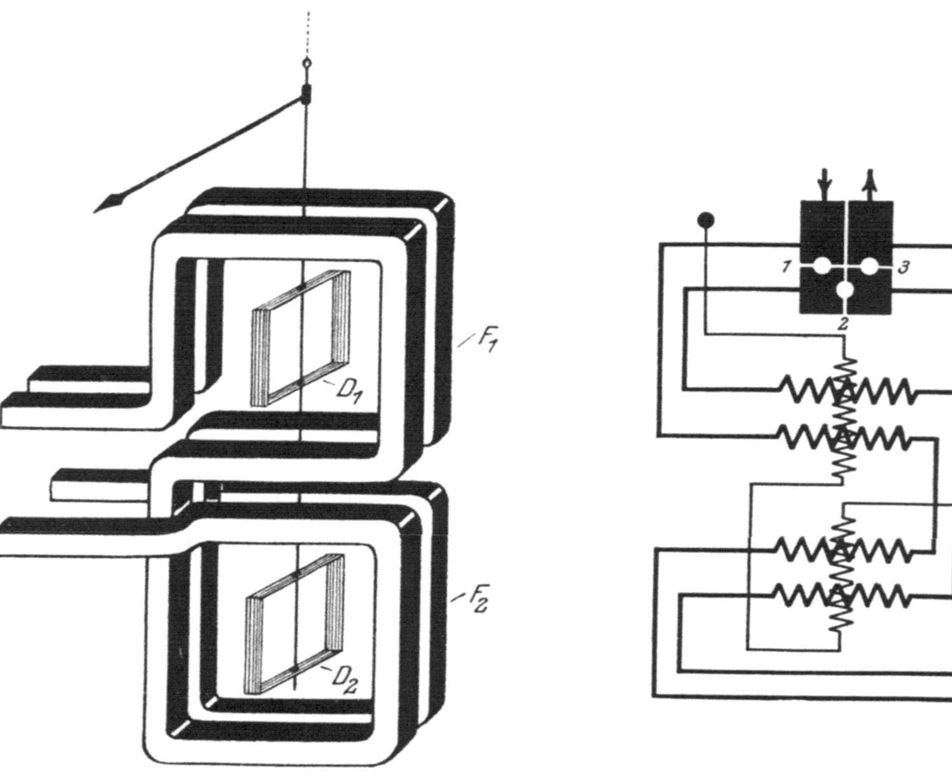

Bild 14 u. 15. Meßwerk und innere Schaltung des astatischen Spezial-Leistungsmessers für sehr große Phasenverschiebungen.

Diese Wege sind jedoch im vorliegenden Falle auch nicht gangbar, da hierdurch unzulässig große Fremdfeldbeeinflussungen des Instrumentes entstehen.

Bedeutet:

$d\alpha =$ die durch ein Streufeld verursachte Änderung des Zeigerausschlages,

$aw =$ Amperewindungszahl der Drehspule,

$M =$ Gegendrehmoment der Feder,

$H =$ Kraftfluß des beeinflussenden Streufeldes,

so ist

$$d\alpha = \text{const} \cdot \frac{a\,w}{M} \cdot H \,.$$

Diese Gleichung sagt nichts anderes, als daß die durch äußere Streufelder verursachten Meßfehler $d\alpha$ sowohl durch die Vergrößerung der Amperewindungen des Spannungskreises als auch durch eine Verkleinerung des Gegendrehmomentes M der Feder wachsen. Es würde also nichts helfen, wenn man etwa die Drehspule, anstatt sie zu überlasten, mit einer größeren Windungszahl bauen, oder die Feder schwächer wählen würde. Da auch das beeinflussende Streufeld H nicht geändert werden kann, bleibt als einziger Weg, zu einer Bauart überzugehen, bei der durch ein fremdes Feld überhaupt keine Änderungen des Zeigerausschlages verursacht werden können. Eine solche Bauart ist durch ein astatisches Meßorgan gegeben, das aus zwei mechanisch gekuppelten Drehspulen besteht, die in verschiedenem Sinne von einem äußeren Feld beeinflußt werden. Bei Benutzung eines solchen Meßorgans kann man die elektrische Empfindlichkeit des Leistungsmessers nach der allgemeinen Leistungsmesser-Gleichung auf S. 9 durch Verkleinerung des Gegendrehmoments, also der Federkraft, und gegebenenfalls auch durch Vergrößerung der Amperewindungszahlen in fast beliebiger Weise steigern. S. & H. hat nach diesen Gesichtspunkten einen astatischen Spezial-Leistungsmesser gebaut, der auf S. 22 dargestellt ist. Die beiden astatischen Drehspulen sind hierbei auf einer Achse befestigt und an einem Bändchen aufgehängt, das nur ein außerordentlich geringes Gegendrehmoment ausübt. Entsprechend den beiden astatisch geschalteten Drehspulen ist auch die feststehende Feldspule astatisch ausgeführt, so daß sich die auf der Abbildung

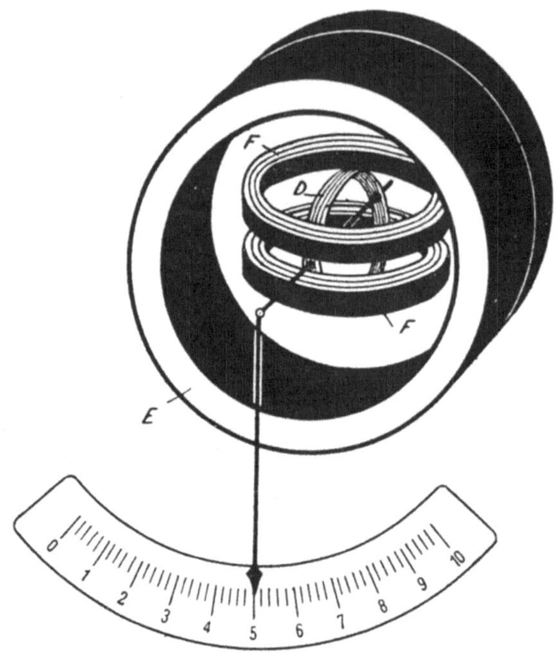

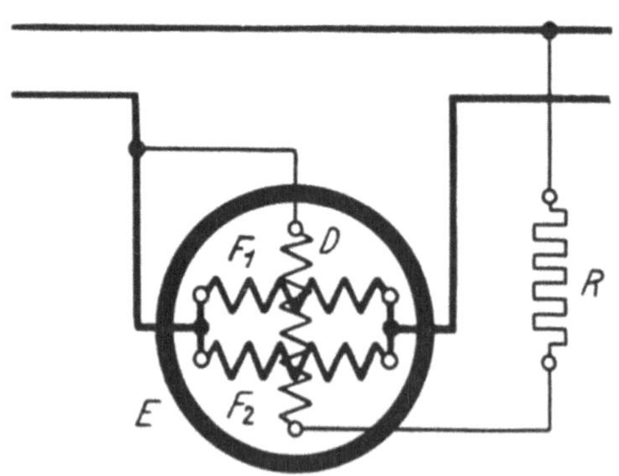

Bild 16. Das Meßwerk ist derart von einem allseitig geschlossenen Eisenkörper umgeben, daß es, ohne in seiner Wirkungsweise vom Eisen beeinflußt zu werden, gegen fremde Felder abgeschirmt wird.

Bild 17. Innere Schaltung.

Eisengeschirmtes elektrodynamisches Meßwerk.

ersichtliche S-Form der Feldspule ergibt. Das Instrument wird in zwei Ausführungen hergestellt. Die eine Ausführung ist umschaltbar für die Nennströme 1 und 2 Ampere, die andere für 12,5 und 25 Ampere. Die Instrumente geben den vollen Zeigerausschlag schon bei einem Leistungsfaktor von 0,03 oder 0,02, je nachdem, ob der Strom in der Spannungsspule zu 0,05 oder 0,075 Ampere gewählt wird. Da bei den vorstehenden kleinen Leistungsfaktoren alle Phasenfehler in der Meßeinrichtung ängstlich vermieden werden müssen, werden für die verschiedenen Nennspannungen besondere Spezial-Widerstände benutzt. Diese sind so gebaut, daß ihre Phasenfehler nur noch etwa 2 Minuten, gegenüber 6—7 Minuten bei Widerständen normaler Bauart, betragen. Um auch die durch die Selbstinduktion der Drehspulen verursachte Phasenverschiebung des Spannungsstromes gegen die angelegte Spannung unmerklich zu machen, sind die Widerstände stets für eine Nennspannung von mindestens 500 Volt zu wählen. Für höhere Spannungen können Spezial-Spannungswandler mit einer Sekundärspannung von 500 Volt benutzt werden. Um Störungen durch elektrische Ladungserscheinungen auszuschließen, wird dieser Spezial-Leistungsmesser ebenso wie die Leistungsmesser der Laboratoriumstype mit einem statischen Schutz versehen (vgl. S. 12). Die Dämpfung des Zeigerausschlages erfolgt durch eine Luftdämpfung.

2. Meßwerke mit Eisen.
a) Eisengeschirmtes Meßwerk.

Man hat versucht, das elektrodynamische Meßwerk dadurch von Störungen durch fremde Streufelder frei zu machen, daß man das ganze Meßwerk mit einem Panzer von Eisen umgab. Bild 16 zeigt die Anordnung eines derartigen eisengeschirmten Meßwerkes, wie es von der General Electric Comp. ausgeführt wurde. F sind die Feldspulen und D ist die Drehspule. Alle Spulen sind kreisförmig ausgebildet. Das ganze Meßwerk ist in einen zylindrischen, aus Eisenblechringen aufgebauten Körper eingebaut, der oben und unten mit einem Deckel aus spiralförmig gewickeltem Eisenband abgeschlossen ist. Die Entfernung zwischen Eisenkörper und Spulen ist so groß gewählt, daß durch den Eisenkörper keine wesentliche Vergrößerung des Kraftflusses eintritt. Das Drehmoment ist daher auch nicht wesentlich größer als bei einem

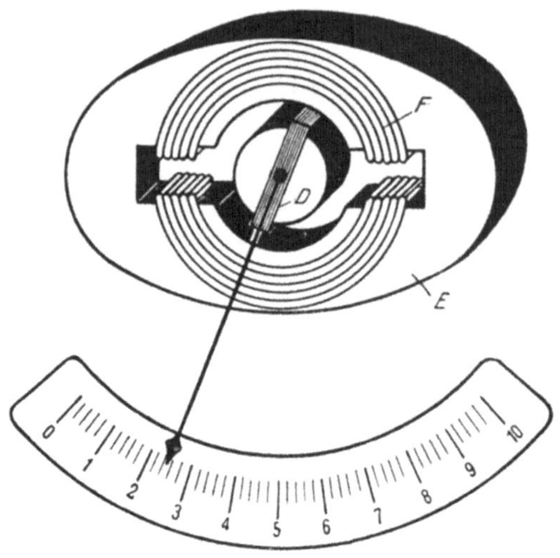

Bild 18. Die Feldspulen *F* sind in einem aus Blechen aufgebauten Eisenkörper *E* eingebettet, dessen Bohrung zum größten Teil durch einen feststehenden Eisenkern ausgefüllt wird. Durch diese Anordnung wird außer der Schirmwirkung gegen fremde Felder noch eine wesentliche Verstärkung des wirksamen Feldes erreicht.

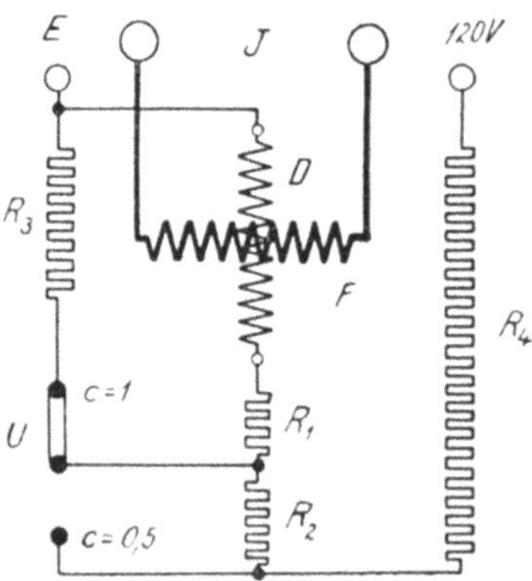

Bild 19. Innenschaltung. Durch die Umschaltung des Spannungskreises werden zwei Leistungsmeßbereiche erzielt (vergl. Seite 35).

Eingeschlossenes, elektrodynamisches Meßwerk.

eisenlosen Instrument. Die von außen auf das Instrument auftreffenden Kraftlinien werden durch den Eisenkörper aufgesaugt und können daher das innerhalb des Körpers liegende Meßwerk nicht beeinflussen.

So einfach dieser Eisenschutz auf den ersten Blick erscheint, so hat er doch bei der Anwendung des Instrumentes gewisse Nachteile. Durch Überlastungen der Feldspule oder durch sonstige äußere Einflüsse können sich in dem Eisenring sehr leicht Pole bilden, die die Eichung eines derartigen Instrumentes mit Gleichstrom sehr erschweren. Die Eichgenauigkeit eines eisengeschirmten Instrumentes wird daher stets kleiner sein als die eines eisenlosen Instrumentes.

b) Eisengeschlossenes elektrodynamisches Meßwerk.

Das vorzugsweise für Betriebs-Leistungsmesser verwendete eisengeschlossene, elektrodynamische Meßwerk untscheidet sich von den vorher beschriebenen eisenlosen Meßwerken dadurch, daß die von den Spulen erzeugten Kraftlinien auf dem größten Teile ihres Weges im Eisen verlaufen, so daß das wirksame Feld durch das Eisen wesentlich verstärkt wird. Der Aufbau des Meßwerks geht aus Bild 18 auf S. 26 hervor. Die vom Hauptstrom durchflossene Feldspule F liegt hierbei in zwei Nuten des aus Blechen aufgebauten Eisenkörpers E. Der Eisenkörper besitzt in der Mitte einen kreisrunden Ausschnitt, der zum größten Teil durch einen feststehenden runden Eisenkern ausgefüllt wird, so daß nur noch ein schmaler Luftspalt übrigbleibt, in dem die Kraftlinien in gleicher Dichte radial verlaufen. In diesem Luftspalt ist die an die zu messende Spannung angeschlossene Drehspule D beweglich gelagert. Als Gegenkraft für die Drehspule dienen die Spiralfedern, die den Strom zur Drehspule zuführen. Die Bewegungen der Drehspule werden durch eine Luftdämpfung gedämpft.

Die durch das Eisen verursachte Verstärkung des wirksamen magnetischen Feldes ermöglicht es, bei geringem Gewicht der Drehspule ein sehr kräftiges Drehmoment zu erzeugen. Dies ist gerade bei Betriebsmeßgeräten, die naturgemäß einer derberen Behandlung ausgesetzt sind, von Wichtigkeit, da hierdurch eine ungenaue Zeigereinstellung infolge von Reibungsfehlern vermieden wird. Weiterhin ist durch den Eisenkörper des Meßwerks ein sehr

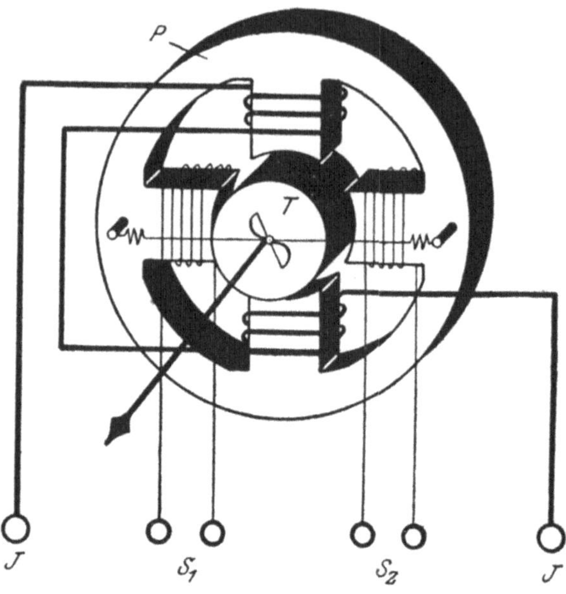

Bild 20. In dem feststehenden Polgestell P wird durch phasenverschobene Ströme ein Drehfeld erzeugt, das auf eine Aluminiumtrommel T induzierend wirkt und diese im Sinne des Drehfeldes zu drehen sucht. Als Gegenkraft dienen zwei Federn, die einen Spanndraht spannen, der über ein an der Trommel befestigtes Kurvenstück geführt ist.

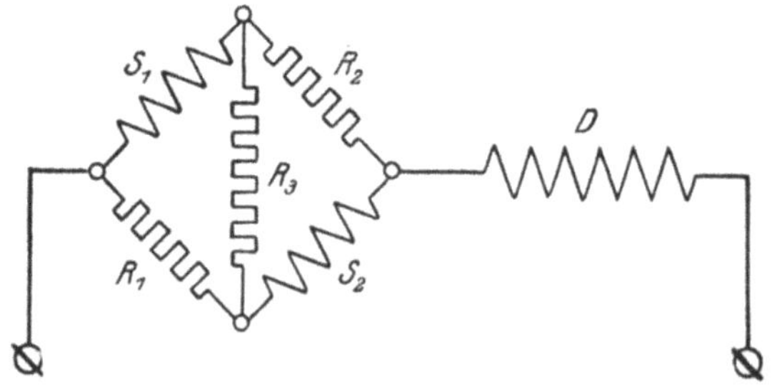

Bild 21. Innenschaltung des Spannungskreises. Durch die Brückenschaltung wird erreicht, daß der Strom in den Spulen S_1 und S_2 um 90⁰ hinter der an den Klemmen liegenden Spannung zurückbleibt.

Drehfeld-Meßwerk.

guter Schutz gegen Störungen durch magnetische Streufelder gegeben. Eine gegenseitige Beeinflussung nebeneinanderstehender Instrumente ist daher nicht mehr zu befürchten.

Das Meßwerk besitzt eine weitgehende Unabhängigkeit von der Frequenz. Die normalen Instrumente mit mehreren Meßbereichen können ohne weiteres für alle Frequenzen zwischen 10 und 100 Perioden in der Sekunde verwendet werden. Für Frequenzen bis 1000 Perioden werden die Instrumente als Sonderausführung ausgeführt. Von der Kurvenform des zu messenden Wechselstromes werden die Angaben des Instruments praktisch nicht beeinflußt. Die mit Wechselstrom geeichten Instrumente können bei Wendung der Instrumentströme auch mit Gleichstrom nachgeprüft werden. Die hierbei auftretenden Abweichungen liegen innerhalb der Fehlergrenze. Spannungsänderungen sind bis herab auf 50% der jeweiligen Nennspannung ohne merklichen Fehler zulässig.

Das eisengeschlossene Meßwerk wird nur für einen Nennstrom 5 Ampere zum Anschluß an Stromwandler ausgeführt. Die Nennspannung beträgt 100 Volt zum Anschluß an Spannungswandler mit 100 Volt Sekundärspannung. Sie kann durch äußere Vorwiderstände erhöht werden. Für die Messung von Drehstrom beliebiger Belastung erhalten die Instrumente zwei der vorbeschriebenen Meßwerke, die mechanisch durch eine Bandübertragung gekuppelt und entsprechend der Zwei-Leistungsmesser-Methode geschaltet sind.

Der Eigenverbrauch des Meßwerks ist sehr gering. Die Feldspule hat bei 5 Ampere und 50 Perioden einen Spannungsabfall von etwa 0,8 Volt, verbraucht also 4 Voltampere. Der Spannungskreis ist auf einen Stromverbrauch von genau 25 Milliampere abgeglichen. Es ergibt sich daher für diese Instrumente bei 100 Volt ein Eigenverbrauch von 2,5 Voltampere für jeden Spannungskreis.

c) Drehfeld-Meßwerk.

Das Drehfeld-Meßwerk besteht aus einem vierpoligen, aus Eisenblechen aufgebauten Polgestell und einer innerhalb der Pole liegenden, drehbar gelagerten Aluminiumtrommel (vgl. Bild 20). An der Aluminiumtrommel ist der Zeiger befestigt. Die vom zu messenden Strom durchflossene Hauptstromwicklung läuft über zwei gegenüberliegende Pole, während die an die zu messende Spannung angeschlossene Spannungswicklung über die anderen beiden Pole geführt ist. Sind die Ströme in der Stromwicklung und in der Spannungswicklung gegeneinander in der Phase verschoben, so wird, ähnlich wie in einem zweiphasigen Motor, ein Drehfeld erzeugt. Die vor den Polen liegende Aluminiumtrommel verhält sich dann wie der Kurzschlußanker eines Induktionsmotors. Die in ihr induzierten Ströme geben zusammen mit dem Drehfeld ein Drehmoment, das die Trommel im Sinne des Drehfeldes zu drehen sucht. Durch die Drehung der Trommel wird eine Feder gespannt. Die Trommel stellt sich dann so ein, daß das von den Strömen ausgeübte Drehmoment gleich dem Gegendrehmoment der Feder ist.

Fließt in der Stromwicklung der Strom J und in der Spannungswicklung der Strom i, so ist das den Zeigerausschlag verursachende Drehmoment

$$M = \text{const} \cdot J \cdot i \cdot \sin \delta,$$

wobei δ der Phasenverschiebungswinkel zwischen den beiden Strömen ist. Wird $\delta = 0$, so ist auch das Drehmoment gleich Null, d. h. die Trommel bleibt in Ruhe. Wird $\delta = 90°$, so erreicht das Drehmoment seinen Höchstwert, d. h. das Instrument gibt seinen größten Ausschlag.

Um mit diesem Meßgerät die Leistung eines Wechselstromes bestimmen zu können, muß man die Schaltung so wählen, daß bei der Phasenverschiebung $\varphi = 0$ zwischen dem Strom und der zu messenden Spannung eine Phasenverschiebung von $90°$ zwischen den beiden Strömen J und i im Instrument herrscht. Man erreicht dies dadurch, daß man den Strom i künstlich um $90°$ gegen die ihn erzeugende Spannung E verschiebt. Bei einer Phasenverschiebung φ zwischen Strom und Spannung herrscht dann zwischen den Strömen J und i im Meßgerät eine Phasenverschiebung $\delta = 90° - \varphi$. Das Drehmoment wird daher

$$M = \text{const} \cdot J \cdot i \cdot \sin (90° - \varphi).$$

Da i der Spannung E proportional ist, kann man hierfür auch schreiben

$$M = \text{const} \cdot J \cdot E \cdot \sin (90° - \varphi)$$
$$= \text{const} \cdot J \cdot E \cdot \cos \varphi.$$

Das Drehfeld-Instrument kann also zu Wechselstrom-Leistungsmessungen nur dann benutzt werden, wenn zwischen dem Spannungsstrom und der Spannung eine künstliche Phasenverschiebung von 90° erzeugt wird.

Die künstliche Phasenverschiebung ist ein Hauptnachteil der Drehfeld-Instrumente, da sie stets eine komplizierte 90°-Schaltung im Instrument bedingt (vgl. Bild 21). Diese hat aber wiederum eine Abhängigkeit der Instrumentangaben von der Frequenz zur Folge und bringt außerdem noch den Nachteil, daß man die Nennspannungen der Leistungsmesser nicht mehr durch äußere Vorwiderstände vergrößern kann. Weiterhin lassen sich die Temperaturfehler bei den Drehfeld-Instrumenten nicht so klein machen, als man es bei den elektrodynamischen Instrumenten gewohnt ist. Einesteils ändert sich der Widerstand der aus Kupfer bestehenden Spannungswicklung und damit die Größe und Phasenverschiebung des Spannungsstromes, andernteils aber erwärmt sich auch die Aluminiumtrommel, so daß der Widerstand der Kurzschlußbahnen mit steigender Temperatur wächst und auch seinerseits Veränderungen der Instrumentangaben verursacht. Diesen Nachteilen der Drehfeld-Instrumente steht der Vorteil gegenüber, daß die Instrumente ein besonders großes Drehmoment besitzen und sich daher sehr sicher einstellen. Dieser Vorteil reicht jedoch nicht aus, um ihre Verwendung als tragbare Anzeigeinstrumente neben dem vorstehend beschriebenen besseren eisengeschlossenen Meßwerk noch weiter gerechtfertigt erscheinen zu lassen.

C. Innere Schaltung der Leistungsmesser.

1. Meßbereichänderung durch Umschaltung der Feldspulen.

Bei den für direkte Messungen bestimmten Leistungsmessern der Laboratoriumstype ist die Feldspule in mehrere Teile unterteilt, die mittels eines Umschalters in Reihen- oder Parallelschaltung miteinander verbunden werden können. Man erhält auf diese Weise für jedes Instrument mehrere Nennströme und entsprechend diesen Nennströmen mehrere Leistungsmeßbereiche.

Bei den älteren Leistungsmessern ist die Feldspule zweiteilig ausgeführt. Durch Reihen- oder Parallelschaltung der beiden Teile erhält man zwei Nennströme, die sich wie 1:2 verhalten. Die

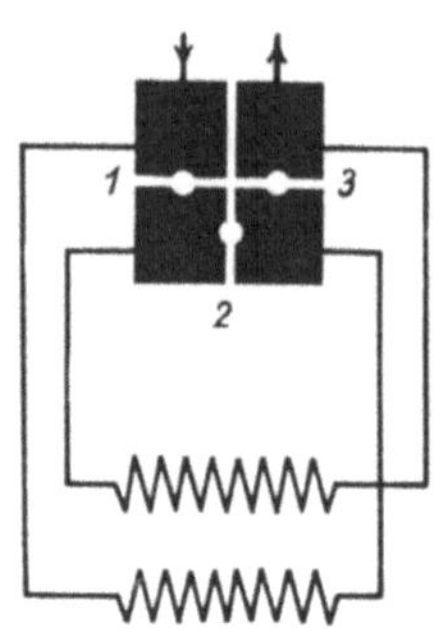 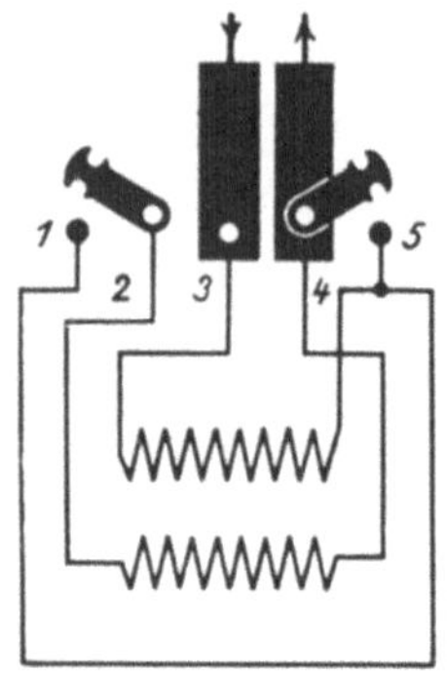

Bild 22. Stöpselumschalter
für 2 Nennströme bis 25 A.

Bild 23. Laschenumschalter
für höhere Nennströme.

Stöpsel 1, 2, 3	kurz geschlossen	Lasche 3—4
„ 2	kleiner Nennstrom	„ 1—2
„ 1 u. 3	großer Nennstrom	„ 2—3; 4—5

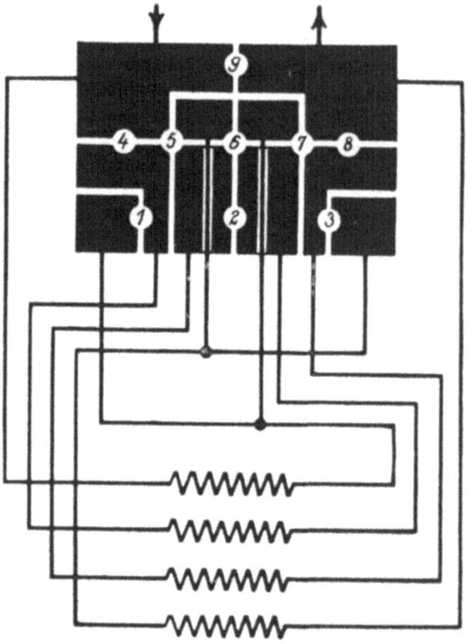

Bild 24. Stöpselumschalter für 3 Nennströme bis 20 A.

Stöpsel 9 gesteckt	Feldspulen, kurz geschlossen
„ 1, 2, 3	kleinster Nennstrom
„ 4, 6, 8	mittlerer Nennstrom
„ 5 u. 7	größter Nennstrom

Umschaltung der Feldspulen bei der älteren Laboratoriumstype.

Umschaltung der beiden Spulenhälften erfolgt bei den Leistungsmessern bis 25 Ampere durch Stöpsel. Bei höheren Stromstärken werden die Übergangswiderstände der Stöpsel gegenüber den kleinen Spulenwiderständen zu groß, so daß sich die erforderliche gleichmäßige Stromverteilung auf beide Spulenhälften nicht mehr mit Sicherheit erreichen läßt. Man ist daher gezwungen, bei Stromstärken über 25 Ampere zu einem Laschenumschalter überzugehen. Die Umschaltvorrichtungen sind auf S. 32 dargestellt. Sowohl beim Stöpselumschalter wie beim Laschenumschalter ist es unbedingt erforderlich, daß vor dem Einschalten ein Nennstrom eingestellt ist, da das Instrument sonst durch Zerstörung der zwischen den beiden Spulenhälften liegenden Isolation beschädigt werden kann. Die in Bild 22 gezeigte Stöpselumschaltung hat den Vorzug, daß sie besonders leicht zu bedienen ist und daß sich alle Umschaltungen unter Strom vornehmen lassen. Um ohne Stromunterbrechung von einem Nennstrom zum anderen überzugehen, steckt man zunächst alle drei Stöpsel und zieht dann entsprechend dem gewünschten Nennstrom entweder Stöpsel 2 oder Stöpsel 1 und 3. Unter keinen Umständen dürfen alle drei Stöpsel gleichzeitig gezogen werden, da hierdurch der Hauptstromkreis unterbrochen würde. Der in Bild 23 dargestellte Laschenumschalter ist nur für stromlose Umschaltung bestimmt. Man muß daher das Instrument vor der Betätigung des Umschalters stets stromlos machen. Dies geschieht am besten durch Verwendung eines Stromabschalters, wie er auf S. 131 beschrieben ist.

Neuerdings werden die Leistungsmesser mit einer vierfach unterteilten Feldspule ausgeführt. Die Spulenteile werden in der ersten Schaltstellung in Reihe, in der zweiten in Gruppenschaltung und in der dritten Stellung in Parallelschaltung verbunden, so daß drei Nennströme im Verhältnis $1:2:4$ entstehen. Um möglichst sichere Kontakte zu bekommen, wurde für die Umschaltung ein Stöpselumschalter gewählt. Durch eine besondere Anordnung der Steckvorrichtung ist hierbei erreicht worden, daß man für jede Schaltstellung mit nur drei Stöpseln auskommt. Die Schaltung ist in Bild 24 gezeigt. Der Übergang von einem Nennstrom zum andern läßt sich sehr einfach ausführen, da man während des Umschaltens stets die Instrumentklemmen durch Stecken des Stöpsels 9 kurzschließen kann.

Bei den neuesten Ausführungen der Leistungsmesser mit Preß-

34

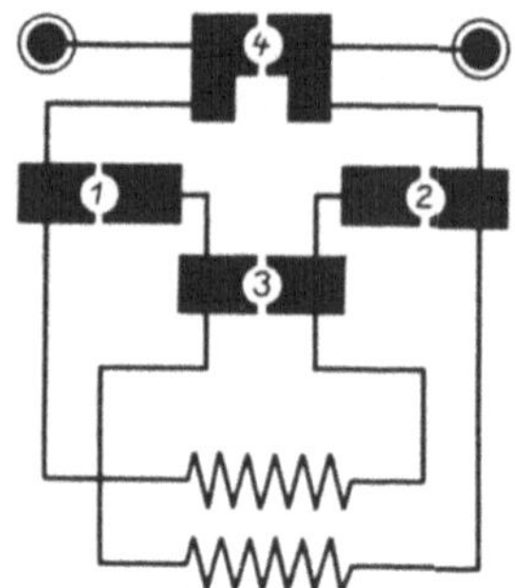

Bild 25. Stöpselumschalter für 2 Nennströme.

Stöpsel 4	kurz geschlossen
„ 3	kleiner Nennstrom
„ 1 u. 2	großer Nennstrom

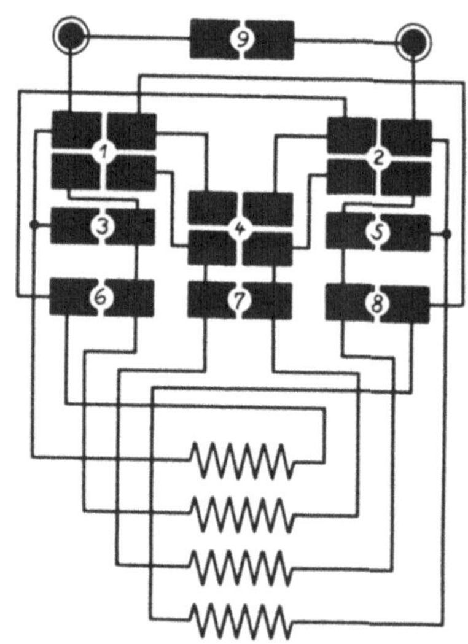

Bild 26. Stöpselumschalter für 3 Nennströme bis 20 A.

Stöpsel 9 gesteckt	Feldspulen kurz geschlossen
„ 6, 7, 8	kleinster Nennstrom
„ 3, 4, 5	mittlerer Nennstrom
„ 1 u. 2	größter Nennstrom

Umschaltung der Feldspulen bei der neuen Laboratoriumstype.

stoff-Gehäuse sind die Umschaltvorrichtungen durch die Einführung der neuen Schulterkontaktklötze wesentlich verbessert worden. Während die Kontaktklötze früher einfach mittels Schrauben auf die Montageplatte aufgeschraubt waren, sind sie jetzt so geformt, daß der an der Bohrung liegende Teil in die Platte eingelassen ist. Hierdurch wird erreicht, daß der beim Eindrehen des Stöpsels auftretende Seitendruck nicht mehr auf die Befestigungsschrauben des Klotzes wirkt, sondern durch die eingelassenen Wandungen des Bohrloches unmittelbar auf die Montageplatte übertragen wird. Ein Lockerwerden der Kontaktklötze ist daher ausgeschlossen. Für jedes Stöpselloch sind bei dieser Anordnung zwei besondere Kontaktklötze vorgesehen. Unmittelbar nebeneinander liegende Kontaktklötze werden durch ein elastisches Zwischenglied verbunden, so daß der Seitendruck nicht von einem Kontaktklotz auf den anderen übertragen werden kann.

Die nach diesen Gesichtspunkten gebauten neuen Umschaltvorrichtungen sind auf S. 34 abgebildet. Die Umschaltvorrichtung für zwei Nennströme hat hierbei noch einen besonderen Kurzschlußkontakt erhalten, durch den man das Instrument während des Umschaltens kurzschließen kann. Die Umschaltvorrichtung für drei Nennströme ist dadurch für den Gebrauch wesentlich übersichtlicher gestaltet worden, daß die für einen bestimmten Nennstrom erforderlichen Stöpsellöcher stets in einer Reihe liegen. Dem kleinsten Nennstrom entspricht die untere Kontaktreihe, dem mittleren die mittlere und dem größten die obere.

Bei Hochspannungsmessungen ist eine Umschaltung der Feldspulen unter Strom wegen der damit verbundenen Gefahr für den Beobachter nicht zulässig. Man muß hierbei das Instrument vor dem Umschalten durch allpolige Abschaltung vom Netz auch spannungslos machen. Man muß also außer dem Stromkreis auch noch den Spannungskreis vom Netz abtrennen.

2. Meßbereichänderung durch Umschalten der Spannungsspule.

Die innere Schaltung der tragbaren Betriebs-Leistungsmesser mit eisengeschlossenem Meßwerk unterscheidet sich von der der eisenlosen Präzisions-Leistungsmesser wesentlich durch die Art der Meßbereichumschaltung. Während bei den Präzisions-Leistungsmessern die Umschaltung im Stromkreise erfolgt, wird bei den

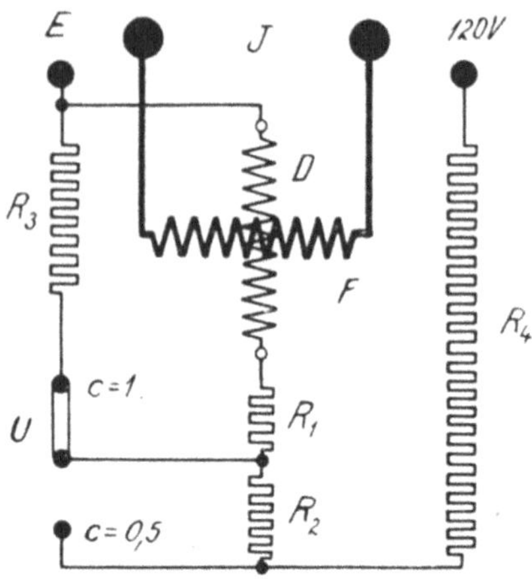

Bild 27. Prinzip der Spannungsumschaltung für Einphasen-
Leistungsmesser.

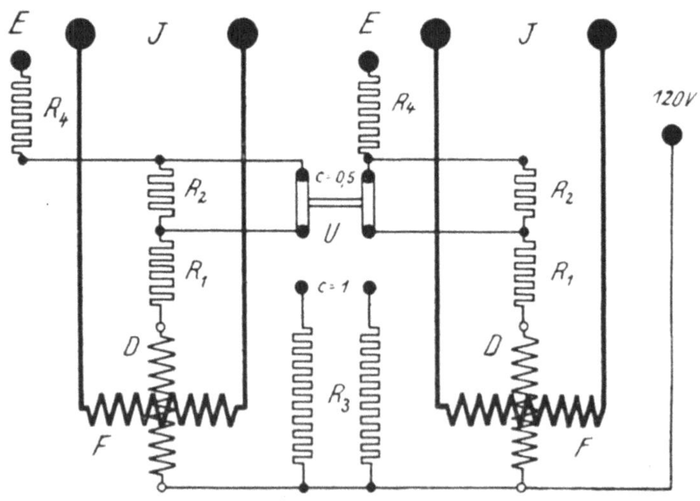

Bild 28. Prinzip der Spannungsumschaltung für Drehstrom-Leistungsmesser mit zwei mechanisch gekuppelten Meßwerken.

Betriebs-Leistungsmessern nach dem Vorschlag des Verfassers der Spannungskreis umgeschaltet. Diese Umschaltmethode, die bei den eisenlosen Präzisions-Leistungsmessern infolge des erhöhten Stromes in der Drehspule zu einer erhöhten Abhängigkeit der Instrumentangaben von äußeren Magnetfeldern führen würde, kann bei den Betriebs-Leistungsmessern ohne Bedenken angewandt werden, da bei diesen durch den Eisenkörper ein hinreichender Schutz gegen derartige Störungen gegeben ist. Die Umschaltung des Spannungskreises hat den Vorzug, daß sie sich mechanisch viel einfacher ausführen läßt. Da hierbei nur kleinere Ströme umgeschaltet werden und die Widerstände der umzuschaltenden Stromkreise sehr hoch sind, können kleine billige Schalter benutzt werden, die man ohne weiteres einbauen kann.

Die Art der Umschaltung des Spannungskreises ergibt sich aus Bild 27 auf S. 36. Die Widerstände sind hierbei so abgeglichen, daß die Beziehungen erfüllt werden:

$$R_D + R_1 = R_3$$

und

$$R_2 = \frac{R_3}{2},$$

wobei R_D der Widerstand der Drehspule ist.

Steht der Umschalter U in der eingezeichneten Stellung $c = 1$, so teilt sich der Spannungsstrom in zwei parallele, gleich große Zweige. Die eine Hälfte des Stromes fließt durch die Spannungsspule, während die andere Hälfte durch den Widerstand R_3 fließt. In der Schaltstellung $c = 0{,}5$ fließt der Spannungsstrom ungeteilt durch die Spannungsspule des Leistungsmessers. Damit hierbei der Gesamtwiderstand des Spannungskreises unverändert bleibt, wird gleichzeitig der Teil R_2 des Vorwiderstandes kurzgeschlossen. Durch die Umschaltung wird also der Strom in der Spannungsspule im Verhältnis $1:2$ geändert, während der Gesamtstrom und der Gesamtwiderstand des Spannungskreises unverändert bleibt.

Bei den Drehstrom-Leistungsmessern mit zwei mechanisch gekuppelten Meßwerken war insofern eine Änderung der Innenschaltung erforderlich, als durch die Metallbandkuppelung, die die beiden Drehspulen mechanisch miteinander verbindet, auch eine elektrische Verbindung der beiden Drehspulen gegeben ist (vgl. Bild 28). Der Verbindungspunkt der beiden Drehspulen muß bei der äußeren Schaltung des Instruments so gelegt werden, daß er mit dem gemeinsamen Punkt der beiden Spannungskreise bei der Zwei-Leistungsmesser-Methode zusammenfällt, d. h. der Verbindungspunkt der beiden Drehspulen muß an die Leitung des Drehstromsystems angelegt werden, in der keine Feldspulen liegen. Die Drehspulen erhalten demgemäß auch das Potential dieser Leitung, so daß zwischen den Drehspulen und den zugehörigen, in den beiden anderen Leitungen liegenden Feldspulen stets die volle Betriebsspannung auftritt. Diese Potentialdifferenzen im Meßwerk, die bei den Präzisions-Leistungsmessern ganz unzulässig wären, können bei dem eisengeschlossenen Meßwerk ohne Bedenken zugelassen werden, da bei dem kräftigen Drehmoment dieser Instrumente Fehler durch Ladungserscheinungen nicht in Betracht kommen. Da sich jedoch die Isolation zwischen den Feldspulen und den Drehspulen nicht für beliebig hohe Spannungen ausführen läßt, wird durch die Potentialdifferenzen die Nennspannung der Instrumente auf Höchstspannungen von etwa 480 Volt beschränkt.

Während man durch die bei den Präzisions-Leistungsmessern übliche Umschaltung der Feldspulen zwei Nennströme und hierdurch zwei Leistungsmeßbereiche erhält, ergeben sich durch die vorstehend beschriebene Umschaltung der Spannungsspulen unmittelbar zwei Leistungsmeßbereiche. Da durch die Umschaltung lediglich die elektrische Empfindlichkeit des Instruments geändert wird, bleiben die Nennströme und Nennspannungen für beide Meßbereiche die gleichen.

Bedeutet: J_n = Nennstrom des Instruments,

$\qquad E_n$ = Nennspannung des Instruments,

$\qquad c$ = Instrumentkonstante,

so ergeben sich unter der Voraussetzung, daß der Leistungsmesser bei dem Nennstrom, der Nennspannung und einem Leistungsfaktor cos φ = 0,80 oder 0,926 den vollen Zeigerausschlag gibt, die in der Tabelle S. 39 angegebenen Meßmöglichkeiten.

Es ist nach dem Vorhergehenden wohl selbstverständlich, daß mit den Angaben der Tabelle die Verwendungsmöglichkeiten dieser Leistungsmesser nicht erschöpft sind. Diese Angaben sollen vielmehr lediglich einen Hinweis auf die Verwendungsmöglichkeiten geben, denn im Grunde kommt es nur darauf an, daß das Gesamtprodukt aus Strom, Spannung und Leistungsfaktor nicht größer wird als $E_n \cdot J_n \cdot \cos \varphi$ oder $0,5\, E_n \cdot J_n \cdot \cos \varphi$. Es ist

Instrumentart	Meßbereich-umschalter auf Stellung	Strom	Spannung	Leistungs-faktor $\cos \varphi$
Einphasenstrom-Leistungsmesser	$c = 1$	J_n	E_n	0,80
	$c = 0,5$	$0,5\ J_n$	E_n	0,80
		J_n	$0,5\ E_n$	0,80
		J_n	E_n	0,40
Drehstrom-Leistungsmesser	$c = 1$	J_n	E_n	0,926
	$c = 0,5$	$0,5\ J_n$	E_n	0,926
		J_n	$0,5\ E_n$	0,926
		J_n	E_n	0,463

also vollkommen gleichgültig, ob ein kleiner Zeigerausschlag durch Verkleinerung des Stromes, der Spannung oder des Leistungsfaktors, oder schließlich durch gleichzeitige Verkleinerung aller dieser Größen hervorgerufen wird. In jedem Falle wird durch den Übergang auf den kleineren Leistungsmeßbereich der Zeigerausschlag des Instruments verdoppelt. Demgemäß ist auch die Bedienung des Meßbereichumschalters vollkommen unabhängig von den jeweiligen Strom- und Spannungsverhältnissen, sofern die Nennströme und Nennspannungen nicht überschritten sind. Hieraus ergibt sich die folgende einfache B e d i e n u n g s v o r - s c h r i f t :

Man schaltet zunächst den Meßbereichumschalter auf die Stellung $c = 1$. Wird hierbei der Zeigerausschlag gleich der Hälfte der Skala oder kleiner, so legt man den Schalter, ohne die Messung zu unterbrechen, auf die Stellung $c = 0,5$ und verdoppelt auf diese Weise den Zeigerausschlag.

Da durch das Betätigen des Meßbereichumschalters der Eigenverbrauch des Instruments nicht geändert wird, kann man auch bei Verwendung von Strom- und Spannungswandlern durch Übergang auf den kleineren Meßbereich des Instruments den Zeigerausschlag verdoppeln und somit die Meßgenauigkeit erhöhen.

3. Innere Schaltung des Spannungskreises der Präzisions-Leistungsmesser.

Bei den modernen Leistungsmessern ist im Spannungskreis stets ein Spannungswender eingebaut, durch den man bei Bedarf die Ausschlagsrichtung des Zeigers ändern kann. Dies ist namentlich bei Drehstrommessungen nach der Zwei-Leistungsmesser-Methode erforderlich, da sich hierbei die Leistungsrichtung in dem einen Leistungsmesser umkehren kann. Bei Einphasenstrom kann man durch vorschriftsmäßige Schaltung ein Wenden des Spannungsstromes vermeiden. Damit der Leistungsmesser hierbei stets einen Ausschlag in die Skala hinein gibt, muß man darauf achten, daß

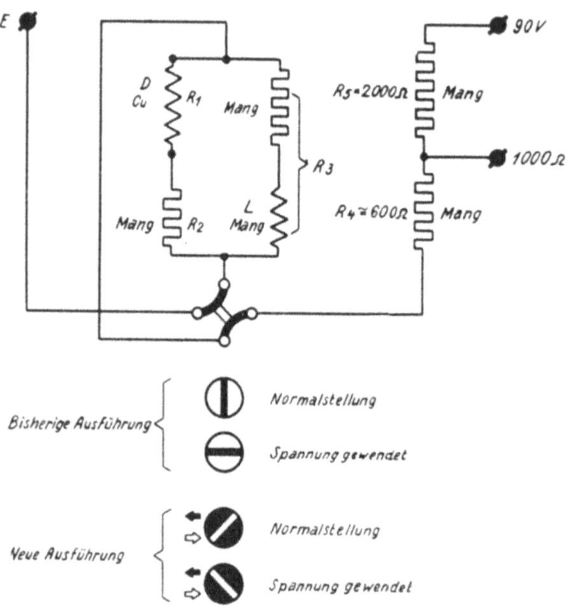

Bild 29. Innere Schaltung des Spannungskreises
der Präzisions-Leistungsmesser.

der Spannungswender in seiner Normalstellung steht. In Bild 29 sind die Stellungen der Schaltergriffe in der bisherigen und in der neuen Ausführung angegeben. Bei der Normalstellung fließt der Strom so durch die Drehspule, daß dann ein richtiger Zeigerausschlag erfolgt, wenn der Strom in zwei benachbarte Strom- und Spannungsklemmen eintritt oder aus beiden austritt (vgl. Schaltregel 2 auf S. 139).

Um zu dem Leistungsmesser äußere, beliebig vertauschbare Vorwiderstände benutzen zu können, ist es erforderlich, den

Spannungskreis auf einen bestimmten Widerstand abzugleichen. Man schaltet daher parallel zu der Drehspule meist noch einen Abgleichwiderstand ein. In Bild 29 ist die Schaltung dargestellt. Hierbei ist D die aus Kupfer gewickelte Drehspule. R_1 ist der Widerstand der Drehspule, R_2 ein Manganin-Vorwiderstand und R_3 der zur Abgleichung parallel geschaltete Abgleichwiderstand. Da durch den Abgleichwiderstand R_3 ein geschlossener Stromkreis gebildet wird, in dem sich etwaige, durch gegenseitige Induktion in der Drehspule erzeugten Ströme ausgleichen können, muß die Summe der Widerstände $R_1 + R_2 + R_3$ genügend hoch gewählt werden, um diese Ströme in unschädlichen Grenzen zu halten. Die Abgleichung der Schaltung geschieht in der Weise, daß durch den Widerstand R_3 zunächst der Stromverbrauch des Spannungskreises auf genau 30 Mliliampere bei vollem Zeigerausschlag des Instruments abgeglichen wird. Dann wird der Gesamtwiderstand des Spannungskreises durch einen gemeinsamen Vorwiderstand R_4 auf genau 1000 Ohm ergänzt. Diesem Widerstandswert entspricht die 1000-Ohm-Klemme des Leistungsmessers, die zum Anschluß an äußere Vorwiderstände bestimmt ist. Da der Stromverbrauch des Spannungskreises auf 30 Milliampere abgeglichen ist, entspricht diesem Grundwiderstande von 1000 Ohm eine Nennspannung von 30 Volt. Es sei besonders darauf hingewiesen, daß die 1000-Ohm-Klemme nicht als ein selbständiger Meßbereich aufzufassen ist, da bei diesem geringen Gesamtwiderstande des Spannungskreises die Temperaturfehler des Instruments noch nicht kompensiert sind. Ferner entstehen durch den Abgleichwiderstand R_3 noch Phasenfehler in der Drehspule, die ebenfalls erst kompensiert werden müssen. Da die elektrischen Verhältnisse im Instrument hierbei nicht so ganz einfach liegen, soll im nachstehenden diese Temperaturkompensation und die Phasenkompensation ausführlicher beschrieben werden.

Die **Temperaturkompensation** wird durch Vorschaltung äußerer Vorwiderstände erreicht. Die Verhältnisse liegen hierbei folgendermaßen: Die Drehspule wird durch die von der Feldspule ausstrahlende Wärme sowie in geringem Maße auch durch den in ihr fließenden Strom erwärmt. Mit zunehmender Erwärmung wächst der Widerstand der Drehspule und somit der Widerstand des Drehspulzweiges $R_1 + R_2$, während der Abgleichwiderstand R_3 konstant bleibt. Wird der Gesamtstrom der Schaltung durch äußere Vorwiderstände konstant gehalten, so wird sich die Stromverteilung mit zunehmender Erwärmung in der Weise ändern, daß der Strom im Drehspulzweige um den gleichen Betrag abfällt, um den er im Widerstande R_3 anwächst. Der Strom wird also mit zunehmender Erwärmung gewissermaßen in den Widerstand R_3 hinübergedrängt. Mit dem Anwachsen des Stromes in R_3 wächst aber auch der Spannungsabfall in diesem Widerstand, also die Spannung zwischen den beiden Verzweigungspunkten. Infolge dieser wachsenden Spannung fällt der Strom im Drehspulzweige $R_1 + R_2$ nicht in dem gleichen Maße ab, wie man es lediglich aus der Widerstandsänderung folgern würde. Die Größe der Stromänderung im Drehspulzweige hängt von der Größe des Widerstandes R_3 ab. Je größer R_3 ist, um so kleiner sind die Stromänderungen im Drehspulzweige $R_1 + R_2$. Würde R_3 unendlich groß, so würde die Stromänderung im Drehspulzweige gleich Null werden. Da der Abgleichwiderstand R_3 stets nur einen Bruchteil des Gesamtstromes führt, ist der Widerstandswert von R_3 stets erheblich größer als der des Drehspulzweiges $R_1 + R_2$. Infolgedessen wird auch das Abfallen des Stromes im Drehspulzweige so geringfügig sein, daß der hierdurch entstehende Verlust am Drehmoment durch das Nachlassen der erwärmten Spiralfedern ausgeglichen werden kann. Ist dies erreicht, so werden die Angaben des Instruments durch die Erwärmung praktisch nicht mehr geändert. Allerdings ist hierbei noch die anfangs gemachte Voraussetzung zu erfüllen, daß der Gesamtstrom des Spannungskreises stets annähernd gleich groß bleibt. Dies ist in einfacher Weise durch einen entsprechend großen, gemeinsamen Vorwiderstand zu erreichen. Der im Instrument zur Abgleichung des Spannungskreises auf 1000 Ohm eingebaute Vorwiderstand R_4 reicht hierfür allein noch nicht aus; er muß vielmehr durch äußere Vorwiderstände noch um mindestens 2000 Ohm erhöht werden, so daß der Gesamtwiderstand des Spannungskreises mindestens 3000 Ohm beträgt, was einer Nennspannung von 90 Volt entspricht. Bei Verwendung noch größerer Widerstände ändert sich das Verhalten der Kompensationsschaltung nur noch ganz unwesentlich, so daß diese Änderungen nicht mehr in Betracht kommen.

Die **Phasenfehler** des Spannungskreises, die durch die Selbstinduktion der Drehspule verursacht werden, können durch eine kleine Abänderung der vorstehenden Schaltung kompensiert werden. Die Selbstinduktion der Drehspule ist zwar an sich verhältnismäßig klein, sie beträgt etwa 0,005 Henry, aber immerhin kann ihre Einwirkung bei Messungen mit kleinen Leistungsfaktoren oder hohen Frequenzen nicht vernachlässigt werden. Außerdem ist zu beachten, daß der durch diese Selbstinduktion verursachte Phasenfehler durch den zur Abgleichung erforderlichen Abgleichwiderstand R_3 besonders vergrößert wird, da die Phase des Zweigstromes in der Drehspule im wesentlichen nur von dem Verhältnis der Impedanz der Drehspule zu dem kleinen Ohmschen Widerstand $R_1 + R_2$ des Drehspulzweiges abhängt. Man kann die durch die Stromverzweigung bedingte Vergrößerung der Phasenverschiebung des Drehspulstromes gegen die zu messende Netzspannung dadurch beseitigen, daß man einen Teil L des Abgleichwiderstandes R_3 induktiv wickelt (Patent S. & H.). Wählt man die Induktanz L so, daß das Verhältnis der Induktanz zum Ohmschen Widerstand im Zweige R_3 das gleiche ist wie im Drehspulzweige $R_1 + R_2$, so haben die beiden Zweigströme gegeneinander keine Phasenverschiebung und sind damit auch in Phase mit dem unverzweigten Gesamtstrom des Spannungskreises. Die Phasenverschiebung des Gesamtstromes gegen die angelegte Netzspannung wird aber wegen des hohen Ohmschen Widerstandes des unverzweigten Spannungskreises ($R_4 +$ äußerer Vorwiderstand) sehr klein werden. Mithin wird auch der in der Drehspule entstehende Phasenfehler sehr klein, ebenso klein, als wenn der Widerstand R_3 gar nicht vorhanden wäre. Man kann aber auch diesen kleinen Phasenfehler noch zum Verschwinden bringen, wenn man das Verhältnis der Induktanz zum Ohmschen Widerstande im Abgleichzweige R_3 noch größer wählt, als es im Drehspulzweige ist. Bei entsprechender Wahl der elektrischen Größen der beiden parallelen Zweige wird dann der Phasenverschiebungswinkel zwischen dem Drehspulstrom und der an den Spannungskreis angelegten Netzspannung und damit auch der Phasenfehler gleich Null. Auf diese Weise ist bei den Präzisions-Leistungsmessern der S. & H. A. G. eine Phasenkompensation erzielt, die für eine bestimmte Nennfrequenz streng gültig ist, aber auch für einen verhältnismäßig großen Frequenzbereich vollkommen ausreicht. Damit werden aber auch die Instrumentangaben bei Gleichstrom und Wechselstrom genau gleich, so daß die Eichung ohne weiteres mit Gleichstrom vorgenommen werden kann.

Für diejenigen, die näher auf die vorliegenden Fragen einzugehen wünschen, sind nachstehend noch die Diagramme für die drei wichtigsten Fälle angegeben.

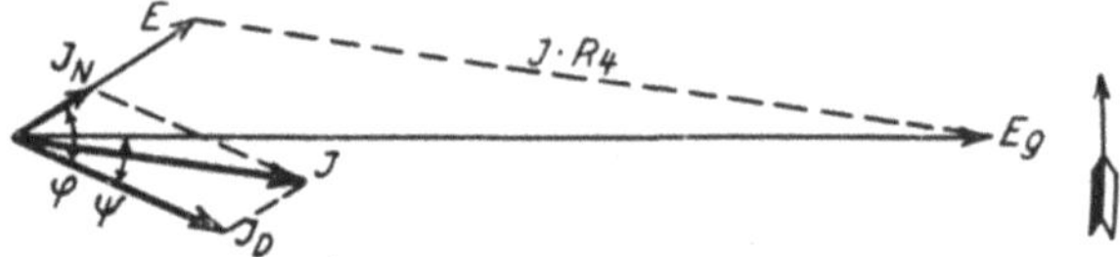

Bild 30. Phasenfehlerdiagramm für induktionsfreien Abgleichwiderstand R_2.

Bild 30 entspricht dem einfachsten Fall, in dem der Abgleichwiderstand R_3 induktionsfrei ist. Die Klemmenspannung zwischen den beiden Verzweigungspunkten der Schaltung Bild 29 wird im Diagramm durch den Vektor E dargestellt. Der Strom J_N in dem induktionsfreien Nebenwiderstand R_3 ist dann in Phase mit der Spannung E, dagegen bleibt der Strom J_D in der Drehspule um einen Winkel φ hinter E zurück. Aus den beiden Zweigströmen J_N und J_D ergibt sich als geometrische Summe der Gesamtstrom J des Spannungskreises. Der Spannungsabfall in dem vom Gesamtstrom durchflossenen Vorwiderstand R_4 ist dann in Phase mit dem Gesamtstrom J. Die Spannung $J \cdot R_4$ liegt also parallel zu J. Aus den beiden Teilspannungen E und $J \cdot R_4$ ergibt sich als geometrische Summe die Gesamtspannung E_g. Der Drehspulstrom J_D bleibt hierbei um einen Winkel ψ hinter dieser Gesamtspannung zurück.

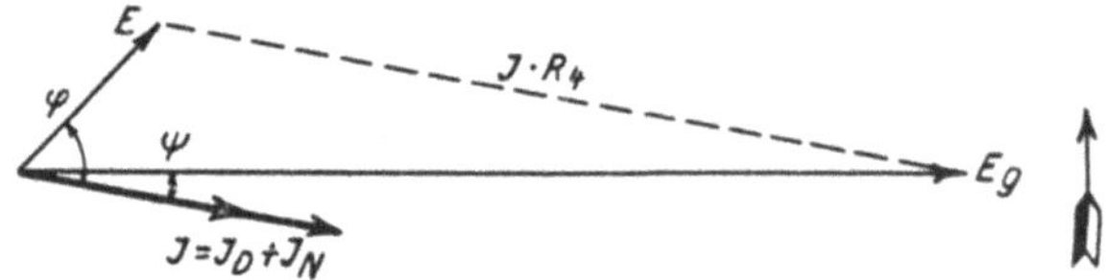

Bild 31. Phasenfehlerdiagramm für teilweise induktiven Abgleichwiderstand R_3.

Bild 31 zeigt die Verhältnisse für den Fall, daß ein Teil des Nebenwiderstandes R_3 induktiv gewickelt ist. Das Verhältnis der Induktanz zum Ohmschen Widerstande sei im Abgleichzweige das gleiche wie im Drehspulzweige. Dann sind die beiden Zweigströme J_D und J_N in Phase; sie addieren sich also algebraisch zum Gesamtstrom J, der um den Winkel φ hinter der Teilspannung E zurückbleibt. Der Spannungsabfall $J \cdot R_4$ in den gemeinsamen Vorwiderständen ist in Phase mit dem Strome J. Die Spannung $J \cdot R_4$ liegt also parallel zu J und gibt mit E als geometrische Summe die Gesamtspannung E_g. Der Strom J_D bleibt jetzt nur noch um einen kleinen Winkel ψ hinter der zu messenden Spannung E_g zurück. Das Diagramm zeigt ohne weiteres, daß dieser Winkel ψ um so kleiner wird, je größer $J \cdot R_4$, also der Vorwiderstand R_4 wird.

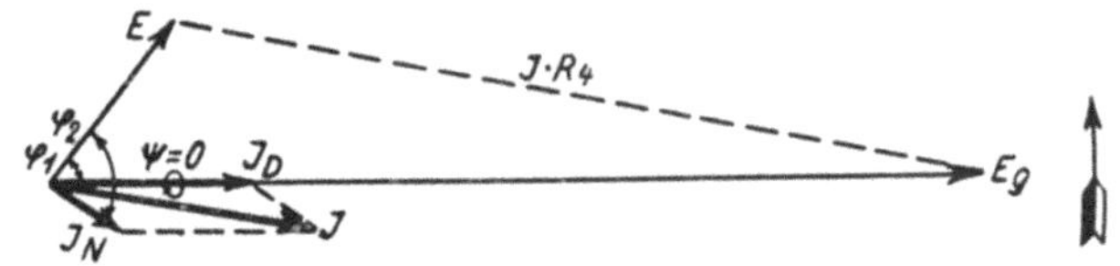

Bild 32. Phasenfehlerdiagramm für den Fall der vollkommenen Kompensation.

Bild 32 zeigt die bei den Leistungsmessern von S. & H. vorhandenen Verhältnisse. Die Induktanz des Abgleichzweiges R_3 ist noch größer gewählt, so daß der Phasenfehler kompensiert wird. Der Strom in der Drehspule J_D bleibt hierbei um den Winkel φ_1 hinter der Teilspannung E zurück. Da das Verhältnis der Induktanz zum Ohmschen Widerstande im Nebenwiderstand R_3 größer ist als im Drehspulzweige, bleibt der in R_3 fließende Strom J_N um einen etwas größeren Winkel φ_2 hinter E zurück. Der Gesamtstrom J ergibt sich dann wieder als geometrische Summe der beiden Zweigströme. Die Spannung am Vorwiderstand R_4 ist in Phase mit J, also ist wieder $J \cdot R_4$ parallel zu E. Aus E und $J \cdot R_4$ ergibt sich die Gesamtspannung, die bei richtiger Wahl der Verhältnisse in Phase mit J_D ist. Der Winkel ψ und damit der Phasenfehler ist demnach jetzt für einen bestimmten Widerstand R_4 gleich Null geworden.

D. Berechnung der Konstanten eines Leistungsmessers.

1. Berechnung der Instrumentkonstante.

Die Leistungsmesser werden empirisch so geeicht, daß sie bei einem bestimmten Nennstrom, einer bestimmten Nennspannung und einem beliebig zu wählenden Leistungsfaktor $\cos \varphi$ den vollen Zeigerausschlag geben.

Bedeutet:

$J_n =$ Nennstrom des Leistungsmessers,

$E_n =$ Nennspannung des Leistungsmessers,

$\cos \varphi =$ für die Eichung gewählter Leistungsfaktor,

$\alpha_1 =$ Anzahl der Skalenteile des Leistungsmessers,

so gilt die Beziehung

$$J_n \cdot E_n \cdot \cos \varphi = c \cdot \alpha_1.$$

Hieraus folgt die Instrumentkonstante

$$c = \frac{J_n \cdot E_n \cdot \cos \varphi}{\alpha_1}.$$

Für Drehstrom-Leistungsmesser mit zwei oder drei Meßwerken ergibt sich analog

$$\sqrt{3} \cdot J_n \cdot E_n \cos \varphi = c_D \cdot \alpha_1$$

$$c_D = \frac{\sqrt{3} \cdot J_n \cdot E_n \cdot \cos \varphi}{\alpha_1}.$$

Bei den **Präzisions-Leistungsmessern** ist die Nennspannung E_n stets 30 V oder ein Vielfaches davon. Die Skala hat 150 Teilstriche, so daß $\alpha_1 = 150$ ist. Die Eichung erfolgt bei einem Nennleistungsfaktor $\cos \varphi = 1$. Für die der Nennspannung 30 Volt entsprechende 1000-Ohm-Klemme wird daher

$$c = \frac{J_n \cdot 30}{150}.$$

Bei der für den Anschluß an Stromwandler bestimmten Prüffeldtype ist $J_n = 5$ Ampere. Die Instrumentkonstante der Prüffeldtype beträgt daher $c = 1$. Für die verschiedenen Nennströme der Laboratoriumstype ergeben sich die nachstehenden Instrumentkonstanten:

Nennstrom 0,5; 1; 1,25; 2; 2,5; 5; 10; 20; 25; 50 A
$c = $ 0,1; 0,2; 0,25; 0,4; 0,5; 1; 2; 4; 5; 10.

Bei den **Betriebs-Leistungsmessern**, einschließlich Z-Type, ist die Nennspannung stets 25 V oder ein Vielfaches davon. Die Skala hat 100 Teilstriche, so daß $\alpha_1 = 100$ ist. Der Nennstrom beträgt stets $J_n = 5$ A. Um runde Werte für die Instrumentkonstanten zu erhalten, ist der Nennleistungsfaktor für die Eichung bei den Instrumenten für Einphasenstrom zu $\cos \varphi = 0,8$, bei denen für Drehstrom zu $\cos \varphi = 0,926$ gewählt worden. Hieraus ergeben sich für die Instrumentkonstanten die Werte:

$$\text{Einphasenstrom:} \qquad c = \frac{5 \cdot 25 \cdot 0,8}{100} = 1,$$

$$\text{Drehstrom:} \qquad c_D = \frac{1,73 \cdot 5 \cdot 25 \cdot 0,926}{100} = 2.$$

Hat man auf diese Weise den Wert von c berechnet, so ergibt sich die gemessene Leistung bei einer beliebigen Messung aus dem abgelesenen Zeigerausschlag

$$N = c \cdot \alpha \qquad\qquad \text{Watt.}$$

2. Berechnung der Widerstandskonstanten.

Die Nennspannung der Leistungsmesser kann durch eingebaute oder äußere Vorwiderstände vergrößert werden. Die Zahl, die angibt, wievielmal die Nennspannung des Vorwiderstandes größer ist als die des Leistungsmessers, heißt die Widerstandskonstante C. Bedeutet:

$$E_n = \text{Nennspannung des Leistungsmessers,}$$

$$E_v = \text{Nennspannung des Vorwiderstandes,}$$

so ist die Widerstandskonstante

$$C = \frac{E_v}{E_n} .$$

Bei den **Präzisions-Leistungsmessern** ist $E_n = 30$ Volt. Bei der Laboratoriumstype sind die Nennspannungen der Vorwiderstände so gestuft, daß die Widerstandskonstanten runde Zahlen werden (s. Bild 33).

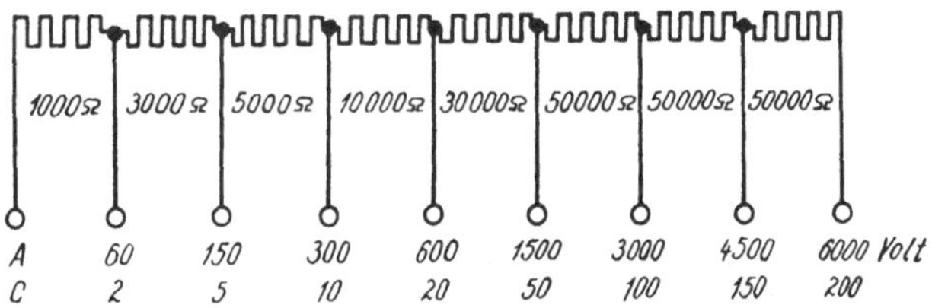

Bild 33. Vorwiderstände für die Laboratoriumstype.

Bei der Prüffeldtype sind die Nennspannungen der Vorwiderstände so gestuft, daß sie sich den normalen Betriebsspannungen nach Möglichkeit anpassen. Man mußte jedoch hierbei unrunde Widerstandskonstanten in Kauf nehmen. Es ergeben sich hierbei die in Bild 34 eingezeichneten Werte.

Bei den **Betriebs-Leistungsmessern** einschließlich der Z-Type, hat man die Vorteile der einfachen Konstanten mit den Vorticlen der möglichsten Anpassung an die normalen Betriebsspannungen dadurch vereinigt, daß man als Grundspannung 25 Volt einsetzt, Die Nennspannungen der Widerstände und die zugehörigen Konstanten sind in Bild 35 angegeben. Bei den Nullpunktwiderständen für Drehstrom sind die Widerstandskonstanten doppelt so groß wie für Einphasenstrom.

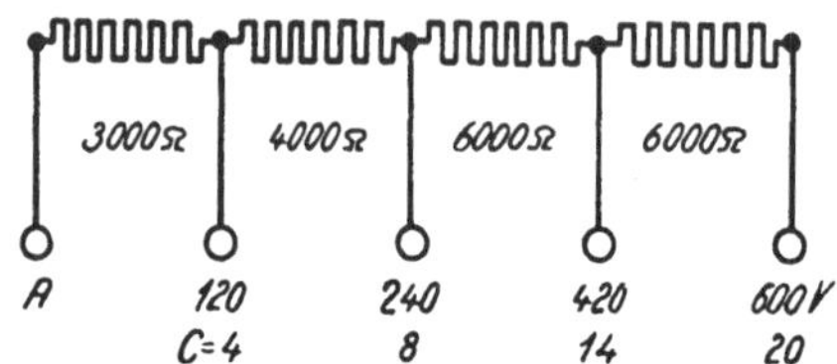

Bild 34. Vorwiderstände für die Prüffeldtype.

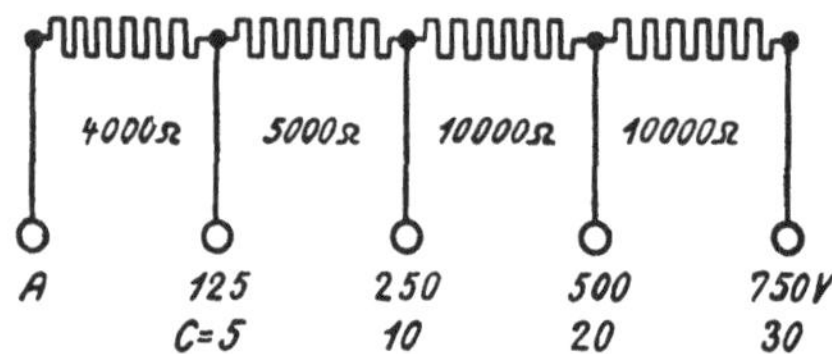

Bild 35. Vorwiderstände für die Z-Type
und für Betriebsinstrumente.

Die gemessene Leistung ist bei Benutzung eines Vorwiderstandes in jedem Falle

$$N = C \cdot c \cdot \alpha \qquad \text{Watt.}$$

Es ist zu beachten, daß die Vorwiderstände dauernd um 10%, kurzzeitig um 20% überlastet werden können.

E. Meßgeräte zum Bestimmen von Nebenumständen der Leistungsmessung.

1. Elektrodynamische Strom- und Spannungsmesser.

Die Meßwerke für die elektrodynamischen Strom- und Spannungsmesser sind die gleichen wie die der Leistungsmesser. Bei den Strom- und Spannungsmessern mit einem Meßbereich wird das Meßwerk der Prüffeldtype (s. S. 14), bei denen mit mehreren Meßbereichen das der Laboratoriumstype (s. S. 10) verwendet.

Bei den **Strommessern** liegt die Feldspule im Hauptstromkreis und die Drehspule parallel zu ihr. Bild 36 zeigt die Innenschaltung eines Prüffeld-Strommessers mit einem Meßbereich 5 A. Hierbei wird die feststehende Feldspule F in Reihe mit einem Manganinwiderstand R_2 vom zu messenden Strome durchflossen. Die Drehspule D mit dem Vorwiderstand R_1 liegt parallel zu dieser Reihenschaltung und führt nur einen kleinen Teilstrom. Die Manganinwiderstände R_1 und R_2 dienen dazu, die Stromverzweigung in den beiden parallel geschalteten Teilen von der Temperatur der Spulen unabhängig zu machen. Da beim Strommesser nur die kleinen Temperaturdifferenzen zwischen den beiden parallel geschalteten Zweigen für die Änderung der Stromverteilung und damit für die Richtigkeit der Instrumentangaben bestimmend sind, brauchen indessen die Vorwiderstände nicht so groß zu sein wie etwa beim Spannungsmesser. Auf Grund eingehender Versuche wurde ihre Größe so gewählt, daß der Temperaturkoeffizient der beiden parallelen Zweige etwa auf den vierten Teil des Temperaturkoeffizienten des Kupfers herabgedrückt wird. Dies hat sich als vollkommen ausreichend erwiesen, um die Angaben des Meßwerkes von der Temperatur praktisch unabhängig zu machen. Durch das Vorschalten der induktionsfreien Manganinwiderstände vor die Spulen ist auch das Verhältnis der Selbstinduktionskoeffizienten der Spulen zu den Ohmschen Widerständen der beiden Zweige so günstig geworden, daß die Abweichungen der Instrumentangaben bei Gleichstrom und Wechselstrom von 100 Perioden 0,1% nicht überschreiten.

Die älteren Laboratoriums-Instrumente mit zwei Meßbereichen sind nach Bild 37 geschaltet. Entsprechend den zwei Meßbereichen liegen hierbei zwei Hauptstromwiderstände R_2 und R_3 in Reihenschaltung mit der Feldspule F. Parallel zu dieser ganzen Reihenschaltung liegt die Drehspule D mit ihrem Vorwiderstand R_1. Die Feldspule mit ihren beiden Hauptstromwiderständen dient hierbei gewissermaßen als Mehrfachnebenschluß für den Drehspulzweig. Wird der Stöpsel bei b gesteckt, so liegt vor der Feldspule F nur der Widerstand R_2. Fließt hierbei in der Feldspule der Strom J und in der Drehspule der Strom i, so ist das ausgeübte Drehmoment proportoinal $J \cdot i$. Soll bei dem kleineren Meßbereich durch einen Strom $1/_2 J$ der gleiche Zeigerausschlag, also das gleiche Drehmoment erreicht werden, so muß der Strom

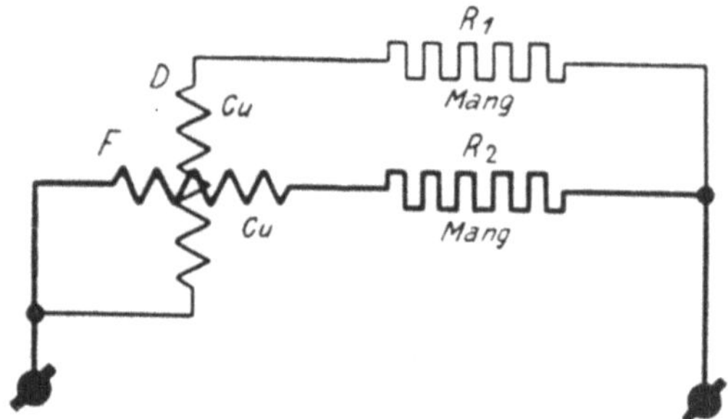

Bild 36. Innere Schaltung eines Strommessers mit einem
Meßbereich.

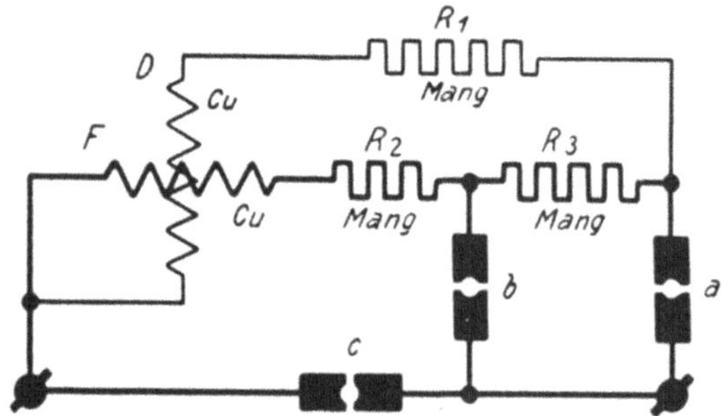

Bild 37. Innere Schaltung eines älteren Strommessers mit
zwei Meßbereichen.

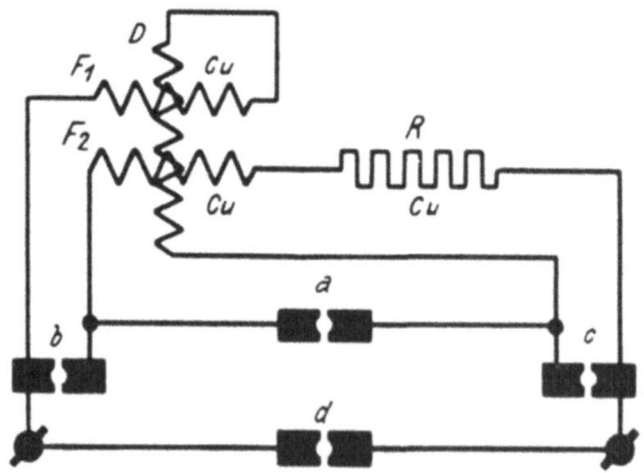

Bild 38. Innere Schaltung eines neuen Strommessers für
0,5 und 1 A.

Schaltungen der elektrodynamischen Strommesser.

in der Drehspule doppelt so groß werden, also die Größe $2 \cdot i$ bekommen. Das ist aber nur möglich, wenn der Spannungsabfall im Hauptstromkreis verdoppelt wird. Dies geschieht durch Einschalten des Widerstandes R_3 mittels des Stöpsels a. Der Spannungsabfall für den kleineren Meßbereich ist demnach bei dieser Schaltung stets doppelt so groß wie für den großen Meßbereich.

Für ihre neuen umschaltbaren Laboratoriums-Strommesser verwendet S. & H. ebenso wie bei den Leistungsmessern unterteilte Feldspulen, deren Teile je nach dem Meßbereich in Reihe oder parallel geschaltet werden. Die Innenschaltung des Strommessers für 0,5 und 1 Ampere ist in Bild 38 dargestellt. Hierbei liegt die Feldspule F_1 in Reihe mit der Drehspule D, während die Feldspule F_2 in Reihe mit einem Ersatzwiderstand R liegt. Wird der Stöpsel bei a gesteckt, so sind die beiden Feldspulenzweige in Reihe geschaltet, das Instrument gibt also den kleineren Meßbereich. Sind die Stöpsel b und c gesteckt, so liegen die Feldspulenzweige parallel, und man erhält einen doppelt so hohen Meßbereich. Der Spannungsabfall im Meßwerk ist hierbei, ebenso wie bei der vorher beschriebenen Schaltung, für den kleineren Meßbereich doppelt so groß wie für den großen Meßbereich. In den Bildern 39 bis 41 ist die für Stromstärken über 1 Ampere benutzte Innenschaltung angegeben. Bei dieser liegt die Feldspule F_1 in Reihe mit dem Widerstand R_1 und F_2 in Reihe mit R_2. Die Drehspule D mit den Vorwiderständen R_3 und R_4 ist parallel an den Zweig $F_2 + R_2$ angeschlossen. Damit der Feldspulenzweig $F_1 + R_1$ den gleichen Widerstand bekommt, sind parallel zu ihm die Ersatzwiderstände R_5 und R_6 angeschlossen, die den gleichen Widerstand besitzen wie der Drehspulenzweig. Der vor der Drehspule liegende Widerstand R_3 ist, wie das Schaltbild zeigt, aus Kupfer hergestellt. Er wird in unmittelbarer Nähe der Feldspule angeordnet, so daß er stets annähernd die gleiche Temperatur annimmt wie diese. Durch diesen Widerstand wird also der Temperaturkoeffizient des Drehspulenzweiges künstlich erhöht, so daß die Widerstandsänderungen des Drehspulenzweiges annähernd die gleichen werden wie die der Feldspulenzweige $F_1 + R_1$ und $F_2 + R_2$. Man braucht bei dieser Anordnung die Temperaturkoeffizienten der Feldspulenzweige nicht so weit herabzudrücken, wie dies sonst notwendig wäre, d. h. man kommt mit kleineren Manganinwiderständen aus und erhält auf diese Weise einen kleineren Eigenverbrauch.

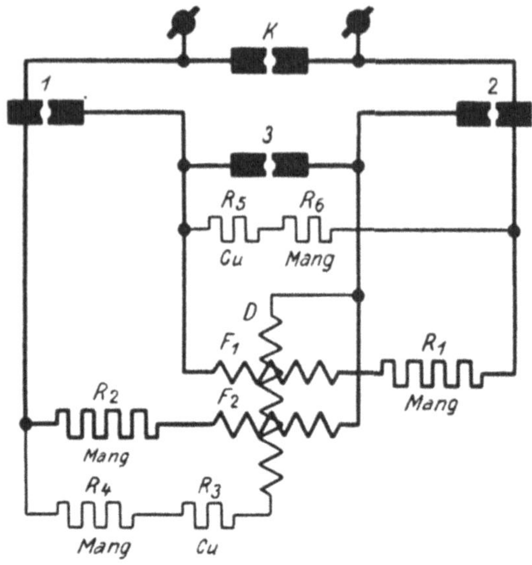

Bild 39. Innenschaltung der neuen elektrodynamischen Strommesser für größere Ströme.

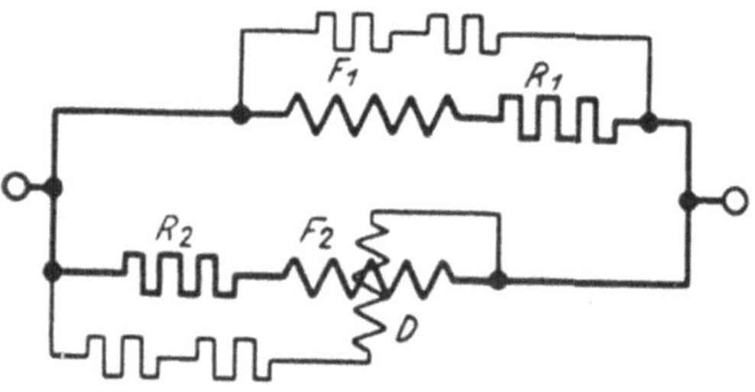

Bild 40. Stromlauf beim großen Meßbereich.

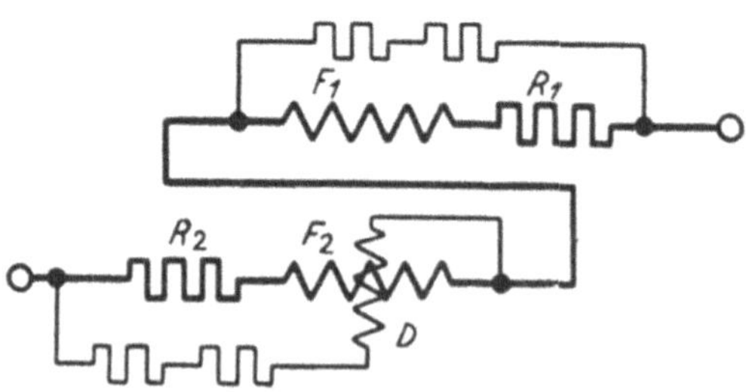

Bild 41. Stromlauf beim kleinen Meßbereich.

Der Eigenverbrauch der elektrodynamischen Strommesser beträgt je nach dem Meßbereich etwa 4 bis 30 Watt. Dieser verhältnismäßig hohe Verbrauch ist durch die vor den Feldspulen liegenden Hauptstromwiderstände bedingt und kann daher nicht verringert werden, ohne daß die elektrische Güte des Instruments leidet. In der nachstehenden Tabelle sind die Daten der Strommesser angegeben.

Meßbereiche Ampere	Klemmenspannung bei vollem Ausschlag etwa Volt	Eigenverbrauch bei vollem Ausschlag etwa Watt
5	1,3	6,5
0,5; 1	2; 1	1
1; 2	4,5; 2,3	4,5
2,5; 5	4; 2	10
5; 10	2; 1	10
12,5; 25	0,8; 0,4	10
25; 50	0,6; 0,3	15
50; 100	0,6; 0,3	30

Aus der Innenschaltung der Instrumente für zwei Meßbereiche folgt, daß der Spannungsabfall für den kleineren Meßbereich noch einmal so groß ist als für den großen Meßbereich. Dies ist bei Messungen in Stromkreisen mit kleinen Spannungen wichtig, da dann durch das Umschalten des Strommessers die elektrischen Verhältnisse des Stromkreises erheblich geändert werden können. Aber auch bei Messungen kleinerer Leistung mit mittleren Spannungen, z. B. bei der Untersuchung kleiner Motoren, können durch den Eigenverbrauch des Strommessers Meßfehler verursacht werden. Es ist daher empfehlenswert, bei der Ablesung des Leistungsmessers den Strommesser kurzzuschließen.

Bei den **Spannungsmessern** liegt die feststehende Feldspule mit der Drehspule in Reihenschaltung. Um die Angaben des Meßwerkes unabhängig von der Temperatur zu machen, werden vor die Spulen Vorwiderstände aus Manganin geschaltet. Die Vorschaltung ist so groß gewählt, daß der Kupferwiderstand der beiden Spulen nur etwa den 8. bis 10. Teil des gesamten Widerstandes ausmacht. Infolgedessen beträgt auch der elektrische Temperaturkoeffizient der Reihenschaltung nur noch den 8. bis 10. Teil des Temperaturkoeffizienten des Kupfers. Die Einwirkung des geringen verbleibenden elektrischen Temperaturkoeffizienten

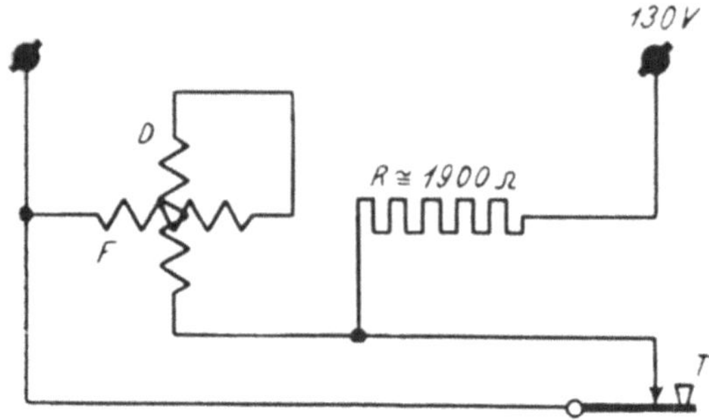

Bild 42. Innenschaltung des neuen elektrodynamischen
Spannungsmessers der Prüffeldtype mit einem Meßbereich; mit Kurzschlußtaste für das Meßwerk.

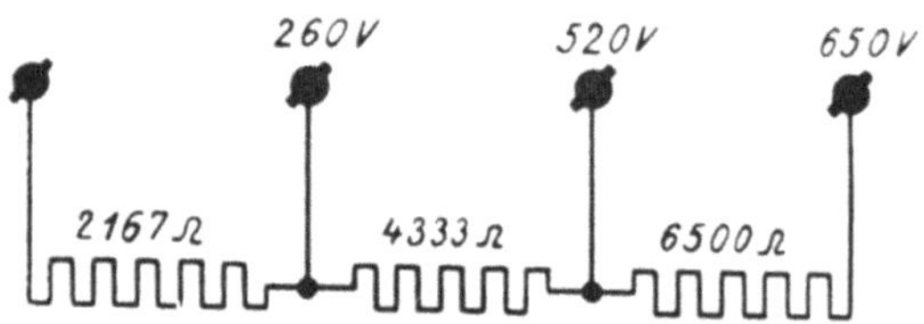

Bild 43. Vorwiderstand zum Spannungsmesser der
Prüffeldtype. Der Widerstand ist beliebig vertauschbar,
da die Spannungsmesser auf einen bestimmten Strom
abgeglichen sind.

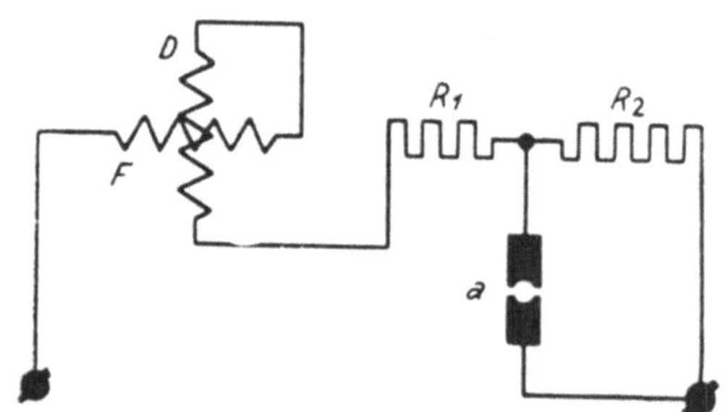

Bild 44. Innere Schaltung der älteren Spannungsmesser
der Laboratoriumstype mit zwei Meßbereichen.

Schaltungen der elektrodynamischen Spannungsmesser.

wird dadurch nach Möglichkeit aufgehoben, daß man den Spiralfedern, die die mechanische Gegenkraft für das Meßorgan liefern, durch passende Wahl des Materials einen annähernd gleich großen negativen mechanischen Temperaturkoeffizienten gibt. Dann wird die durch die Änderung des Widerstandes verursachte Änderung des Stromes durch eine entgegengesetzt wirkende Änderung der Federkraft praktisch kompensiert. Man muß sich hierbei allerdings darüber klar bleiben, daß eine derartige Kompensation nur für einen bestimmten Meßbereich, also für ein bestimmtes Verhältnis Kupfer zu Manganin exakt sein kann. Bei höheren Meßbereichen tritt eine gewisse Überkompensation ein, die man jedoch durch entsprechende Wahl der Widerstandswerte des Vorwiderstandes wieder aufheben kann. Die Widerstandswerte des Vorwiderstandes werden dann nicht im gleichen Verhältnis zum Grundwiderstand stehen, wie die Meßbereiche. Ein anderer Weg zur Beseitigung der verbleibenden Temperatureinflüsse ist die kurzzeitige Einschaltung des Instrumentes unter Verwendung eines im Instrument eingebauten Tasters. Der Selbstinduktionskoeffizient der Spulen tritt gegen den Ohmschen Widerstand derart zurück, daß die Instrumentangaben für alle im Betrieb vorkommenden Frequenzen richtig bleiben. Selbst bei einer Frequenz von 100 Perioden in der Sekunde beträgt der durch die Selbstinduktion verursachte Fehler nicht mehr als 0,1 %.

Die Prüffeld-Spannungsmesser haben nur einen Meßbereich 130 Volt. Bild 42 zeigt die Innenschaltung. Die Feldspule F ist in Reihe mit der Drehspule D und dem Vorwiderstand R geschaltet. An die Stelle der früheren Ausschalttaste, bei der sich Störungen durch Funkenbildungen, namentlich bei höheren Spannungen, nicht vermeiden ließen, ist bei der neuen Ausführung eine Kurzschlußtaste getreten, durch die das Meßwerk bei Nichtbenutzung kurzgeschlossen wird. Eine Überlastung des Widerstandes R ist hierbei nicht zu befürchten, da das Meßwerk nur einen Bruchteil des Gesamtwiderstandes ausmacht. Der Stromverbrauch ist auf genau 60 Milliampere abgeglichen, so daß sich für 130 Volt ein innerer Widerstand von 2167 Ohm ergibt. Beim Anschluß des Instrumentes an Spannungswandler mit 100 Volt Sekundärspannung beträgt der Eigenverbrauch 4,6 Voltampere. Zur direkten Messung höherer Spannungen wird zu dem Instrument ein besonderer Vorwiderstand benutzt, der in Bild 43

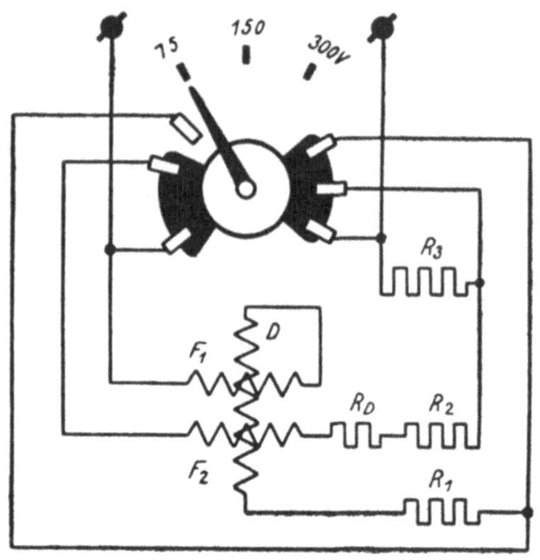

Bild 45. Innenschaltung der neuen elektrodynamischen Spannungsmesser mit drei Meßbereichen.

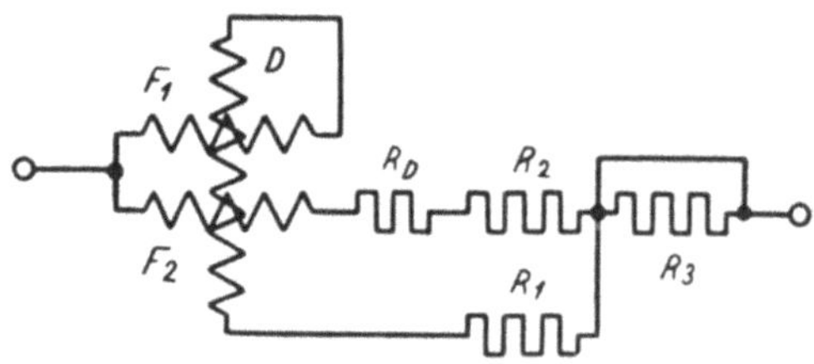

Bild 46. Stromlauf beim kleinsten Meßbereich.

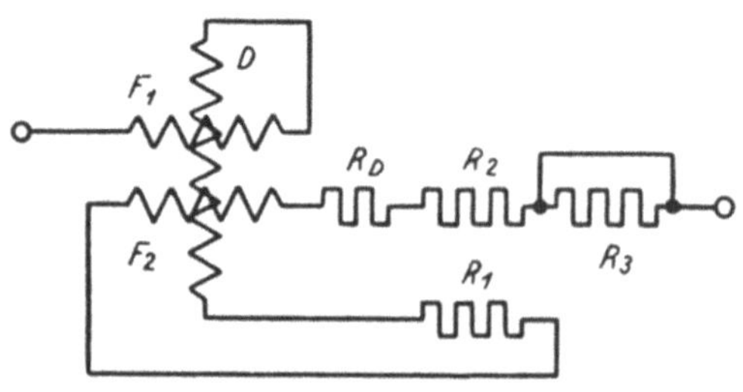

Bild 47. Stromlauf beim mittleren Meßbereich.
Beim größten Meßbereich wird lediglich der Kurzschluß von R_3 aufgehoben.

dargestellt ist. Er hat die Nennspannungen 260, 520 und 650 Volt. Infolge der Stromabgleichung des Spannungsmessers ist der Vorwiderstand beliebig vertauschbar.

Die Laboratoriums-Spannungsmesser erhalten stets mehrere Meßbereiche. Bild 44 zeigt die Innenschaltung der älteren Type mit zwei Meßbereichen. Hierbei ist F die feststehende Feldspule und D die innerhalb dieser Feldspule beweglich angeordnete Drehspule. R_1 und R_2 sind die den beiden Meßbereichen entsprechenden Vorwiderstände. Die Umschaltung auf die beiden Meßbereiche erfolgt durch einen Stöpsel. Ist dieser gesteckt, so ist R_2 kurzgeschlossen, und das Instrument gibt den kleinsten Meßbereich. Ist andererseits der Stöpsel gezogen, so ist der größere Meßbereich eingeschaltet. Diese einfache Schaltung reicht indessen nicht mehr aus, wenn man mehr als zwei Meßbereiche braucht oder wenn das Verhältnis der beiden Meßbereiche größer sein soll als 1:2. Da die Spulen des Meßwerkes stets für den kleinsten Meßbereich bemessen werden müssen, ergibt sich für die höheren Meßbereiche ein Vielfaches des Wattverbrauchs des kleinsten Meßbereiches, so daß die Vorwiderstände nicht mehr in das Instrument eingebaut werden könnten. Man wird daher, um den Wattverbrauch herunterzudrücken, in diesen Fällen die Unterteilung der Meßbereiche durch Unterteilung der Feldspule vornehmen.

Bild 45 zeigt eine derartige Schaltung, wie sie S. & H. für ihre neuen Spannungsmesser mit drei Meßbereichen verwendet. Die feststehende Feldwicklung besteht hierbei aus zwei elektrisch gleichwertigen Spulen F_1 und F_2. In Reihe mit der Spule F_1 liegt die Drehspule D und der Manganinwiderstand R_1. In Reihe mit der Feldspule F_2 liegt als Ersatz für die Drehspule zunächst ein Kupferwiderstand R_D und weiterhin ein Manganinwiderstand R_2. Auf diese Weise ist erreicht, daß die Stromkreise der beiden Feldspulen F_1 und F_2 in bezug auf ihre Widerstandsverhältnisse vollkommen gleich sind. Das Verhältnis Kupfer zu Manganin ist in den beiden Zweigen etwa 1:8. Bezüglich der Widerstandswerte gelten die Gleichungen:

$$F_1 + D + R_1 = F_2 + R_D + R_2$$
$$R_3 = F_1 + D + R_1 + F_2 + R_D + R_2.$$

Die Bilder 46 u. 47 zeigen den Stromlauf für die drei Meßbereiche.

In Schaltstellung 1 werden die Stromkreise der beiden Feldspulen F_1 und F_2 parallel geschaltet. Das Instrument ergibt hierbei den niedrigsten Meßbereich. In Schaltstellung 2 werden die Feldspulen in Reihe geschaltet; der Meßbereich wird hierdurch doppelt so hoch und der Stromverbrauch sinkt gleichzeitig auf die Hälfte herab. In Schaltstellung 3 bleibt die Reihenschaltung bestehen, es wird nur noch der Widerstand R_3 vorgeschaltet. Der Meßbereich wird hierdurch wiederum verdoppelt; der Stromverbrauch bleibt jedoch, da die Spulenschaltung nicht geändert ist, in gleicher Höhe wie im mittleren Meßbereich bestehen. Die drei Meßbereiche des Instruments verhalten sich also wie 1:2:4 und der Stromverbrauch ist im kleinsten Meßbereich stets doppelt so groß wie in den beiden höheren Meßbereichen. Der Meßbereichumschalter ist als Drehschalter ausgeführt. Er ist so eingerichtet, daß der Übergang von einem Meßbereich zum anderen ohne weiteres während der Messung erfolgen kann.

Der Eigenverbrauch der elektrodynamischen Spannungsmesser ist erheblich größer, als man es von den Drehspulinstrumenten für Gleichstrom her gewohnt ist. Dies ist darin begründet, daß bei den elektrodynamischen Instrumenten das wirksame Feld, in dem sich die Drehspule bewegt, stets erst erzeugt werden muß, während es bei den Drehspulinstrumenten für Gleichstrom durch den Dauermagneten von vornherein gegeben ist. Die nachstehende Tabelle zeigt die Zahlenwerte für die Spannungsmesser mit mehreren Meßbereichen.

Instrumentart (S. & H.)	Meßbereiche Volt	Innere Widerstände Ohm	Eigenverbrauch bei vollem Ausschlag Watt
Ältere Spannungsmesser mit zwei Meßbereichen	15; 30 30; 75 75; 150 150; 300 300; 600	30; 60 120; 300 750; 1500 2200; 4400 10000; 20000	7,5; 15 7,5; 19 7,5; 15 10: 20 9; 18
Neuere Spannungsmesser mit drei Meßbereichen	15; 30; 60 75; 150: 300 150; 300; 600	50; 200; 400 750; 3000; 6000 2500; 10 000; 20 000	4,5; 4,5; 9 7,5; 7,5; 15 9; 9; 18

Die Skala dieser Spannungsmesser wird meist 150teilig ausgeführt. Der allen elektrodynamischen Spannungsmessern eigene quadratische Charakter der Teilung wird durch geschickte gegenseitige Anordnung der Spulen des Meßwerks nach Möglichkeit unterdrückt, so daß die Skalen schon von etwa einem Fünftel des Meßbereichs ab annähernd gleichmäßig geteilt sind.

2. Dreheisen-Strom- und Spannungsmesser.

Das Meßwerk der Dreheisen-Instrumente besteht im wesentlichen aus einem drehbaren Eisenstückchen, das im Felde einer vom zu messenden Strome durchflossenen Feldspule gelagert ist. Durch die zwischen der Feldspule und dem Eisenstückchen wirkenden elektromagnetischen Kräfte wird das Eisenstückchen bewegt und erzeugt so den Zeigerausschlag. Die Richtung der ausgeübten Kraft ist von der Stromrichtung unabhängig, so daß die Instrumente ohne weiteres für Wechselstrom und Gleichstrom benutzt werden können. Je nach der Form der Feldspule unterscheidet man Rundspul- und Flachspul-Instrumente.

Die **Rundspul-Instrumente** lehnen sich ihrem Aufbau nach im wesentlichen an die von Hummel angegebene, seinerzeit von der Firma Schuckert ausgeführte Bauform an. Bei dieser ist, wie Bild 48 zeigt, innerhalb einer feststehenden, runden Feldspule F ein bewegliches Eisenblättchen D exzentrisch gelagert. Bei Stromdurchgang durch die Spule wird dieses Eisenblättchen an die Spulenwand angezogen und erzeugt so den Zeigerausschlag. Als Gegenkraft dienen entweder Spiralfedern oder kleine Gewichte. Bei der modernen Ausführung der Rundspul-Instrumente (Bild 49) wird das bewegliche Eisenstück konzentrisch gelagert. Die für die Bewegung erforderliche Unsymmetrie wird hierbei durch ein feststehendes keilförmiges Eisenstückchen erzeugt, das im Innern der Feldspule angeordnet ist. Das bewegliche Eisenstück und das feststehende Eisenstück werden in gleichem Sinne magnetisiert und stoßen daher einander ab. Infolgedessen verschiebt sich das bewegliche Eisenstück mit wachsendem Strom so, daß die gegenüberliegenden Eisenflächen immer kleiner werden. Der Skalencharakter des Instruments kann durch die Formgebung der beiden Eisenstückchen in beliebiger Weise beeinflußt werden.

Die **Flachspul-Instrumente** sind erstmalig von S. & H. gebaut worden. Die für die Betriebsinstrumente verwendete Anordnung ist in Bild 50 schematisch dargestellt. Hierbei ist F die Feldspule und D das bewegliche, auf der Zeigerachse befestigte

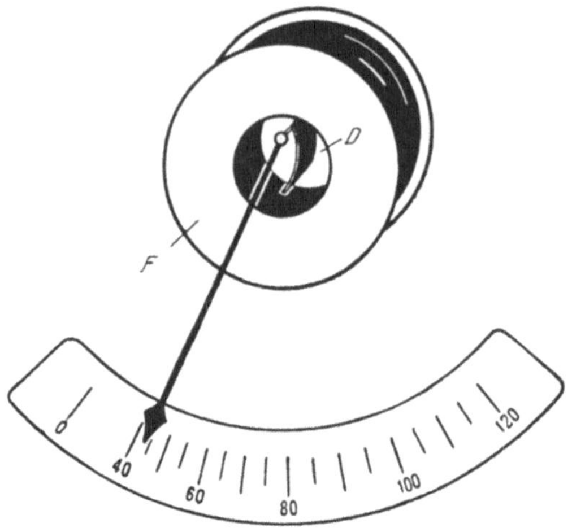

Bild 48. Älteres Rundspul-Instrument der Firma Schuckert, System Hummel.

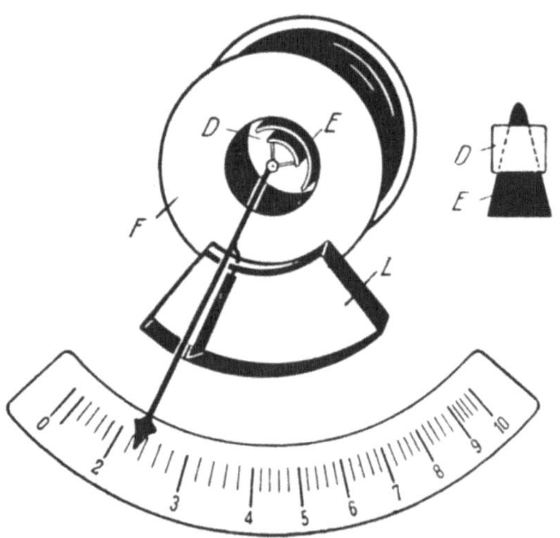

Bild 49. Moderne Rundspultype. Innerhalb der Feldspule F ist ein feststehendes Eisenstückchen E angebracht, das auf das bewegliche Eisenstückchen D abstoßend wirkt. Die Bewegungen werden durch die Luftdämpfung L gedämpft.

Dreheisen-Meßwerke mit Rundspule.

Eisenstückchen. Dieses wird unter der Einwirkung des in der Feldspule fließenden Stromes in den Hohlraum der Feldspule hineingezogen und erzeugt so die Drehbewegung des Zeigers. Als mechanische Gegenkraft dient eine kleine Spiralfeder, die jedoch der Einfachheit halber in der Abbildung nicht eingezeichnet ist. Die Bewegungen des Zeigers werden durch die Luftdämpfung L gedämpft. Die Art der Skalenteilung hängt im wesentlichen von der Form und Lage des Eisenstückchens D ab und kann daher willkürlich geändert werden. Das Bild zeigt auch den normalen Verlauf der Skala. Die vom ersten Fünftel des Meßbereiches an weitgeteilte Skala wird gegen das Ende zu immer mehr zusammengedrängt, so daß für den ganzen Meßbereich eine annähernd gleiche prozentuale Meßgenauigkeit erreicht wird. Bild 51 zeigt eine Ausführung des Flachspul-Meßwerkes, die besonders für kleine Stromstärken benutzt wird. Hierbei ist die elektrische Empfindlichkeit durch einen Zusatzkern Z erhöht. Da sich bei dieser Anordnung innerhalb der Spule ungleichnamige Pole gegenüberstehen, wird das Eisenstückchen D von dem feststehenden Zusatzkern Z angezogen.

Die **Dreheisen-Strommesser** für die verschiedenen Meßbereiche unterscheiden sich lediglich durch die Stärke der Feldspulenwicklung. Der Eigenverbrauch beträgt bei den Meßbereichen über 1 Ampere durchschnittlich 1,5 bis 2 Watt. Es ergibt sich demnach für die kleineren Stromstärken ein höherer und für die größeren Strommeßbereiche ein entsprechend niedrigerer Spannungsabfall. Außer den einfachen Instrumenten mit nur einem Meßbereich werden auch Instrumente mit mehreren Meßbereichen ausgeführt. Bei den Instrumenten mit zwei Meßbereichen werden die beiden Meßbereiche durch Reihen- und Nebeneinanderschaltung von zwei elektrisch gleichwertigen Windungsgruppen hergestellt. Bild 54 zeigt die Schaltung. Die Umschaltung auf die beiden Meßbereiche geschieht mittels eines im Instrument eingebauten Umschalters ohne Stromunterbrechung und kann deshalb während der Messung vorgenommen werden. Diese Art der Umschaltung bietet den Vorteil, daß die Feldverteilung im Instrument bei beiden Schaltstufen genau die gleiche ist. Es ergibt sich daher für beide Meßbereiche genau die gleiche Skalenteilung. Die Schaltung hat jedoch den Nachteil, daß sie sich wegen des Umschalters nur für kleinere Stromstärken bis

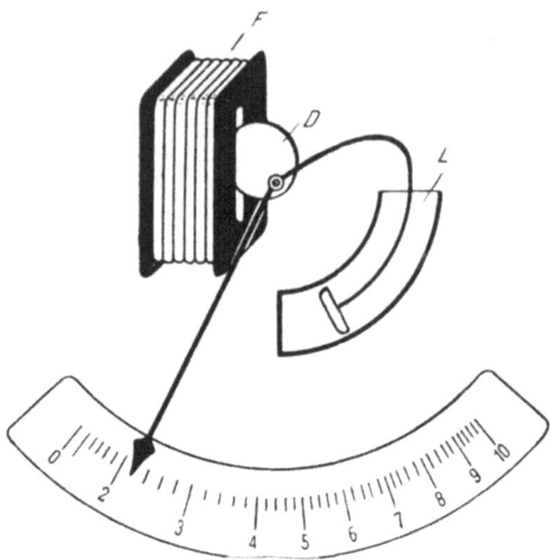

Bild 50. Normale Bauart. Das Eisenblättchen D wird
in den Schlitz der flachen Feldspule F hineingezogen
und erzeugt so den Zeigerausschlag. Als Gegenkraft
dient eine Spiralfeder. Die Bewegungen werden durch
die Luftdämpfung L gedämpft.

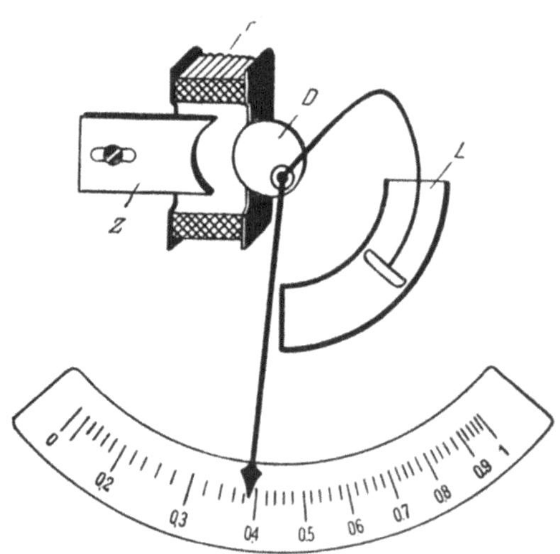

Bild 51. Bauart mit Zusatzkern. Zur Erzielung einer
größeren Empfindlichkeit ist in der Feldspule F ein
Zusatzkern Z angebracht.

Dreheisen-Meßwerke mit Flachspule.

etwa 40 Ampere ausführen läßt. Für größere Stromstärken und für mehr als zwei Meßbereiche verwendet man eine Schaltung mit Abzweigklemmen, wie sie in Bild 52 gezeigt wird. Die Feldspule F besteht hierbei aus mehreren Teilen, die im Querschnitt entsprechend der Stromstärke abgestuft sind. Beim höchsten Meßbereich ist nur die Wicklung F_1 mit dem stärksten Draht eingeschaltet, für den mittleren Meßbereich sind die Wicklungen F_1 und F_2, für den kleinsten Meßbereich sind alle drei Wicklungen eingeschaltet. Aus dieser Schaltweise ergibt sich ohne weiteres, daß die Feldverteilung für die drei Meßbereiche verschieden sein muß. Ein derartiges Meßinstrument hat daher für jeden Meßbereich eine besondere Skala.

Bei den **Dreheisen-Spannungsmessern** werden die Feldspulen ebenfalls für die verschiedenen Meßbereiche verschieden bemessen. Die Feldspulen für niedrige Spannungsmeßbereiche erhalten eine geringere Anzahl stärkerer Windungen, die für höhere Meßbereiche eine größere Anzahl Windungen aus dünnem Draht. Vor die Feldspule wird noch ein Vorwiderstand aus Manganin geschaltet, um den Temperaturkoeffizienten genügend klein zu halten.

Bei den bisherigen Ausführungen der Spannungsmesser beträgt der Eigenverbrauch der Feldspule etwa 1,2 Watt. Das Verhältnis Kupfer zu Manganin schwankt zwischen 1:7 und 1:9, so daß der Gesamtverbrauch eines Spannungsmessers durchschnittlich 10 bis 12 Watt beträgt. Bei einem derartigen Instrument ist es nicht möglich, den Meßbereich in ähnlicher Weise, wie dies bei Drehspul-Instrumenten gebräuchlich ist, durch zusätzliche eingebaute Vorwiderstände zu erweitern, da 10 bis 12 Watt ziemlich die obere Grenze der Wattbelastung für ein tragbares Instrument bedeuten. Man müßte daher äußere Vorwiderstände benutzen. Will man dies vermeiden, so bleibt zur Erzielung mehrerer Meßbereiche nur noch die Möglichkeit, die Feldspule für den höchsten gewünschten Meßbereich zu wickeln und den für diesen Meßbereich eingebauten Vorwiderstand zu unterteilen. Bild 53 zeigt eine derartige Schaltung. Man muß hierbei stets beachten, daß der Temperaturkoeffizient der kleineren Meßbereiche durch die Unterteilung des Vorwiderstandes wesentlich schlechter wird als der des größten Meßbereiches. Geht man mit der Unterteilung sehr weit herunter, dann bleibt für den kleinsten Meßbereich schlechterdings fast nur

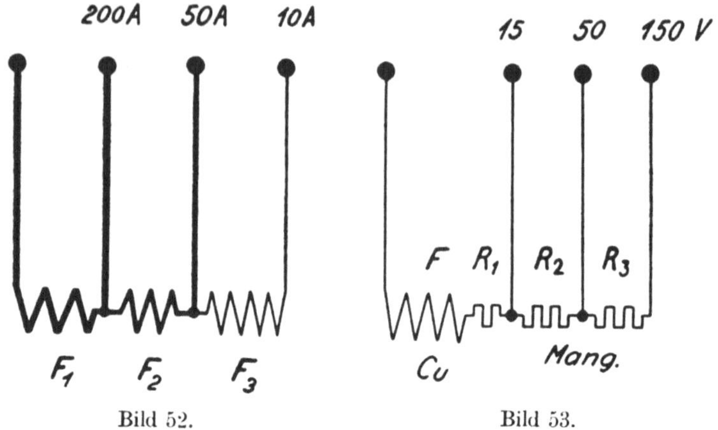

Bild 52.   Bild 53.

Meßbereichänderung durch Abzweigklemmen. Bei den Strommessern wird die Feldspule mit unterteilter, im Querschnitt abgestufter Feldspulen-Wicklung ausgeführt (Bild 52). Bei den Spannungsmessern wird der Vorwiderstand unterteilt (Bild 53).

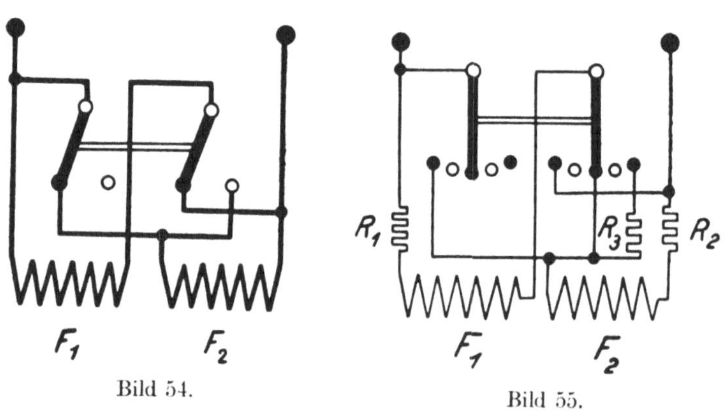

Bild 54.   Bild 55.

Meßbereichänderung durch Feldspulen-Umschaltung. Bei den Strommessern werden die beiden Feldspulenteile F_1 und F_2 für den großen Meßbereich parallel, für den kleinen Meßbereich in Reihe geschaltet (Bild 54). Bei den Spannungsmessern werden die Feldspulenteile mit den zugehörigen Vorwiderständen umgeschaltet (Bild 55).

Meßbereichänderung bei Dreheisen-Instrumenten.

noch Kupfer übrig. Die Temperaturabhängigkeit des Instrumentes wird daher für den kleinsten Meßbereich reichlich groß. Will man diesen Nachteil nicht in Kauf nehmen, so empfiehlt es sich, Spannungsmesser mit Meßbereichumschalter zu verwenden.

Bei den Spannungsmessern mit Meßbereichumschalter besteht die Feldspule aus zwei elektrisch gleichwertigen Wicklungsgruppen, die mit den zugehörigen Vorwiderständen durch einen Umschalter nebeneinander und in Reihe geschaltet werden können. Bild 55 zeigt die Innenschaltung eines solchen, nach dem Vorschlage des Verfassers gebauten Instrumentes. F_1 und F_2 sind die beiden Feldspulenteile, R_1 und R_2 die zugehörigen Vorwiderstände. In der ersten Stellung des Schalters sind die beiden Gruppen $F_1 + R_1$ und $F_2 + R_2$ nebeneinander, in der zweiten Stellung in Reihe geschaltet. In der dritten Stellung bleibt die Reihenschaltung bestehen, es wird nur noch ein weiterer Widerstand R_3 vorgeschaltet. Sind bezüglich der Widerstandswerte der einzelnen Gruppen die Bedingungen erfüllt:

$$F_1 + R_1 = F_2 + R_2$$
$$R_3 = F_1 + R_1 + F_2 + R_2,$$

so ergeben sich für die drei Schalterstellungen drei Meßbereiche, die sich wie $1:2:4$ verhalten. Hierbei ist der Stromverbrauch des kleinsten Meßbereichs doppelt so hoch wie der Stromverbrauch der beiden höheren Meßbereiche. Infolgedessen bleibt auch der Eigenverbrauch für die beiden höheren Meßbereiche in den zulässigen Grenzen, und die Vorwiderstände können ohne weiteres in das Instrument eingebaut werden. Die Temperaturkoeffizienten sind für alle drei Meßbereiche ausreichend günstig. Die beiden kleineren Meßbereiche haben den gleichen Temperaturkoeffizienten, da das Verhältnis Kupfer zu Manganin für beide Meßbereiche gleich groß ist. Für den höchsten Meßbereich ist der Temperaturkoeffizient infolge des größeren Manganinvorwiderstandes etwas günstiger. Der Übergang von einem Meßbereich zum anderen kann ohne weiteres während der Messung erfolgen, indem man den zwischen den beiden Anschlußklemmen angeordneten isolierten Schaltergriff auf den gewünschten Meßbereich einstellt.

Bei der neuen Ausführung der tragbaren Betriebs-Spannungsmesser in Preßstoffgehäuse wird die Umschaltung auf die verschiedenen Meßbereiche durch einen seitlich am Instrument an-

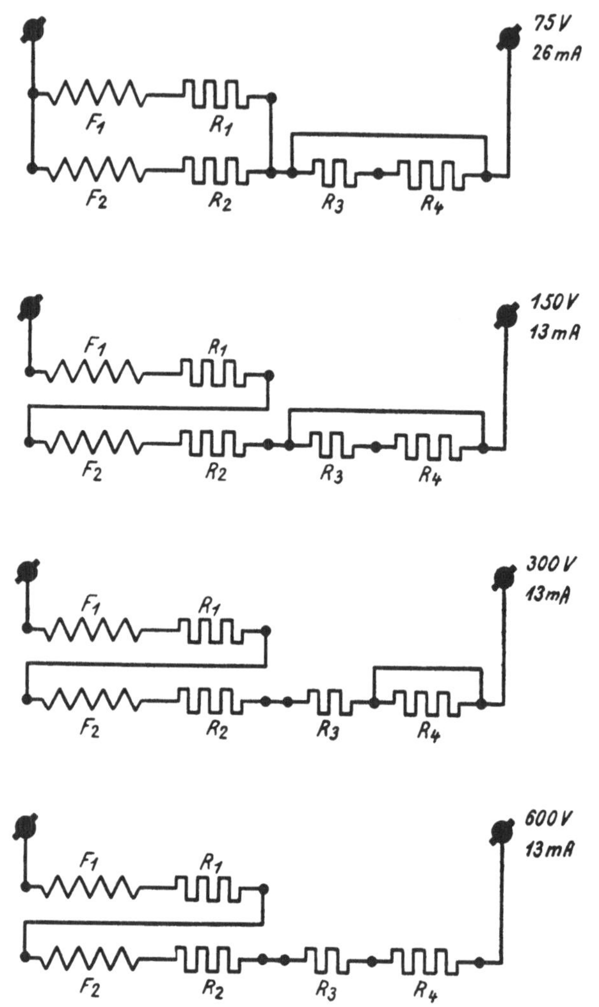

Bild 56 bis 59. Innenschaltung der neuen umschaltbaren Dreheisen-Betriebsspannungsmesser für vier Meßbereiche. Die Schaltweise entspricht im Wesentlichen der von Bild 55; die Vorwiderstände werden jedoch nicht abgeschaltet, sondern kurz geschlossen, so daß die Funkenbildung beim Umschalten vermieden wird.

gebrachten Drehschalter vorgenommen. Um im Instrument ohne unzulässige Erwärmung noch einen vierten Meßbereich unterbringen zu können, ist der Wattverbrauch der Feldspule auf 0,4 Watt herabgedrückt worden. Die Bilder 56 bis 59 zeigen die Innenschaltung für die verschiedenen Schaltstufen. Bei der ersten Schaltstufe liegen die beiden Feldspulenteile F_1 und F_2 parallel, bei der zweiten in Reihe. Das Verhältnis Kupfer zu Manganin beträgt in beiden Fällen etwa 1:3. Die weitere Erhöhung der Meßbereiche erfolgt durch schrittweises Aufheben des Kurzschlusses der Vorwiderstände R_3 und R_4. Hierbei wird naturgemäß das Verhältnis Kupfer zu Manganin immer günstiger. Es beträgt in der dritten Schaltstufe etwa 1:7, in der vierten etwa 1:15. Durch die Verkleinerung des Eigenverbrauchs der Feldspule ist natürlich auch das Drehmoment kleiner geworden, so daß das Instrument liegend geeicht werden muß.

Wegen der guten Eigenschaften des Dreheisen-Meßwerkes ist beabsichtigt, es auch als Präzisions-Meßwerk auszubilden. Man bekommt hierdurch einen sehr guten Ersatz für die elektrodynamischen Strom- und Spannungsmesser, die wegen ihrer Temperaturfehler stets hart an der Grenze der E-Klasse stehen. Außerdem wird der Eigenverbrauch der Instrumente geringer, was besonders für den Anschluß an Meßwandler wünschenswert ist. Die durch das Vorhandensein von Eisen bedingten Hysteresisfehler werden bei dem Dreheisen-Präzisions-Instrument durch Wahl von besonders gutem Spezialeisen nach Möglichkeit herabgedrückt. Die Einwirkung fremder Felder wird ebenso wie beim elektrodynamischen Meßwerk durch Astasierung, d. h. durch mechanische Kuppelung zweier Meßwerke mit verschiedenen Feldrichtungen beseitigt. Bild 60 zeigt die prinzipielle Anordnung eines derartigen astatischen Präzisions-Dreheisen-Instrumentes. F_1 und F_2 sind die beiden in entgegengesetzter Richtung vom Strom durchflossenen Feldspulen und D_1 und D_2 die zugehörigen Dreheisenstücke. Das Interessante hierbei ist, daß die Astasierung hier im feststehenden Teile des Meßwerkes stattfindet. Bild 61 zeigt die Feldverteilung. Durch das Streufeld Φ_s wird das Feld der ersten Spule Φ_1 und damit das Drehmoment des Dreheisenstückes D_1 verstärkt. Gleichzeitig wird das Feld Φ_2 und damit das Drehmoment des Dreheisenstückes D_2 um den gleichen Betrag geschwächt, so daß das Gesamtdrehmoment unverändert

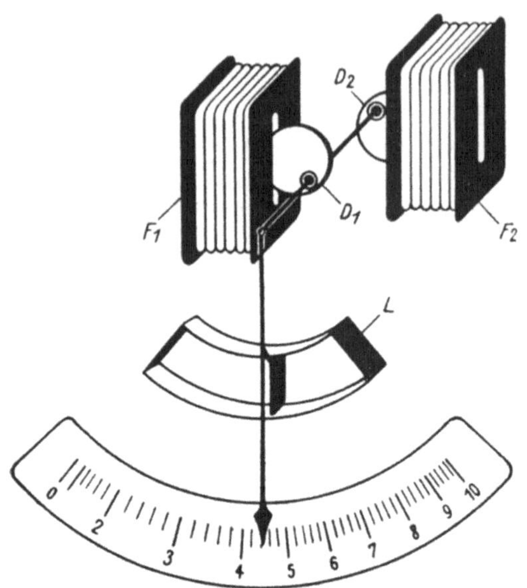

Bild 60. Die beiden Feldspulen F_1 und F_2 sind astatisch geschaltet, so daß sie von fremden Streufeldern in entgegengesetztem Sinne beeinflußt werden. Da das eine Feld um den gleichen Betrag verstärkt wird wie das andere geschwächt wird, bleibt das gesamte auf die Eisenstücke D_1 und D_2 ausgeübte Drehmoment unbeeinflußt.

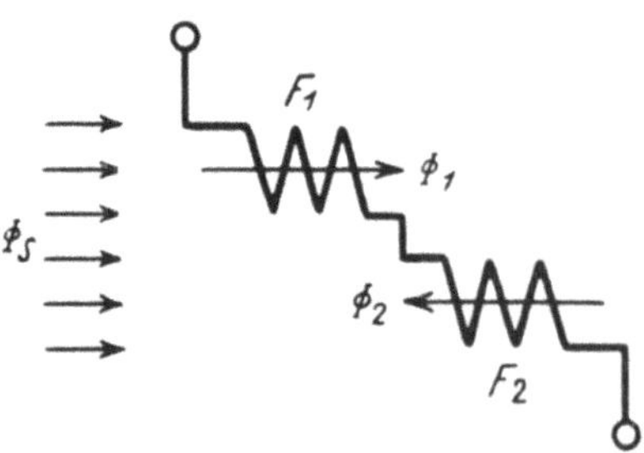

Bild 61. Feldverhältnisse beim astatischen Dreheisen-Meßwerk bei Beeinflussung durch ein Streufeld Φ_s.

Astatisches Dreheisen-Meßwerk.

bleibt. Da es nicht möglich ist, den Einfluß des Eisens vollkommen zu beseitigen, sind die Angaben der Präzisions-Dreheisen-Instrumente bei Gleich- und Wechselstrom nicht genau die gleichen. Die Instrumente müssen daher mit Wechselstrom geeicht werden.

3. Hitzdraht-Strom- und Spannungsmesser.

Die Verwendung der Hitzdraht-Instrumente ist in der letzten Zeit immer mehr zurückgegangen, da die modernen Dreheisen-Instrumente für Frequenzen bis 500 Perioden vollkommen ausreichen. Die Hitzdraht-Instrumente werden daher von S. & H. für normale Betriebsmessungen nicht mehr hergestellt. Der Vorteil der Hitzdraht-Instrumente, daß man mit ihnen in einfachster Weise mehrere Strommeßbereiche herstellen kann, ist durch die neuen Dreheisen-Instrumente mit mehreren Meßbereichen belanglos geworden. Weiterhin ist der Preis der Hitzdraht-Instrumente wesentlich höher als der der Dreheisen-Instrumente. Endlich aber will man die große Empfindlichkeit der Hitzdraht-Instrumente gegen Überlastungen nicht mehr in Kauf nehmen, da man jetzt ein viel größeres Gewicht auf eine hohe Betriebssicherheit der Meßinstrumente legt, eine Anforderung, die von den neuen Dreheisen-Instrumenten in jeder Weise erfüllt wird. Der Vollständigkeit halber soll jedoch im nachstehenden das Hitzdraht-Meßwerk kurz beschrieben werden, um so mehr, als hierbei die Temperaturkompensation in eigenartiger Weise durchgeführt ist.

Das Hitzdraht-Meßwerk besteht im wesentlichen aus einem dünnen, zwischen zwei Punkten ausgespannten Draht, der von dem zu messenden Strom durchflossen und erhitzt wird. Infolge der Erwärmung dehnt sich dieser Hitzdraht aus und biegt sich in der Mitte etwas durch. Die Durchbiegung des Hitzdrahtes wird durch einen Spanndraht, an dem wiederum ein Kokonfaden angreift, auf den Zeiger übertragen und erzeugt so einen, der Erwärmung des Hitzdrahtes entsprechenden Zeigerausschlag. Damit der Zeigerausschlag nicht durch Längenänderungen des Hitzdrahtes, die durch Änderungen der Raumtemperatur verursacht werden, beeinflußt wird, ist es erforderlich, die Einflüsse der Raumtemperatur durch eine besondere Vorrichtung zu kompensieren. Dies kann dadurch geschehen, daß man das Meßwerk auf einer Grundplatte mit bestimmtem Ausdehnungskoeffizienten aufbaut.

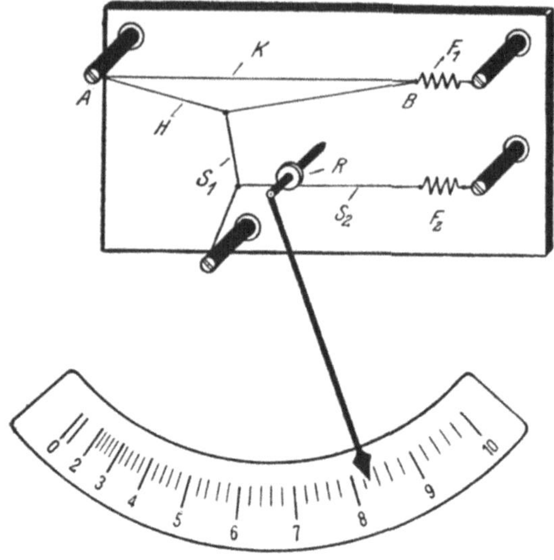

Bild 62. Der Hitzdraht H wird von dem zu messenden Strome erwärmt und dehnt sich aus. Der Durchhang des Drahtes wird durch den Spanndraht S_1 und einen, über die Rolle R geführten Kokonfaden S_2 auf den Zeiger übertragen. Der Kompensationsdraht K, der den Abstand der Punkte A und B bestimmt, ist vom Hitzdraht isoliert, so daß er nicht mit vom Strome durchflossen wird. Seine Längenänderung hängt daher lediglich von der Raumtemperatur ab.

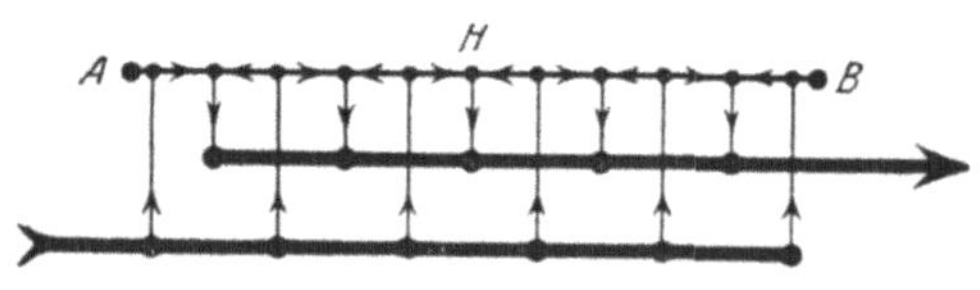

Bild 63. Mehrfach unterteilter Hitzdraht für Strommesser. Der Strom wird dem Hitzdraht an mehreren Stellen zugeführt, so daß jedes Teilchen des Hitzdrahtes nur einen Teil des Stromes zu tragen hat.

Hitzdraht-Meßwerk.

Dann ändert sich der Abstand der beiden Aufhängepunkte des Hitzdrahtes in gleicher Weise wie die Länge des Hitzdrahtes, so daß die Spannung des Hitzdrahtes bei allen Temperaturen die gleiche bleibt. Da die große Masse der Grundplatte jedoch den Änderungen der Raumtemperatur nicht so rasch folgen kann wie der dünne Hitzdraht, ergibt sich bei dieser Anordnung leicht der Nachteil, daß der Zeiger erst nach einer bestimmten Zeit die richtige Lage einnimmt. Um dies zu vermeiden, verwendete S. & H. einen Kompensationsdraht. Die prinzipielle Anordnung eines solchen ist in Bild 62 auf S. 70 dargestellt. Zwischen den beiden Aufhängepunkten A und B ist hierbei neben dem Hitzdraht H noch ein Kompensationsdraht K gespannt, der den gleichen Ausdehnungskoeffizienten besitzt wie der Hitzdraht. Am Aufhängepunkt B greift eine Feder F_1 an, die den Kompensationsdraht K anspannt. Bei Änderungen der Raumtemperatur dehnt sich der Kompensationsdraht und der Hitzdraht gleichmäßig aus, so daß die Spannung des Hitzdrahtes die gleiche bleibt.

Da die vom elektrischen Strom erzeugte Wärme vom Quadrate der Stromstärke abhängt, wird die Skala eines Hitzdrahtinstruments stets einen quadratischen Charakter haben, d. h. die Skalenteile werden am Anfang kleiner und am Ende der Skala größer sein (s. Bild 62). Da ferner die Stromwärme von der Stromrichtung unabhängig ist, gilt für Gleich- und Wechselstrom die gleiche Skala. Die Angaben der Hitzdraht-Instrumente sind innerhalb weiter Grenzen von der Periodenzahl und der Kurvenform des zu messenden Stromes unabhängig. Auch bei Wellenströmen, d. h. bei Gleichströmen mit übergelagertem Wechselstrom können die Effektivwerte der Ströme und Spannungen mit dem Hitzdraht-Meßwerk einwandfrei gemessen werden. Eine Beeinflussung der Instrumente durch benachbarte magnetische Streufelder findet praktisch nicht statt.

4. Leistungsfaktormesser mit Kreuzspul-Meßwerk.

Das für Leistungsfaktormesser jetzt fast ausschließlich benutzte Kreuzspul-Meßwerk besteht aus zwei um 90° gegeneinander versetzten, starr verbundenen Drehspulen, die im Felde einer vom Hauptstrom durchflossenen Feldspule drehbar gelagert sind.

Die Wirkungsweise dieses Meßwerks ist im Prinzip folgende: Fließt in der Feldspule F ein Wechselstrom J und in der Drehspule

D_1 ein Wechselstrom i_1, so ist das zwischen beiden Spulen wirkende Drehmoment für eine bestimmte gegenseitige Lage der Spulen nach der bekannten Leistungsmesser-Gleichung:

$$M_1 = \text{const} \cdot J \cdot i_1 \cdot \cos \varphi\,,$$

wobei φ der Phasenverschiebungswinkel zwischen J und i_1 ist. Dreht sich die Spule D_1 unter der Einwirkung dieses Drehmomentes in dem homogenen Felde der Feldspule F, so ändert sich

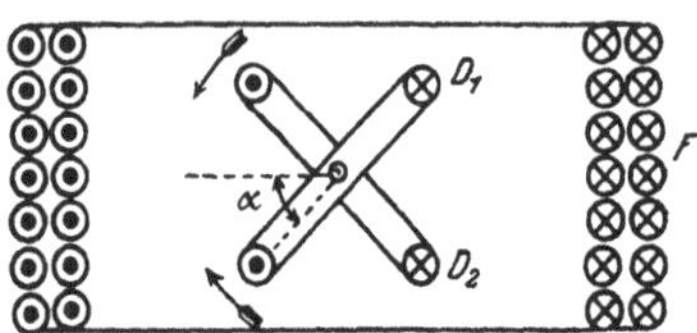

Bild 64. Eisenloses Kreuzspul-Meßwerk.

die Größe des Drehmomentes mit dem Sinus des Winkels α zwischen der Feldspule und der Drehspule D_1. Das Drehmoment erreicht seinen Höchstwert, wenn beide Spulen senkrecht aufeinanderstehen, es wird Null, wenn die beiden Spulen in einer Ebene liegen. Das Drehmoment zwischen der Feldspule und der Drehspule D_1 wird daher ganz allgemein:

$$M_1 = \text{const} \cdot J \cdot i_1 \cdot \cos \varphi \cdot \sin \alpha\,. \tag{1}$$

Die Drehspule D_2 ist mit D_1 mechanisch starr verbunden, jedoch räumlich um $90°$ gegen D_1 versetzt. Der in der Drehspule D_2 fließende Strom i_2 sei durch einen induktiven Widerstand zeitlich um annähernd $90°$ gegen den in der Drehspule D_1 fließenden Strom i_1, also um $90° - \varphi$ gegen den Hauptstrom J verschoben. Das auf die Drehspule D_2 wirkende Drehmoment wird dann:

$$M_2 = \text{const} \cdot J \cdot i_2 \cdot \cos (90° - \varphi) \cdot \sin (90° - \alpha) \tag{2}$$
$$M_2 = \text{const} \cdot J \cdot i_2 \cdot \sin \varphi \cdot \cos \alpha\,.$$

Die Stromrichtung in den beiden Drehspulen ist so gewählt, daß die beiden erzeugten Drehmomente einander entgegenwirken. Es ergibt sich dann als Gleichgewichtsbedingung:

$$M_1 = M_2$$

$$\text{const} \cdot J \cdot i_1 \cdot \cos \varphi \cdot \sin \alpha = \text{const} \cdot J \cdot i_2 \cdot \sin \varphi \cdot \cos \alpha\,.$$

Hieraus folgt:
$$\operatorname{tg} \varphi = \frac{i_1}{i_2} \cdot \operatorname{tg} \alpha\,.$$

Das Verhältnis der Spannungsströme $i_1 : i_2$ hängt lediglich von den Ohmschen und den induktiven Widerständen der beiden Spannungskreise ab, es ist daher eine Konstante des Instruments. Die Gleichung erhält also die einfache Form:

$$\operatorname{tg} \varphi = \text{const} \cdot \operatorname{tg} \alpha. \tag{3}$$

Das heißt in Worten:

Der Drehungswinkel α der Kreuzspule, also der Zeigerausschlag des Instruments, ist eine direkte Funktion des zu messenden Phasenverschiebungswinkels φ. Die Skala des Instruments kann daher direkt in Werten des Leistungsfaktors geeicht werden.

Aus den obigen Gleichungen geht weiter hervor, daß der Ausschlag α des Instruments auch dann noch eine Funktion des Phasenverschiebungswinkels φ bleibt, wenn die Phasenverschiebund δ zwischen den beiden Spannungsströmen i_1 und i_2 nicht gleich $90°$ ist. Allerdings wird sich in diesem Falle das Skalengesetz des Instruments ändern, da an die Stelle der Funktion $\operatorname{tg} \varphi = \dfrac{\cos(90° - \varphi)}{\cos \varphi}$ die Funktion $\dfrac{\cos(\delta - \varphi)}{\cos \varphi}$ tritt. Es besteht aber die Möglichkeit, den Ausschlag des Instruments durch passende Wahl des Verhältnisses der beiden Spannungsströme $i_1 : i_2$ in gewünschter Weise zu verändern, so daß man in jedem Falle eine passende Skala erhalten kann.

Das **eisengeschlossene Kreuzspul-Meßwerk** unterscheidet sich von dem vorher beschriebenen eisenlosen Meßwerk dadurch, daß die Kraftlinien im wesentlichen durch Eisen geschlossen sind. Um dies zu erreichen, ist die Feldspule ebenso wie beim eisengeschlossenen Leistungsmesser in einen aus Blechen aufgebauten Eisenkörper eingebettet (Bild 65). Die Bohrung des Eisenkörpers ist jedoch hierbei so gewählt, daß der Luftspalt zwischen der Bohrung und dem in dieser angebrachten feststehenden Eisenkern in der Mitte am kleinsten ist und gegen die beiden Seiten hin allmählich größer wird. Die Kreuzspule bewegt sich also hierbei in einem veränderlichen Luftspalt. Um einen einfachen Einbau der Kreuzspule in das Meßwerk zu ermöglichen, ist diese auf der Mantelfläche einer Metalltrommel von hohem spezifischen Widerstand angeordnet. Die Stromzuführung zur Kreuzspule erfolgt bei den Instrumenten mit $90°$-Skala durch dünne Metallbändchen, die praktisch keine Richtkraft ausüben, bei den Instrumenten mit $360°$-Skala da-

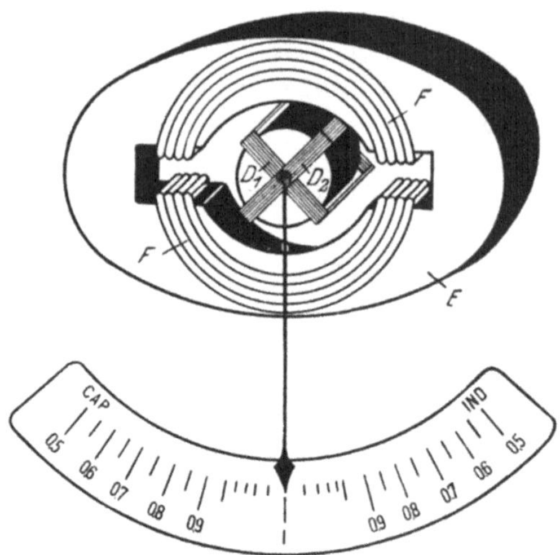

Bild 65. Die vom Hauptstrom durchflossene Feldspule F ist in einem Eisenkörper E eingebettet. Das
Meßorgan besteht aus zwei senkrecht aufeinander
stehenden gekreuzten Spulen D_1 und D_2 (vgl. S. 72).
Es stellt sich so ein, das sich die von den beiden
Drehspulen erzeugten Drehmomente das Gleichgewicht
halten.

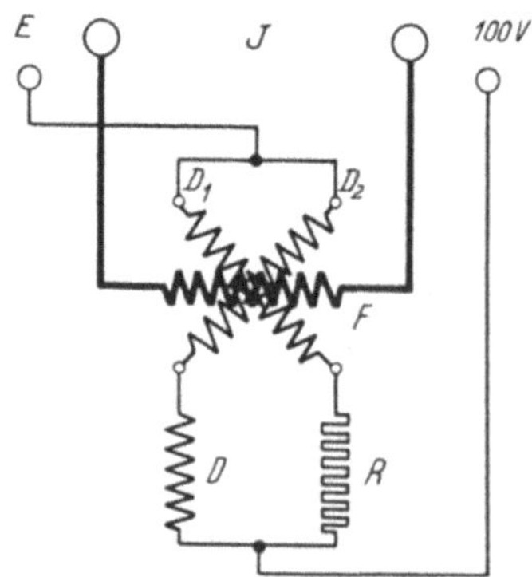

Bild 66. Innenschaltung des Leistungsfaktormessers
für Einphasenstrom.

Eisengeschlossenes Kreuzspul-Meßwerk.

gegen durch Schleifringe und Bürsten. Während beim eisenlosen elektrodynamischen Meßwerk die wirksamen Kraftlinien innerhalb der Feldspule annähernd in gleicher Dichte senkrecht zur Spulenebene verlaufen und von den beweglichen Spulen unter verschiedenen Winkeln geschnitten werden, verlaufen die Kraftlinien des eisengeschlossenen Meßwerks im Luftspalt radial, d. h. sie treten senkrecht aus dem feststehenden Eisenkern aus. Die beweglichen Spulen schneiden daher die Kraftlinien stets rechtwinklig. Infolge des veränderlichen Luftspaltes ist jedoch die Dichte der Kraftlinien in der Polmitte am größten und nimmt nach beiden Seiten hin allmählich ab, d. h. die Kraftliniendichte ändert sich annähernd nach einem Sinusgesetz. Infolgedessen ändert sich auch das Drehmoment der Kreuzspulen bei ihrer Drehung nach dem Sinusgesetz. Die auf S. 72 und 73 entwickelten Gleichungen gelten also in derselben Weise für das eisengeschlossene Meßwerk. Durch das Einbringen von Eisen in den Kraftlinienweg werden jedoch die wirksamen Magnetfelder außerordentlich verstärkt, so daß sich eine wesentlich größere Richtkraft ergibt als bei dem eisenlosen Meßwerk. Weiterhin ist durch den Eisenkörper ein sehr guter Schutz gegen Störungen durch magnetische Streufelder gegeben.

Bezüglich der inneren Schaltung dieser Instrumente ist zu beachten, daß die in den beiden gekreuzten Spulen fließenden Ströme in der Phase um annähernd $90°$ gegeneinander verschoben sein müssen. Bei den Instrumenten für Einphasenstrom ist es daher erforderlich, eine Kunstschaltung anzuwenden. Man schließt dann die eine Hälfte der Kreuzspule mit Ohmschen, die andere mit induktiven Vorwiderständen oder mit einer aus Drosselspulen und Ohmschen Widerständen bestehenden Kunstschaltung an die zu messende Spannung an (siehe Bild 66). Bei Drehstrom ist keine Kunstschaltung erforderlich, da man hierbei die beiden Kreuzspulenhälften unter Vorschaltung von Ohmschen Widerständen an zwei verschiedene verkettete Spannungen anschließt. Die zwischen den beiden Spannungsströmen auftretende Phasenverschiebung beträgt in diesem Fall allerdings nur $60°$, doch genügt dies, um für das Instrument annähernd die gleiche Wirkung hervorzubringen.

Die Leistungsfaktormesser werden in zwei Ausführungen gebaut. Die eine hat wie üblich eine etwa 90 Winkelgrade umfassende

Skala, während die andere mit einer 360°-Skala versehen ist. Da die Instrumente stets zum Anschluß an Meßwandler bestimmt sind, werden die Stromspulen bei allen Ausführungen für 5 Ampere, die Spannungsspulen für 110 Volt bemessen. Die Leistungsfaktormesser mit der normalen, 90 Winkelgrade umfassenden Skala werden für Einphasenstrom und für Drehstrom gleicher Belastung ausgeführt. Durch eine besondere Anordnung ist es hierbei erreicht, daß die Skala der Instrumente für beide Stromarten genau den gleichen Verlauf hat. Die Skalen sind so eingerichtet, daß der Punkt $\cos \varphi = 1$ entweder am Ende oder in der Mitte der Skala liegt. Die eine Skala geht demgemäß von $\cos \varphi = 0$ bis $\cos \varphi = 1$, wobei normalerweise induktive Belastung, also nacheilender Strom, angenommen wird. Die andere Skala geht von $\cos \varphi = 0{,}5$ kapazitiv bis $\cos \varphi = 1$ und dann weiter bis $\cos \varphi = 0{,}5$ induktiv. Eine Ausnahme hiervon machen nur die Kreisprofil-Instrumente, bei denen sich die Skala beiderseitig nur bis $\cos \varphi = 0{,}6$ erstreckt. Die Instrumente werden für $16^2/_3$ und 50 Perioden ausgeführt. Die Leistungsfaktormesser mit 360°-Skala sind für die Fälle, in denen die Energierichtung wechselt, also vorzugsweise für Kuppelungsleitungen von Kraftwerken bestimmt. Die obere Hälfte der Skala ist hierbei für Leistungsaufnahme, die untere für Leistungsabgabe vorgesehen. Im Gegensatz zu den Instrumenten mit 90°-Skala werden diese Instrumente nur für Drehstrom und nur für Frequenz 50 ausgeführt.

Über das Verhalten der Leistungsfaktormesser im Betrieb sei noch auf folgendes hingewiesen. Da die Metallbändchen, die der Kreuzspule den Strom zuführen, praktisch keine Richtkraft ausüben, hat der Zeiger des stromlosen Instrumentes keine bestimmte Ruhelage. Der Zeigerausschlag des eingeschalteten Instrumentes hängt lediglich von der Phasenverschiebung der im Instrument fließenden Ströme, nicht aber von der Größe dieser Ströme ab. Die Größe der Ströme ist nur insofern von Bedeutung, als die Ströme eine bestimmte Größe haben müssen, damit sich das Meßorgan sicher in seine Gleichgewichtslage einstellt. Bei voller Nennspannung genügen schon etwa 20% des Nennstromes für eine sichere Zeigereinstellung.

Der Eigenverbrauch der Leistungsfaktormesser ist relativ hoch, er ist daher beim Anschluß an Meßwandler in jedem Falle in

Rechnung zu ziehen. Der Scheinwiderstand in den Stromspulen der Leistungsfaktormesser für Einphasenstrom und Drehstrom gleicher Belastung beträgt bei Frequenz 50 etwa 0,18 Ohm, entsprechend einer Klemmenspannung von etwa 0,9 Volt. Der Verbrauch im Spannungspfad beträgt bei den Einphasen-Instrumenten 6 Voltampere, bei den Drehstrom-Instrumenten 3,3 Voltampere für jede Phase.

5. Frequenzmesser.

Die Instrumente zur Messung der Frequenz beruhen fast ausschließlich auf Resonanzerscheinungen. Je nachdem, ob hierbei die elektrische oder die mechanische Resonanz verwendet wird, unterscheidet man Zeiger- oder Zungenfrequenzmesser.

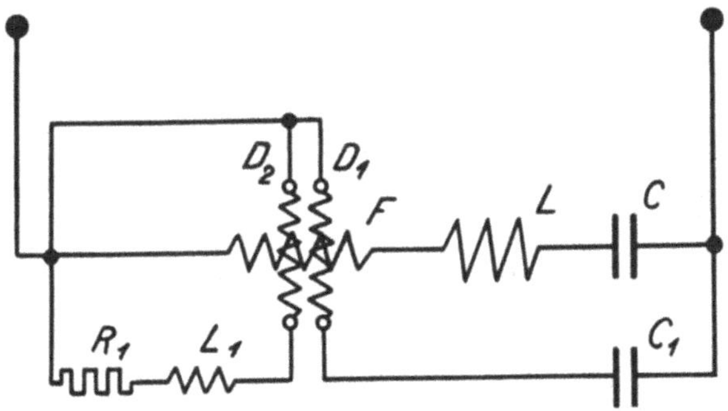

Bild 67. Innenschaltung eines Zeigerfrequenzmessers.
Die Schaltung beruht auf elektrischer Resonanz.

Bei den Zeigerfrequenzmessern wird ein aus Selbstinduktionen und Kapazitäten gebildeter Schwingungskreis benutzt, der so abgestimmt ist, daß bei der mittleren zu messenden Frequenz Resonanz eintritt. Bild 67 zeigt die Prinzipschaltung eines derartigen elektrodynamischen Resonanz-Frequenzmessers. Der Schwingungskreis wird durch die Feldspule F, die Selbstinduktion L und die Kapazität C gebildet. Die an den Enden der Schaltung auftretende Spannung wird durch die Drehspule D_1 gemessen. Da die Drehspule D_1 in Reihe mit der Kapazität C_1 liegt, eilt der in ihr fließende Strom um 90° vor dem Strom in der Feldspule voraus. Das Gegendrehmoment für die Drehspule D_1 wird durch die parallel zu ihr liegende Drehspule D_2 erzeugt, die ihrerseits

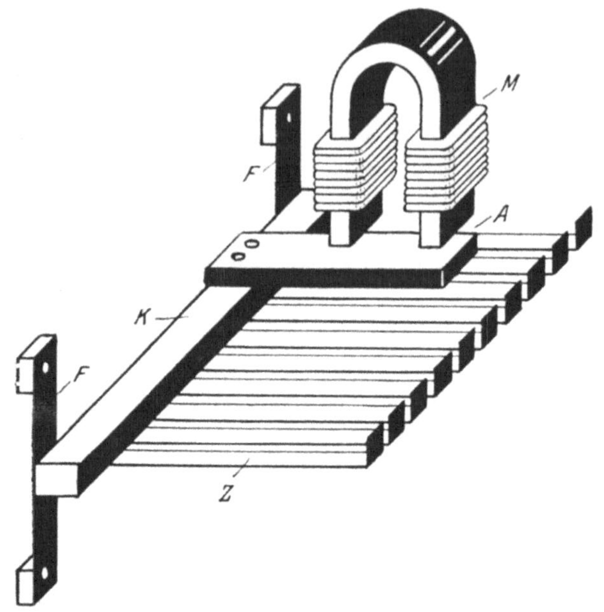

Bild 68. Bauart Frahm (S- & H.). Die Zungen Z sind an einem Zungenkamm K befestigt, der auf zwei Federn F beweglich gelagert ist. Am Zungenkamm ist außerdem noch ein Anker A angebracht, der dem erregenden Elektromagneten M gegenüber steht. Die Impulse des Wechselstromes werden daher durch den Anker zunächst auf den Zungenkamm und von diesem auf die Zungen übertragen.

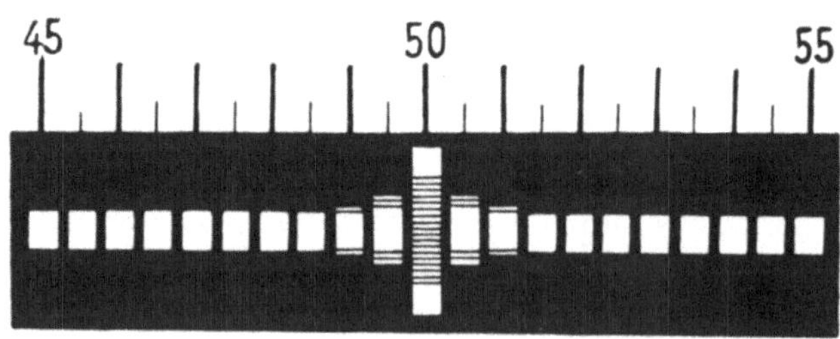

Bild 69. Schwingungsbild eines Zungen-Frequenzmessers. Ablesung 50,0.

Meßwerk des Zungen-Frequenzmessers.

in einem durch den Widerstand R_1 und die Selbstinduktion L_1 gebildeten Kurzschlußkreis liegt. Je nachdem, ob die zu messende Frequenz oberhalb oder unterhalb der Resonanzfrequenz liegt, dreht sich die Drehspule in dem einen oder anderen Sinne aus der Mittellage heraus. Das Meßwerk wird als eisengeschlossenes Meßwerk ausgeführt. Da die Richtkraft des Meßwerkes bei größerer Entfernung vom Resonanzpunkt rasch nachläßt, sind die Zeigerfrequenzmesser besonders zur Messung kleinerer Frequenzbereiche geeignet. Bei der Normalfrequenz von 50 Perioden wird die Skala meist von 48 bis 52 ausgeführt. Die Zeigerfrequenzmesser haben sich trotz der Vorteile, die die unmittelbare Zeigerablesung bietet, nicht allgemein einbürgern können, da ihr Preis infolge der komplizierten Bauart verhältnismäßig hoch ist. Das Meßwerk wird daher in der Hauptsache nur für Frequenzschreiber benutzt, bei denen ein Zeigermeßwerk unumgänglich erforderlich ist.

Für anzeigende Instrumente wird vorzugsweise der auf der mechanischen Resonanz beruhende Zungenfrequenzmesser verwendet. Das Meßwerk besteht aus einer Reihe abgestimmter Federn, sogenannter Zungen, die auf verschiedene Eigenschwingungszahlen mechanisch abgestimmt sind. Die Zungen stehen unter der Einwirkung eines Elektromagneten. Wird dieser vom zu untersuchenden Wechselstrom durchflossen, so gerät diejenige Zunge, deren Eigenschwingungszahl mit der Frequenz der Impulse übereinstimmt, infolge der Resonanzwirkungen in sehr heftige Schwingungen. Die benachbarten Zungen schwingen nur sehr wenig mit, während die übrigen Zungen, deren Eigenschwingungszahl von der Frequenz der Impulse erheblich abweicht, praktisch in Ruhe erscheinen. Bild 69 zeigt das entstehende Schwingungsbild. Die verschiedenen Bauformen der Frequenzmesser unterscheiden sich durch die Art der Übertragung der Schwingungen des Wechselstromes auf die Zungen, die entweder direkt oder indirekt erfolgen kann. Bei der direkten Übertragung werden die Stahlzungen feststehend angeordnet und durch einen längs der ganzen Zungenreihe verlaufenden Elektromagneten in Schwingungen versetzt. Bei der von S. & H. angewandten indirekten Übertragung sind sämtliche Zungen an einem gemeinsamen, auf zwei Blattfedern F beweglich gelagerten Steg, dem Zungenkamm, befestigt (s. Bild 68). Der Zungenkamm trägt einen Anker A, der einem feststehenden Elektromagneten gegenübersteht. Bei Erregung des Elektromagneten werden daher die Impulse des Wechselstroms zunächst auf den Zungenkamm und von diesem auf die Zungen übertragen. Es gerät demnach der ganze Zungenkamm mit allen daran befestigten Zungen in leichte Schwingungen. Diejenige Zunge jedoch, deren Eigenschwingungszahl mit der Frequenz der Impulse übereinstimmt, gerät ebenso wie bei der direkten Erregung in besonders heftige Schwingungen, so daß das gleiche Schwingungsbild entsteht

Die Erregung des Zungenkammes kann entweder durch einen gewöhnlichen oder einen polarisierten Elektromagneten erfolgen. Bei Verwendung eines gewöhnlichen Elektromagneten wird der Anker des Zungenkammes in jeder vollen Periode des Wechselstromes zweimal angezogen. Es entsprechen daher jeder Periode des Wechselstroms zwei volle Schwingungen der Zungen. Bei einem polarisierten Elektromagneten dagegen erfolgt während einer Periode des Wechselstroms nur eine Verstärkung und Schwächung des Magnetfeldes. Es tritt somit in der gleichen Zeit nur eine einmalige Anziehung auf, so daß hier eine volle Periode des Wechselstromes nur einer vollen Schwingung der Zungen entspricht. Man kann daher durch abwechselnde Verwendung eines gewöhnlichen und eines polarisierten Elektromagneten zwei Meßbereiche herstellen, die im Verhältnis von 1:2 stehen. Da die Zungen für Schwingungszahlen von 15 bis 600 Schwingungen in der Sekunde hergestellt werden können, ergibt sich für Wechselstrom bei Verwendung eines gewöhnlichen Elektromagneten ein ausführbarer Frequenzmeßbereich von 7,5 bis 300 Perioden, bei Verwendung eines polarisierten Elektromagneten dagegen ein Frequenzmeßbereich von 15 bis 600 Perioden in der Sekunde. Die Verdoppelung des Meßbereiches läßt sich naturgemäß nur bei Wechselstrom, nicht aber bei intermittierendem Gleichstrom anwenden. In diesem Falle können die Instrumente daher nur für Impulszahlen von 15 bis 600 Perioden in der Sekunde hergestellt werden. Um in jedem Falle gut ablesbare Schwingungsbilder zu erhalten, ist es erforderlich, bei Frequenzen unter 30 für jede Fünftelperiode, bei Frequenzen von 30 bis 80 für jede halbe Periode und bei Frequenzen von 80 bis 140 für jede ganze Periode eine Zunge zu verwenden. Größere Intervalle sind nicht zulässig, da es sonst vorkommen könnte, daß bei dazwischenliegenden Frequenzen überhaupt keine Zunge anspricht.

Die tragbaren Zungen-Frequenzmesser werden für die Nennspannungen 100 und 130 Volt mit eingebauten, und für die Nennspannungen 180, 250, 350 und 500 Volt mit äußeren Vorwiderständen versehen. Um zu erreichen, daß die Frequenzmesser bei allen zwischen diesen Nennspannungen liegenden Spannungen genügend große Anschläge geben, sind sie noch mit einer mechanischen Reguliervorrichtung versehen, durch die die elektrische Empfindlichkeit des Meßwerks um ± 20% geändert werden kann. Die Instrumente mit den Nennspannungen 100 und 130 Volt sind demgemäß ohne weiteres für einen Nennspannungsbereich von 80 bis 150 Volt verwendbar.

Der Eigenverbrauch beträgt für die Nennspannung 100 Volt etwa 2 bis 3 Voltampere; er ändert sich bei den anderen Nennspannungen proportional mit der Spannung.

6. Drehfeldrichtungsanzeiger.

Der Drehfeldrichtungsanzeiger dient zur Bestimmung der Phasenfolge in einem Drehstromnetz. Der Apparat ist im wesentlichen ein kleiner Induktionsmotor, der aus einem Elektromagneten

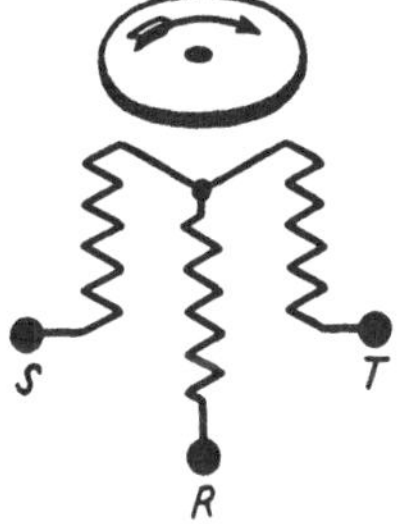

Bild 70. Innenschaltung des Drehfeldrichtungsanzeigers.

mit drei um 120° versetzten Magnetpolen und einem Kurzschlußanker besteht. Die Wicklungen des Elektromagneten sind einerseits in Sternschaltung verbunden und andererseits zu drei mit R, S, T bezeichneten Anschlußklemmen geführt. Als Kurzschlußanker dient eine kleine Metallscheibe, die leicht drehbar über den Magnetpolen angeordnet ist. Schließt man die drei Klemmen des Apparates an ein Drehstromnetz an, so erzeugen die drei Magnetpole ein Drehfeld. Durch dieses werden in der Metallscheibe Ströme induziert, und es entsteht ein Drehmoment, das die

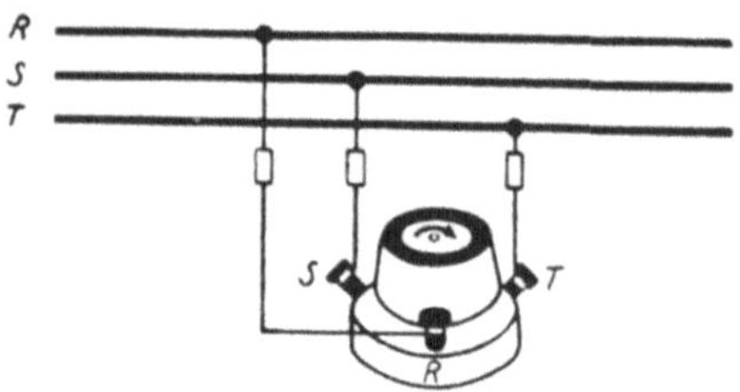

Bild 71. Drehfeldrichtungsanzeiger in direkter
Schaltung.

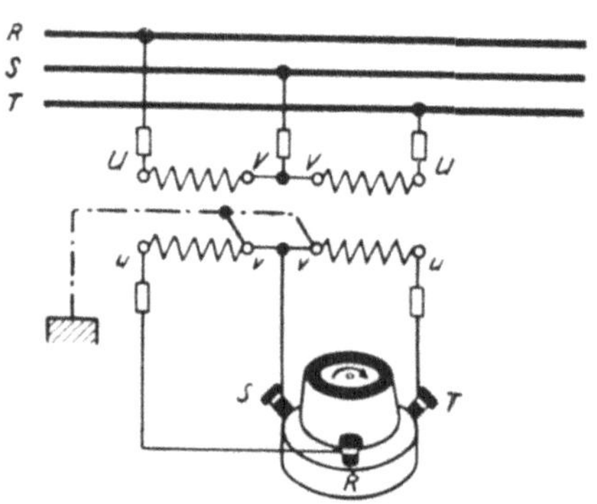

Bild 72. Drehfeldrichtungsanzeiger mit zwei
Spannungswandlern in V-Schaltung.

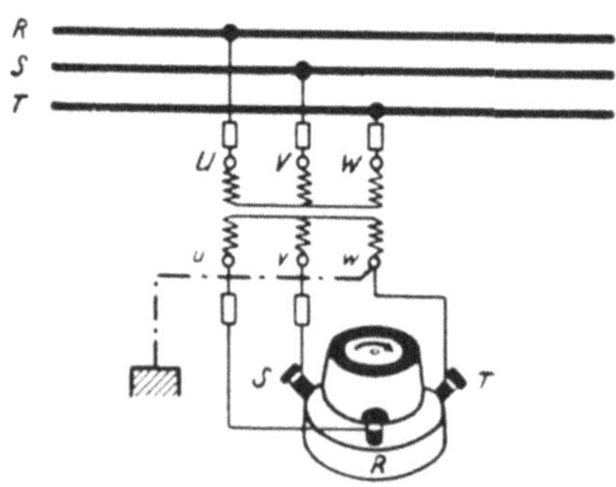

Bild 73. Drehfeldrichtungsanzeiger mit Dreh-
strom-Spannungswandler.

Scheibe im Sinne des Drehfeldes mitnimmt. Da die Drehrichtung durch die Phasenfolge bestimmt wird, kann man rückwärts aus der Drehrichtung der Scheibe auf die Phasenfolge des angeschlossenen Drehstromes schließen.

Bei direktem Anschluß des Drehfeldrichtungsanzeigers an das Netz ist die Bestimmung der Phasenfolge in folgender Weise auszuführen: Man verbindet die drei Leitungen des Drehstromnetzes mit den drei Klemmen des Drehfeldrichtungsanzeigers (vgl. Bild 71 auf S. 82) und beobachtet, ob sich dessen Scheibe in der auf ihr angegebenen Pfeilrichtung bewegt. Ist dies nicht der Fall, so müssen zwei Leitungen an dem Drehfeldrichtungsanzeiger vertauscht werden. Stimmt die Drehrichtung der Scheibe, also des Drehfeldes, mit der Pfeilrichtung überein, so gilt die an den Klemmen des Drehfeldrichtungsanzeigers angegebene Phasenfolge. Man bezeichnet dann die Leitung, die an die Klemme R des Drehfeldrichtungsanzeigers führt, mit R, die Leitung, die an die Klemme S führt, mit S und endlich die Leitung, die an die Klemme T führt, mit T. Damit ist die Phasenfolge RST des Drehstromnetzes bekannt.

Stimmen die so gefundenen Bezeichnungen nicht mit den bereits für die Sammelschienen vorgesehenen Bezeichnungen überein, so kann man alle drei Anschlüsse am Drehfeldrichtungsanzeiger um eine Klemme nach vorwärts oder nach rückwärts verschieben, bis die gewünschte Übereinstimmung erreicht ist. Der Drehsinn wird durch eine solche zyklische Klemmenvertauschung nicht beeinflußt.

Bei Benutzung von Einphasen-Spannungswandlern in V-Schaltung ergibt sich die in Bild 72 dargestellte Schaltung. Die auf der Sekundärseite bestimmte Phasenfolge RST gilt ohne weiteres auch für die Primärleitungen, die an die entsprechenden Klemmen der Spannungswandler angeschlossen sind (vgl. S. 86).

Bei Verwendung von Drehstrom-Spannungswandlern ist darauf zu achten, daß der Phasenfolge RST der Leitungen die Phasenfolge UVW der Transformatorklemmen entsprechen muß. Der Drehfeldrichtungsanzeiger ist daher stets so anzuschließen, daß seine Klemmen R mit u, S mit v und T mit w verbunden sind (vgl. Bild 73). Ergibt sich hierbei eine verkehrte Drehrichtung der Scheibe des Drehfeldrichtungsanzeigers, so sind stets zwei Primäranschlüsse zu vertauschen. Dreht sich hierauf die Scheibe

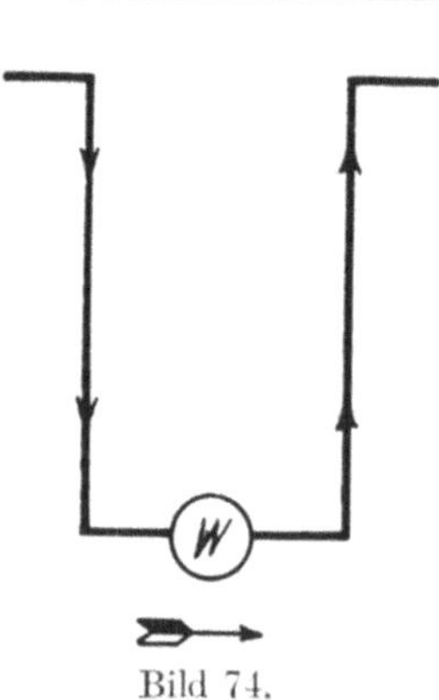

Bild 74.

Direkte Strommessung.

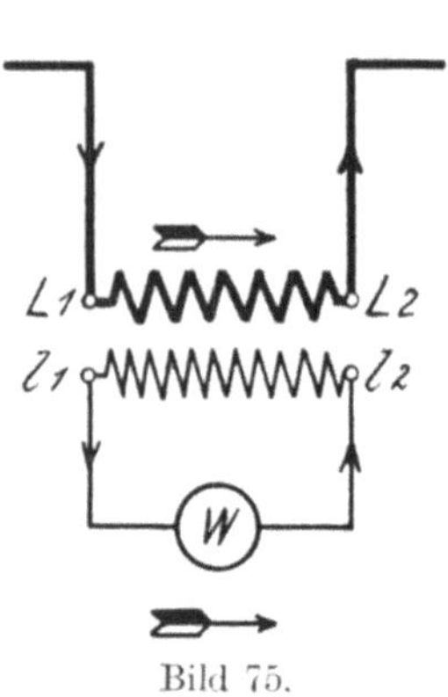

Bild 75.

Indirekte Strommessung.

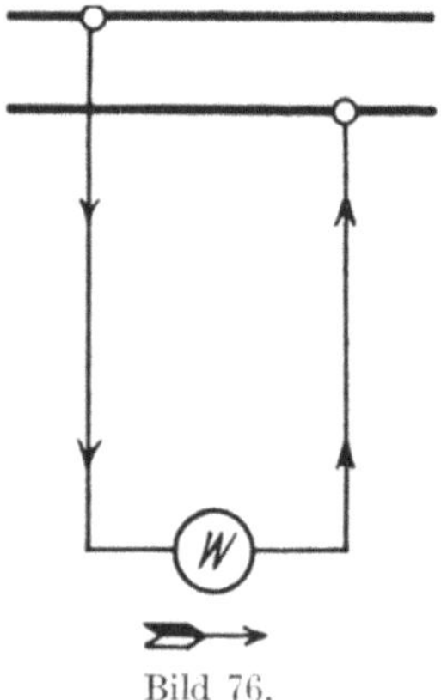

Bild 76.

Direkte Spannungsmessung.

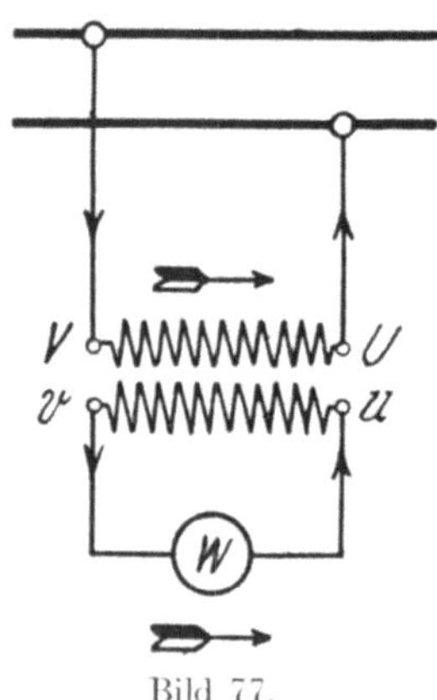

Bild 77.

Indirekte Spannungsmessung.

Die Stromrichtung in dem angeschlossenen Meßinstrument wird durch die Zwischenschaltung des Meßwandlers nicht geändert.

Polung der Wicklungen der Meßwandler.

des Drehfeldrichtungsanzeigers in der Pfeilrichtung, so entspricht die Phasenfolge *RST* auf der Primärseite der primären Klemmenbezeichnung *UVW* des Spannungswandlers.

F. Meßwandler für indirekte Messungen.

1. Allgemeines über die Messung mit Meßwandlern.

Man unterscheidet zwei Gruppen von Meßwandlern, Stromwandler und Spannungswandler. Die Stromwandler sind zur Messung von Strömen bestimmt. Sie werden daher mit ihrer Primärwicklung in die Hauptleitung eingeschaltet so daß sie vom gesamten zu messenden Strome durchflossen werden. Ihre Sekundärwicklung ist so bemessen, daß der sekundäre Nennstrom stets 5 Ampere beträgt. Demgemäß können an die Stromwandler nur Instrumente mit einem Meßbereich 5 Ampere angeschlossen werden. Bei Anschluß mehrerer Instrumente sind diese stets in Reihe zu schalten. Die Spannungswandler dienen zur Messung der Spannung. Ihre Primärwicklung wird daher stets an die Punkte angelegt, deren Spannungsunterschied gemessen werden soll. Die Sekundärwicklung der Spannungswandler ist für eine Nennspannung von 100 oder bei Schalttafel-Meßwandlern von 110 Volt bemessen. Da die Spannungswandler überlastet werden können, müssen die anzuschließenden Spannungsmeßgeräte stets für einen Meßbereich von mindestens 130 Volt bemessen sein. Bei Anschluß mehrerer Spannungsmeßgeräte sind diese parallel zu schalten.

a) Anwendungsgebiet der Meßwandler.

Die Meßwandler sind in erster Linie für Hochspannungsmessungen bestimmt. Sie ermöglichen es, eine Hochspannungsmessung auf eine Niederspannungsmessung zurückzuführen, indem man alle Meßinstrumente auf der Sekundärseite dieser Meßwandler anschließt. Da die Sekundärspannung der Spannungswandler nur etwa 100 Volt beträgt, fallen hierbei alle persönlichen Gefahren für den Beobachter sowie alle bei direkten Hochspannungsmessungen auftretenden meßtechnischen Schwierigkeiten weg. Durch die Verwendung der Stromwandler ergibt sich weiterhin der Vorteil, daß man alle Messungen nur mit der niedrigen Stromstärke von etwa 5 Ampere ausführen kann und daher für alle Meßbereiche mit dem gleichen Satz Meßinstrumente auskommt. Die Meßgenauigkeit wird durch die Zwischenschaltung der Meßwandler praktisch nicht herabgedrückt, weil die durch die Meßwandler verursachten Fehler unter normalen Verhältnissen nicht größer als die bei den direkten Hochspannungsmessungen auftretenden Fehler sind. Überdies sind die Fehler der Meßwandler der Größe nach bekannt, so daß man sie bei besonders genauen Messungen berücksichtigen kann. Diese Vorteile rechtfertigen an sich schon eine möglichst weitgehende Verwendung der Meßwandler bei allen Hochspannungsmessungen. Aber auch bei Niederspannungsmessungen ist die Verwendung von Stromwandlern sehr vorteilhaft, da man durch sie alle größeren Stromstärken in der Meßschaltung vermeiden kann, indem man die Stromwandler lediglich als Meßbereichwähler für die Wechselstrom-Meßinstrumente in ähnlicher Weise wie die Nebenwiderstände bei Gleichstrom-Instrumenten benutzt (vgl. den Abschnitt über halbindirekte Leistungsmessungen auf S. 138).

b) Polung der Wicklungen.

Die Klemmenbezeichnung der Meßwandler ist durch die Vorschriften des Verbandes deutscher Elektrotechniker festgelegt. Bei den Stromwandlern werden die Primärklemmen mit L_1, L_2 und die Sekundärklemmen mit l_1, l_2 bezeichnet, während bei den Spannungswandlern die Primärklemmen mit V, U und die Sekundärklemmen mit v, u bezeichnet werden. Durch diese Bezeichnungen wird gleichzeitig der gegenseitige Richtungssinn des Primärstromes und des Sekundärstromes in der Weise festgelegt, daß durch das Zwischenschalten des Meßwandlers die Stromrichtung in den angeschlossenen Meßinstrumenten nicht geändert wird. Die gegenseitige Lage der Klemmen und die diesen Klemmen entsprechenden Stromrichtungen sind in den Bildern 74 bis 77 auf S. 84 dargestellt. Man kann demgemäß in den Schaltbildern die Stromkreise so verfolgen, als ob die Meßwandler nicht vorhanden wären.

Die in den Abschnitten K und O angegebenen Meßschaltungen sind durchweg so ausgeführt, daß die vom Stromerzeuger kommenden Leitungen in die Klemmen L_1 der Stromwandler führen. Geerdet wird bei den Stromwandlern die Klemme l_1, bei den Spannungswandlern die Klemme v.

c) Berechnung der Meßkonstanten.

Bei Benutzung von Meßwandlern sind die Angaben der Meßinstrumente noch mit der Übersetzung der Meßwandler zu multiplizieren. Ist J_n der primäre Nennstrom eines Stromwandlers
und beträgt der sekundäre Nennstrom 5 Ampere, so wird

$$\frac{J_n}{5} = \text{Übersetzung des Stromwandlers.}$$

Ist andererseits E_n die primäre Nennspannung eines Spannungswandlers und beträgt die sekundäre Nennspannung 100 Volt, so ist

$$\frac{E_n}{100} = \text{Übersetzung des Spannungswandlers.}$$

Bei besonders genauen Messungen sind noch die Fehlwinkel des
Stromwandlers zu berücksichtigen. Eine Korrektion der Angaben
des Spannungswandlers ist im allgemeinen nicht erforderlich, da
die durch den Spannungswandler verursachten Fehler meist verschwindend klein sind.

d) Meßfehler der Stromwandler.

Durch Einschalten eines Stromwandlers in einen Meßstromkreis
ergeben sich Fehler, die durch die Arbeitsweise des Wandlers
bedingt sind. Die hierbei auftretenden
Verhältnisse sind aus dem Betriebsdiagramm Bild 78 ersichtlich. In diesem
Diagramm ist J_1 der Primärstrom. Der
zugehörige Sekundärstrom J_2 ergibt sich
durch die geometrische Subtraktion des
Leerlaufstromes J_o. Der zwischen J_1 und
J_2 liegende Winkel δ ist der Fehlwinkel.
Die algebraische Differenz $J_1 - J_2 = F$
ist der Stromfehler des Wandlers. Der
Leerlaufstrom J_o besteht aus dem Ma-
gnetisierungsstrom J_m und der senkrecht
auf diesem stehenden Wattkomponente
J_w. Die sekundäre Klemmenspannung
E_2 liegt parallel zu J_w. Der Winkel ψ
zwischen E_2 und J_2 ist die sekundäre
Phasenverschiebung des Wandlers, die

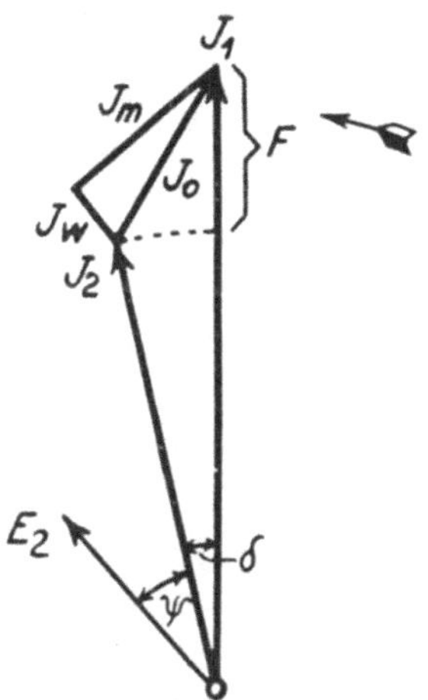

Bild 78. Betriebsdiagramm
des Stromwandlers.

durch die an ihn angeschlossenen Instrumente bedingt ist.
Die zulässigen Fehlergrenzen für Stromwandler sind in den vom

Verband deutscher Elektrotechniker aufgestellten Regeln festgelegt. Danach werden die Stromwandler in die drei Klassen E, F
und 3% unterteilt. Die Klasse E umfaßt die Wandler höchster
Genauigkeit, die beglaubigungsfähigen Wandler. Die Klasse F
ist die für Schalttafelwandler allgemein übliche Meßgenauigkeit,
während die Klasse 3% die für den Anschluß von Relais bestimmten Meßwandler enthält. Der Stromfehler wird in Prozenten des
sekundären Sollwertes, der Fehlwinkel in Minuten angegeben.
Der Fehlwinkel wird positiv gerechnet, wenn der umgeklappte
Vektor des Sekundärstromes vor dem Primärstrom vorauseilt, er
wird negativ, wenn er zurückbleibt. Die Grenzwerte für den Stromfehler und den Fehlwinkel sind in der nachstehenden Tabelle
angegeben.

Stromwandler		Fehlergrenzen	
		Stromfehler	Fehlwinkel
Klasse E	Bei Nennbürde (nicht unter 0,6 Ohm oder 15 VA), einem sekundären Leistungsfaktor zwischen 0,6 und 1 und einer Strombelastung von		
	10—20% des Nennstromes	± 1%	± 60 min
	20—100% des Nennstromes	± 0,5%	± 40 min
Klasse F	Bei Bürden zwischen Null und Nennbürde, einem sekundären Leistungsfaktor zwischen 0,6 u. 1 und einer Strombelastung von		
	10—20% des Nennstromes	± 2%	± 120 min
	20—50% des Nennstromes	± 1,5%	± 100 min
	50—100% des Nennstromes	± 1%	± 80 min
Klasse 3% (für Relais)	Bei Bürden zwischen Null und Nennbürde, sekundärem Leistungsfaktor zwischen 0,6 und 1 und einer Strombelastung von		nicht begrenzt
	50—100% des Nennstromes	± 3%	
	Vom 10 fachen primären Nennstrom ab soll der Sekundärstrom abfallen.		

Die Stromfehler hängen in erster Linie von dem Verhältnis
der primären zu der sekundären Windungszahl ab. Sie können

daher bei der Herstellung der Stromwandler durch genaues Abgleichen der Windungszahlen genügend klein gehalten werden. Die Abgleichmöglichkeit ist jedoch dadurch begrenzt, daß man immer nur eine Windung hinzufügen oder wegnehmen kann. Der durch diese eine Windung verursachte prozentuale Fehler hängt von der sekundären Gesamtwindungszahl ab. Da die Kurve für den tatsächlichen Stromfehler eines Stromwandlers zwischen 20 und 100% der Strombelastung nur ganz wenig geneigt ist, kann man den Stromfehler mit ausreichender Genauigkeit durch einen einfachen Korrektionsfaktor berücksichtigen. In den weitaus meisten praktischen Fällen wird man jedoch wegen der geringen Größe des Fehlers auf eine Korrektion ganz verzichten können.

Die Größe des Fehlwinkels hängt von der magnetischen Güte des Eisens und von der Bauart des Wandlers ab und kann daher bei der Fabrikation nicht nachträglich geändert werden. Der tatsächliche Fehlwinkel eines Stromwandlers ändert sich innerhalb der in der Tabelle angegebenen Grenzen ziemlich erheblich mit der Magnetisierung des Eisens, also mit der Größe des Stromes. Bei der Berücksichtigung der durch den Fehlwinkel verursachten Fehler müssen daher die Fehlwinkel für den jeweiligen Strom zugrunde gelegt werden. Bei Leistungsmessungen mit Stromwandlern ist der Fehlwinkel insofern besonders unangenehm, als er das Meßresultat je nach der Größe und dem Sinne der Phasenverschiebung zwischen dem zu messenden Strom und der zu messenden Spannung verschieden beeinflußt. Man wird sich daher bei Leistungsmessungen mit größeren Phasenverschiebungen stets über die Größe dieser Fehler Rechenschaft geben müssen. Die bei Leistungsmessungen auftretenden Verhältnisse werden durch die nachstehenden Diagramme veranschaulicht.

In diesen Bildern bedeutet E die zu messende Spannung und J den zu messenden Strom. Zwischen J und E besteht eine Phasenverschiebung φ. Die zu messende Leistung ist dann

$$N = E \cdot J \cdot \cos \varphi.$$

Der Einfachheit halber sei angenommen, daß der zur Messung benutzte Stromwandler im Verhältnis 1:1 übersetzt. Dann ist der Sekundärstrom J' des Stromwandlers numerisch gleich dem Primärstrom J. Der um 180° herumgeklappte Vektor des Sekundärstromes — J' ist um den Winkel δ gegen den Primärstrom J verschoben. Hierbei wird δ positiv gerechnet, wenn der Vektor $-J'$ vor dem Vektor J voreilt. Der an den Stromwandler angeschlossene Leistungsmesser mißt nun die Leistung, die der Strom $-J'$ und die Spannung E zusammen ergeben. Die vom Leistungsmesser angezeigte Leistung beträgt daher bei induktiver Belastung entsprechend dem Diagramm Bild 79.

$$N' = E \cdot J \cdot \cos(\varphi - \delta).$$

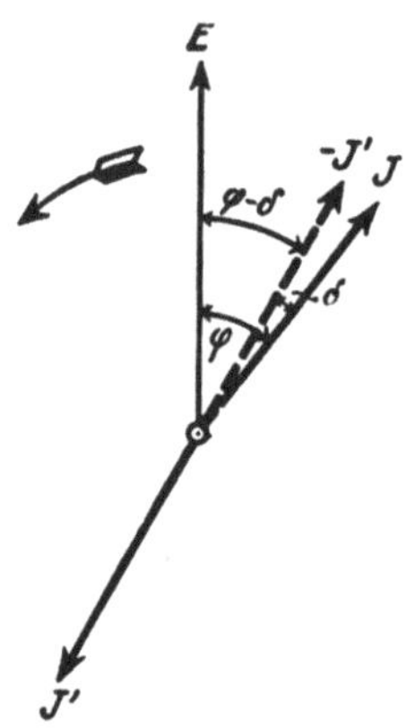

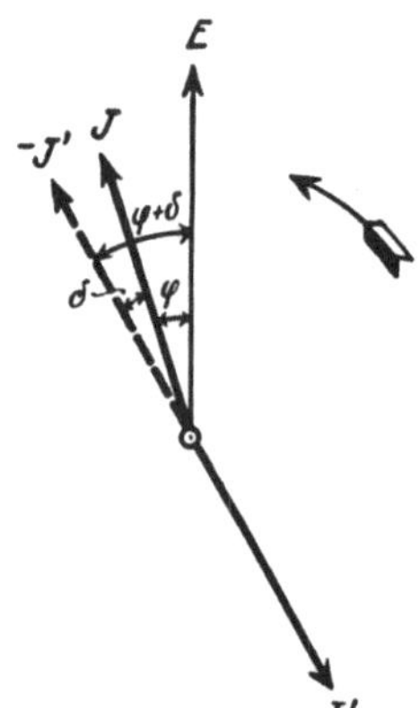

Bild 79. Induktive Belastung (δ positiv).

Bild 80. Kapazitive Belastung (δ positiv).

Der vom Fehlwinkel δ des Stromwandlers herrührende Fehler in Bruchteilen des Sollwertes beträgt dann

$$\frac{N'-N}{N} = \frac{E \cdot J \cdot \cos(\varphi - \delta) - E \cdot J \cdot \cos\varphi}{E \cdot J \cdot \cos\varphi}$$

$$= \frac{\cos(\varphi - \delta)}{\cos\varphi} - 1$$

$$= \frac{\cos\varphi \cdot \cos\delta + \sin\varphi \cdot \sin\delta}{\cos\varphi} - 1$$

$$= \cos\delta + \operatorname{tg}\varphi \cdot \sin\delta - 1.$$

Da δ sehr klein ist, wird $\cos\delta = 1$ und $\sin\delta = \delta$. Es wird also

$$\frac{N'-N}{N} = \operatorname{tg}\varphi \cdot \delta.$$

Setzt man dann noch δ anstatt im Bogenmaß als Winkel ein, so ist für das Bogenmaß der Wert $\dfrac{2\pi\delta}{360} = \dfrac{\pi\delta}{180}$ einzuführen. Wird schließlich δ noch anstatt in Graden in Minuten eingesetzt, was bei den praktisch vorkommenden kleinen Winkeln angebracht ist, so ist der Wert $\dfrac{\pi\delta}{180\cdot 60} = \dfrac{\pi\delta}{10\,800}$ in obige Gleichung einzuführen. Der prozentuale Fehler wird dann

$$\frac{N'-N}{N}\cdot 100 = \frac{\pi\delta}{108}\cdot \operatorname{tg}\varphi\,.$$

Der auf diese Weise berechnete prozentische Fehler ist bei induktiver Netzbelastung von der gemessenen Leistung abzuziehen, bei kapazitiver Belastung dagegen zu addieren. Die Formel zeigt, daß sich der durch einen Stromwandler verursachte Meßfehler mit dem Wert von $\operatorname{tg}\varphi$ ändert, d. h. der Fehler ist um so größer, je größer die Phasenverschiebung des untersuchten Wechselstromsystems ist.

Bei **Drehstrommessungen nach der Zwei-Leistungsmessermethode** kann man den durch den Fehlwinkel des Stromwandlers verursachten Meßfehler in ähnlicher Weise berechnen. Die hierbei auftretenden Verhältnisse ergeben sich aus dem Diagramm Bild 81.

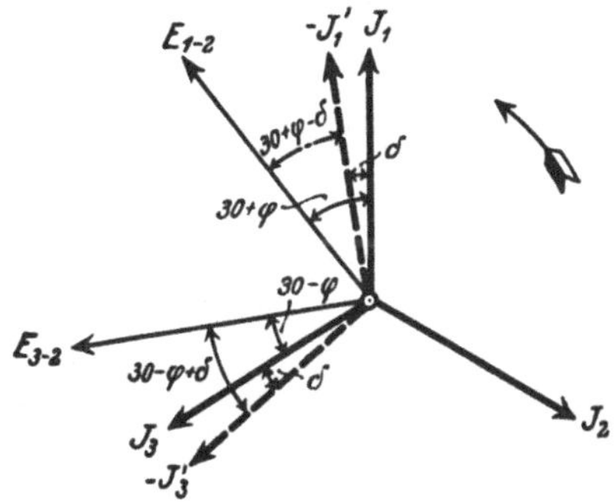

Bild 81. Induktive Belastung (δ positiv).

In diesem Diagramm sind J_1 und J_3 die Vektoren der zu messenden Ströme und E_{1-2} und E_{3-2} die zu messenden Spannungen. Der Sollwert der zu messenden Leistung ist demnach bei einem symmetrischen Drehstromsystem:

$$N = E\cdot J\cdot \cos(30-\varphi) + E\ J\cdot \cos(30+\varphi).$$

Tatsächlich werden aber in den beiden Leistungsmessern nicht die Ströme J_1 und J_3, sondern die Ströme $-J_1'$ und $-J_3'$ gemessen. Die von den beiden Leistungsmessern angezeigte Leistung wird dann unter Berücksichtigung der aus dem Diagramm ersichtlichen Phasenverschiebungswinkel

$$N' = E \cdot J \cdot \cos(30 - \varphi + \delta) + E \cdot J \cdot \cos(30 + \varphi - \delta).$$

Hierbei ist angenommen, daß die Fehlwinkel der beiden in der Schaltung verwendeten Stromwandler gleich groß sind. Der von diesen Fehlwinkeln herrührende Fehler in Bruchteilen des Sollwertes der Leistung ist dann

$$\frac{N' - N}{N} = \frac{E \cdot J \cdot [\cos(30 - \varphi + \delta) + \cos(30 + \varphi - \delta)]}{E \cdot J \cdot [\cos(30 - \varphi) + \cos(30 + \varphi)]} - 1$$

$$= \frac{E \cdot J \cdot [\cos(30 - \varphi + \delta) + \cos(30 + \varphi - \delta)]}{\sqrt{3} \cdot E \cdot J \cdot \cos \varphi} - 1$$

$$= \frac{\cos(30 - \varphi + \delta) + \cos(30 + \varphi - \delta)}{\sqrt{3} \cdot \cos \varphi} - 1$$

$$= \frac{\begin{array}{c}\cos 30 \cdot \cos(\varphi - \delta) + \sin 30 \cdot \sin(\varphi - \delta) \\ + \cos 30 \cdot \cos(\varphi - \delta) - \sin 30 \cdot \sin(\varphi - \delta)\end{array}}{\sqrt{3} \cdot \cos \varphi} - 1$$

$$= \frac{2 \cdot \cos 30 \cdot \cos(\varphi - \delta)}{\sqrt{3} \cdot \cos \varphi} - 1.$$

Nun ist $\cos 30 = \dfrac{\sqrt{3}}{2}$, es wird also:

$$\frac{N' - N}{N} = \frac{\cos(\varphi - \delta)}{\cos \varphi} - 1$$

$$= \frac{\cos \varphi \cdot \cos \delta + \sin \varphi \cdot \sin \delta}{\cos \varphi} - 1.$$

Bei den kleinen vorkommenden Winkeln ist wieder $\cos \delta \simeq 1$ und $\sin \delta = \delta$, also wird

$$\frac{N' - N}{N} = \frac{\cos \varphi + \sin \varphi \cdot \delta}{\cos \varphi} - 1$$

$$= \operatorname{tg} \varphi \cdot \delta.$$

Wird δ anstatt im Bogenmaß unmittelbar in Minuten eingesetzt (vgl. S. 91), so ergibt sich ein prozentualer Fehler:

$$\frac{N' - N}{N} \cdot 100 = \frac{\pi \delta}{108} \cdot \operatorname{tg} \varphi.$$

Man kommt somit bei der Fehlerberechnung von Drehstromleistungsmessungen zu der gleichen Formel wie bei Einphasenstrom. Es ist nur insofern ein Unterschied, als bei Drehstrom nicht die in den einzelnen Leistungsmessern auftretenden Phasenverschiebungen, sondern die mittlere Phasenverschiebung des Drehstromsystems eingesetzt werden muß. Diese mittlere Phasenverschiebung ergibt sich ohne weiteres aus dem Verhältnis der beiden Zeigerausschläge der Leistungsmesser (vgl. S. 200).

Beispiele: Bei der Untersuchung eines Einphasensystems ergab sich ein Leistungsfaktor $\cos \varphi = 0{,}5$. Der zur Messung benutzte Stromwandler war nur etwa mit 20% des Nennstromes belastet. Bei dieser Belastung hat der Stromwandler laut Prüfschein einen Fehlwinkel von $\delta = 30$ Minuten. Der bei der Leistungsmessung durch den Stromwandler verursachte Fehler ergibt sich dann

$$\frac{N'-N}{N} = \frac{\pi\delta}{108} \cdot \operatorname{tg} \varphi = \frac{3{,}14 \cdot 30}{108} \cdot 1{,}732 = 1{,}5\ \% \text{ des Sollwertes.}$$

Da der Leistungsmesser unter den vorliegenden, besonders ungünstigen Verhältnissen nur den zehnten Teil seines Endausschlages gibt, ist die Genauigkeit der Messung hierbei an sich nur gering. Sie wird daher durch den Stromwandler nicht wesentlich verkleinert.

Bei der Untersuchung eines Drehstromsystems gab der eine Leistungsmesser einen Ausschlag von 40 und der andere einen von 100 Skalenteilen. Aus der Kurventafel auf S. 200 ergibt sich für ein Verhältnis $\alpha_2 : \alpha_1 = 0{,}4$ ein Leistungsfaktor $\cos \varphi = 0{,}8$, also $\operatorname{tg} \varphi = 0{,}727$. Die zur Messung benutzten beiden Stromwandler haben bei der vorliegenden Strombelastung laut Prüfschein einen Fehlwinkel $\delta = 16$ Minuten. Der durch die Stromwandler verursachte Fehler beträgt dann unter der Voraussetzung, daß die beiden Stromwandler vollkommen gleichartig sind

$$\frac{N'-N}{N} = \frac{\pi\delta}{108} \cdot \operatorname{tg} \varphi = \frac{3{,}14 \cdot 16}{108} \cdot 0{,}727 = 0{,}34\ \% \text{ des Sollwertes.}$$

Dieser Fehler ist bei den meisten Messungen zu vernachlässigen.

e) Meßfehler der Spannungswandler.

Auch durch das Einschalten eines Spannungswandlers in den Meßkreis können merkbare Fehler verursacht werden. Diese Fehler sind jedoch wesentlich kleiner als bei den Stromwandlern, so daß sie in den meisten Fällen vernachlässigt werden können. Die Art dieser Fehler wird durch das in Bild 82 dargestellte Betriebsdiagramm des Spannungswandlers gezeigt. Hierbei ist, ebenso wie bei dem Stromwandler-Diagramm, die Übersetzung 1:1 angenommen. E_1 ist die primäre Klemmenspannung und J_0 der Leerlaufstrom des Wandlers. Durch den Leerlaufstrom wird in der Primärwicklung ein Ohmscher Spannungsabfall $J_0 \cdot r_1$ und ein induktiver Spannungsabfall $J_0 \cdot x_1$ erzeugt. Zieht man diese beiden Größen geometrisch von E_1 ab, so erhält man die sekundäre Klemmenspannung E_{2_0} bei Leerlauf. Wird der Spannungswandler mit einem Sekundärstrom J_2 belastet, so entsteht in den beiden Wicklungen des Wandlers ein Ohmscher Spannungsabfall $J_2 \cdot (r_1 + r_2)$ und ein induktiver Spannungsabfall $J_2 \cdot (x_1 + x_2)$. Zieht man diese beiden durch die Belastung entstandenen Spannungsabfälle von E_{2_0} ab, so erhält man die se-

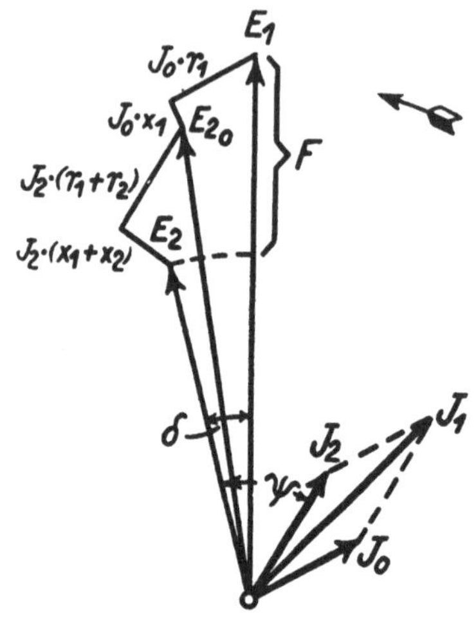

Bild 82. Betriebsdiagramm des Spannungswandlers.

kundäre Klemmenspannung E_2 bei Belastung. Der Winkel δ zwischen E_2 und E_1 ist der Fehlwinkel, die algebraische Differenz $E_1 - E_2 = F$ der Spannungsfehler des Spannungswandlers. Der Winkel ψ zwischen E_2 und J_2 ist die durch die sekundäre Belastung verursachte Phasenverschiebung.

Die zulässigen Größen des Fehlwinkels und des Spannungsfehlers sind durch die Regeln des Verbandes deutscher Elektrotechniker festgelegt. Nach diesen werden die Spannungswandler in die Klassen E und F eingeteilt. Die Klasse E entspricht wieder den beglaubigungsfähigen Wandlern, während die Klasse F die für Schalttafelwandler allgemein gültige Meßgenauigkeit festlegt. Die Spannungsfehler werden in Prozenten des sekundären Sollwertes, die Fehlwinkel in Minuten angegeben. Der Fehlwinkel wird positiv gerechnet, wenn der umgeklappte Vektor der Sekundärspannung vor der Primärspannung vorauseilt. Die Grenzwerte für die Spannungsfehler und Fehlwinkel sind in der nachstehenden Tabelle angegeben.

Spannungswandler		Fehlergrenzen	
		Spannungs-fehler	Fehlwinkel
Klasse E	Bei Nennleistung (nicht unter 30 VA), einem sek. Leistungsfaktor zwischen 0,6 u. 1 und einer Spannungsbelastung von 80—120% der Nennspannung	$\pm$ 0,5%	$\pm$ 20 min
Klasse F	Bei Nennleistung, einem sekundären Leistungsfaktor zwischen 0,6 u. 1 und einer Spannungsbelastung von 90—110% der Nennspannung	$\pm$ 1,5%	$\pm$ 60 min

Die Spannungsfehler hängen von der Übersetzung und von dem Spannungsabfall des Spannungswandlers ab. Die Übersetzung kann man durch Abnehmen oder Hinzufügen von Windungen stets mit der erforderlichen Genauigkeit abgleichen, um so mehr als die Windungszahlen verhältnismäßig hoch sind. Der bei einer bestimmten Sekundärleistung auftretende Spannungsabfall hängt von dem Querschnitt der Wicklungen und von der Bauart des Wandlers ab. Die Spannungswandler werden bei Belastung mit der Nennleistung abgeglichen. Der Spannungsfehler bleibt von 100% bis herab auf 20% der Nennspannung praktisch konstant. Vorausgesetzt ist hierbei, daß die angeschlossenen Meßinstrumente stets für die volle Nennspannung des Spannungswandlers bemessen sind. Es ist nicht statthaft, etwa bei halber Spannung die Meßinstrumente auf einen kleineren, halb so großen Meßbereich umzuschalten, da dann der Spannungswandler durch den doppelten Stromverbrauch des Meßinstruments doppelt so stark belastet würde. Die durch die Vergrößerung des Zeigerausschlages erhöhte Ablesegenauigkeit des Meßinstrumentes würde in diesem Falle durch den größeren Spannungsabfall des Spannungswandlers wieder aufgehoben werden.

Die durch den Fehlwinkel der Spannungswandler verursachten Phasenverschiebungsfehler können praktisch vernachlässigt werden, da der Fehlwinkel im allgemeinen weniger als 20 Minuten beträgt.

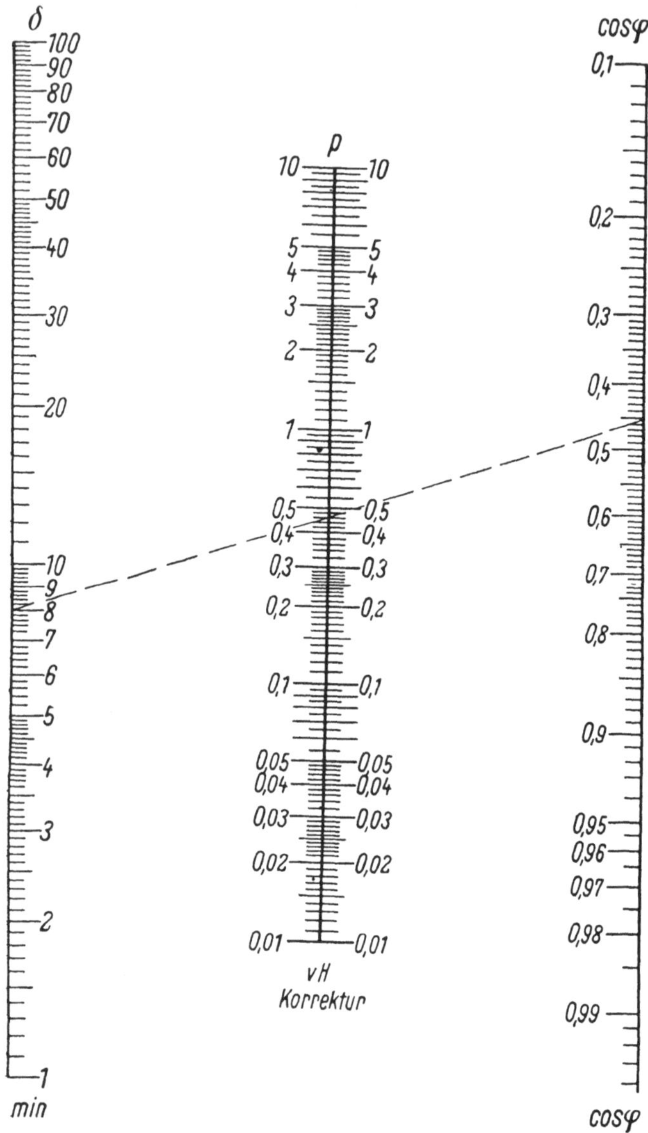

Bild 83. Nomogramm zur Berücksichtigung der Fehlwinkel der Meßwandler bei Leistungsmessungen.

Innerhalb des auf dem Spannungswandler angegebenen Nenn-
requenzbereichs sind die Angaben von der Frequenz unabhängig.
Die Kurvenform der Wechselspannung wird durch das Zwischen-
chalten des Spannungswandlers nicht geändert. Die Kurven-
ormen des Primärstromes und des Sekundärstromes stimmen
laher vollkommen überein. Bedingung ist hierbei nur, daß die
Primärspannung keine Gleichstromkomponente enthält.

f) Korrektion der Fehler.

Bei den meisten praktisch vorkommenden Messungen kann man
lie durch die Meßwandler verursachten Meßfehler vernachlässigen,
la sie innerhalb der Ablesefehler der Meßinstrumente liegen. Nur
)ei besonders großen Phasenverschiebungen ist eine gewisse
Vorsicht geboten, da hierbei die durch die Fehlwinkel der Meß-
vandler verursachten Fehler eine erhebliche Größe bekommen
:önnen. In diesen Fällen und bei besonders genauen Messungen
st daher eine Korrektion der Fehler unter Umständen wünschens-
vert. Aber auch hierbei wird man sich meist auf eine Korrektion
ler durch den Fehlwinkel der Stromwandler verursachten Fehler
)eschränken können, da die Fehlwinkel der Spannungswandler
elten größer als etwa 20 Minuten sind. Wie diese Fehler in jedem
inzelnen Falle berechnet werden, ist auf S. 90 bis 93 beschrieben.
Cs bleibt daher im wesentlichen nur noch die Feststellung des
Vorzeichens der anzubringenden Korrektur. Der Fehlwinkel selbst
st bei Stromwandlern in den meisten Fällen positiv, sofern die
3elastung des Wandlers im wesentlichen induktionsfrei ist. Nur
)ei stark induktiver Belastung des Stromwandlers hat man unter
Jmständen mit einem negativen Fehlwinkel zu rechnen. Nach den
Diagrammen auf S. 90 ergeben sich für die verschiedenen Bela-
tungsfälle bei Leistungsmessungen folgende Vorzeichen für die
nzubringende Korrektur:

Art der Netz-belastung	Fehlwinkel	Korrektur
induktiv	positiv negativ	subtrahieren addieren
kapazitiv	positiv negativ	addieren subtrahieren

Sollen bei einer Messung ausnahmsweise die Meßfehler der Stromwandler und Spannungswandler korrigiert werden, so muß man beachten, daß die Meßfehler der Stromwandler durch die

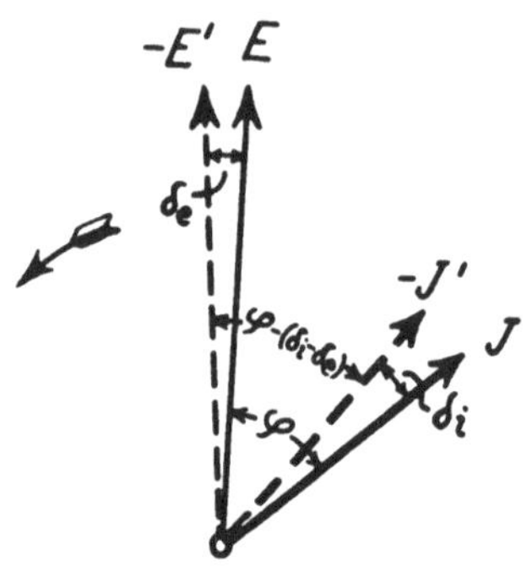

Bild 84. Fehler der Meßwandler bei Leistungsmessungen.

Meßfehler der Spannungswandler in den meisten Fällen zum Teil wieder aufgehoben werden. Die hierbei auftretenden Verhältnisse zeigt das nebenstehende Diagramm. Hierbei ist δ_i der Fehlwinkel des Stromwandlers und δ_e der Fehlwinkel des Spannungswandlers in Minuten. Im Diagramm ist induktive Belastung angenommen, δ_i und δ_e positiv. Die zu messende Leistung beträgt $N = E \cdot J \cdot \cos \varphi$, die gemessene Leistung aber $N' = E \cdot J \cdot \cos [\varphi - (\delta_i - \delta_e)]$. Um bei der Berechnung des resultierenden Fehlwinkels $(\delta_i - \delta_e)$ etwaige durch die verschiedenen Vorzeichen der Werte von δ_i und δ_e bedingte Unsicherheiten zu vermeiden, ist in der nachstehenden Tabelle unmittelbar die Rechnungsart, die mit den Absolutwerten der Fehlwinkel auszuführen ist, angegeben. Die Tabelle gilt für den praktisch allein vorkommenden Fall, daß δ_i größer als δ_e ist. Der durch den resultierenden Fehlwinkel verursachte Meßfehler ergibt sich nach der Formel auf S. 91. Das Vorzeichen der anzubringenden Korrektur folgt aus der letzten Spalte der Tabelle.

Art der Netz-belastung	Fehlwinkel der Meßwandler		Resultierender Fehlwinkel	Korrektur
	δ_i	δ_e		
induktiv	positiv	positiv	Differenz	subtrahieren
	negativ	negativ	Differenz	addieren
	positiv	negativ	Summe	substrahieren
	negativ	positiv	Summe	addieren
kapazitiv	positiv	positiv	Differenz	addieren
	negativ	negativ	Differenz	subtrahieren
	positiv	negativ	Summe	addieren
	negativ	positiv	Summe	subtrahieren

Will man sich die Berechnung der Größe der durch den Fehlwinkel verursachten Meßfehler ersparen, so kann man das auf S. 96 abgebildete, von Keinath angegebene Nomogramm benutzen. Die Verbindungslinie zwischen dem resultierenden Fehlwinkel δ und dem Netzleistungsfaktor $\cos \varphi$ gibt durch ihren Schnittpunkt mit der mittleren Skala die Größe der erforderlichen Korrektur in Prozenten. Das Vorzeichen folgt auch hier aus den vorstehenden Tabellen.

Um einen Überblick über die Größe der zu erwartenden Meßfehler zu geben, sind auf den S. 100 bis 102 einige Kurventafeln beigefügt, die die durch die Fehlwinkel bei Leistungsmessungen verursachten prozentualen Meßfehler in Abhängigkeit vom Netzleistungsfaktor zeigen. Die Kurventafel auf S. 100 umfaßt den am meisten vorkommenden Bereich von $\cos \varphi = 0{,}1$ bis 1 für Fehlwinkel von 5 bis 60 Minuten. Das Kurvenbild auf S. 101 umfaßt den Bereich von $\cos \varphi = 0{,}01$ bis 0,1 für Fehlwinkel von bis 30 Minuten. Das Kurvenbild auf S. 102 gilt für Messungen mit besonders kleinen Leistungsfaktoren, wie sie bei Verlustmessungen von Kabeln mit dem astatischen Spezial-Leistungsmesser vorkommen. Es umfaßt den Bereich von $\cos \varphi = 0{,}005$ bis 0,05 für Fehlwinkel von 1 bis 5 Minuten.

g) Eigenverbrauch der Meßwandler.

Der Eigenverbrauch der Stromwandler besteht in der Hauptsache aus den Kupferverlusten, die durch die Stromwärme in der Primär- und Sekundärwicklung hervorgerufen werden. Die Eisenverluste sind infolge der geringen Sättigung des Eisens zu vernachlässigen. Bei den auf S. 103 beschriebenen Präzisions-Stromwandlern beträgt beispielsweise der Eigenverbrauch bei vollem Nennstrom etwa 25 Watt. Da dieser Wert im wesentlichen aus Kupferverlusten besteht, ändert er sich mit dem Quadrate der jeweiligen Stromstärke. Man kann daher aus dem angegebenen Wert ohne weiteres auch den Eigenverbrauch für jeden anderen Strom berechnen.

Da die Spannungswandler im Gegensatz zu den Stromwandlern magnetisch sehr hoch gesättigt sind, besteht ihr Eigenverbrauch in der Hauptsache aus den Eisenverlusten (Leerlaufwatt). Bei den umschaltbaren Spannungswandlern sind die Eisenverluste für alle durch die Umschaltung der Primärwicklung erzielten Nenn-

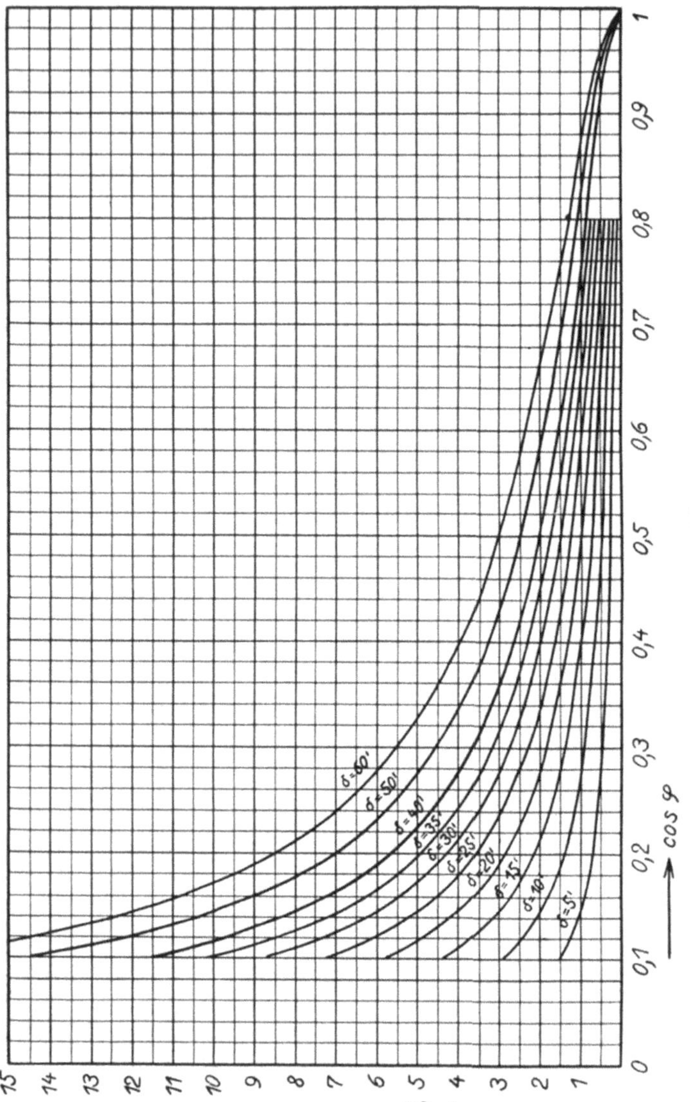

Bild 85.

Durch den Fehlwinkel δ verursachte Meßfehler bei Leistungsmessungen, für $\cos \varphi = 0{,}1 - 1$ und $\delta = 5 - 60'$.

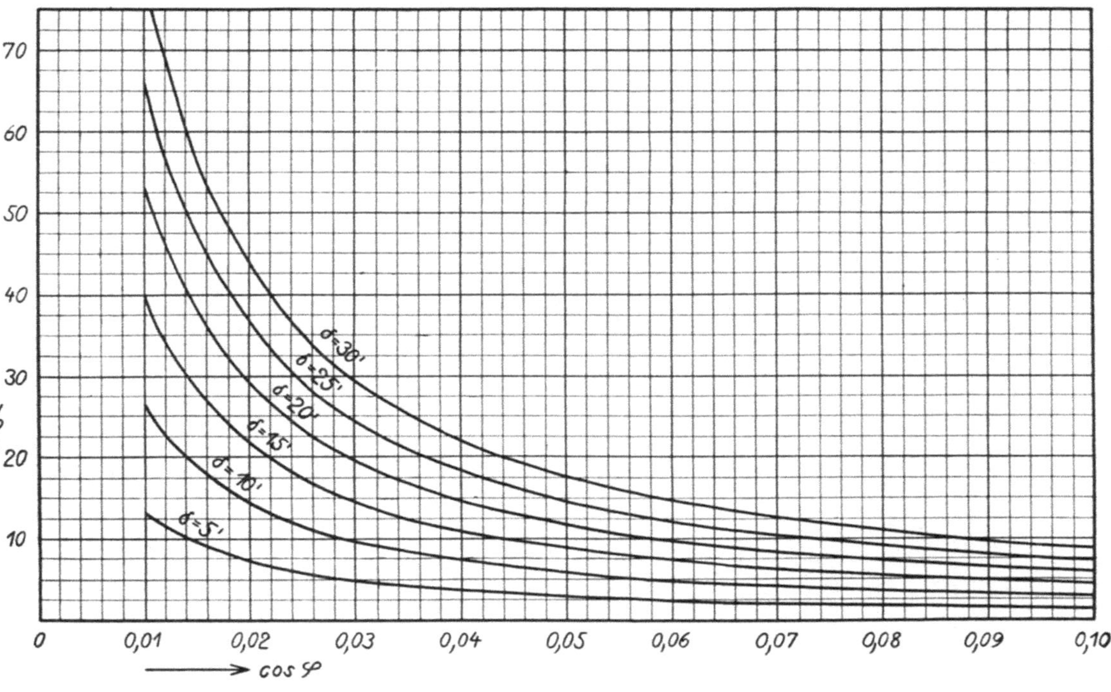

Bild 86.
Durch den Fehlwinkel δ verursachte Meßfehler bei Leistungsmessungen, für cos $\varphi = 0,01 - 0,1$ und $\delta = 5 - 30'$.

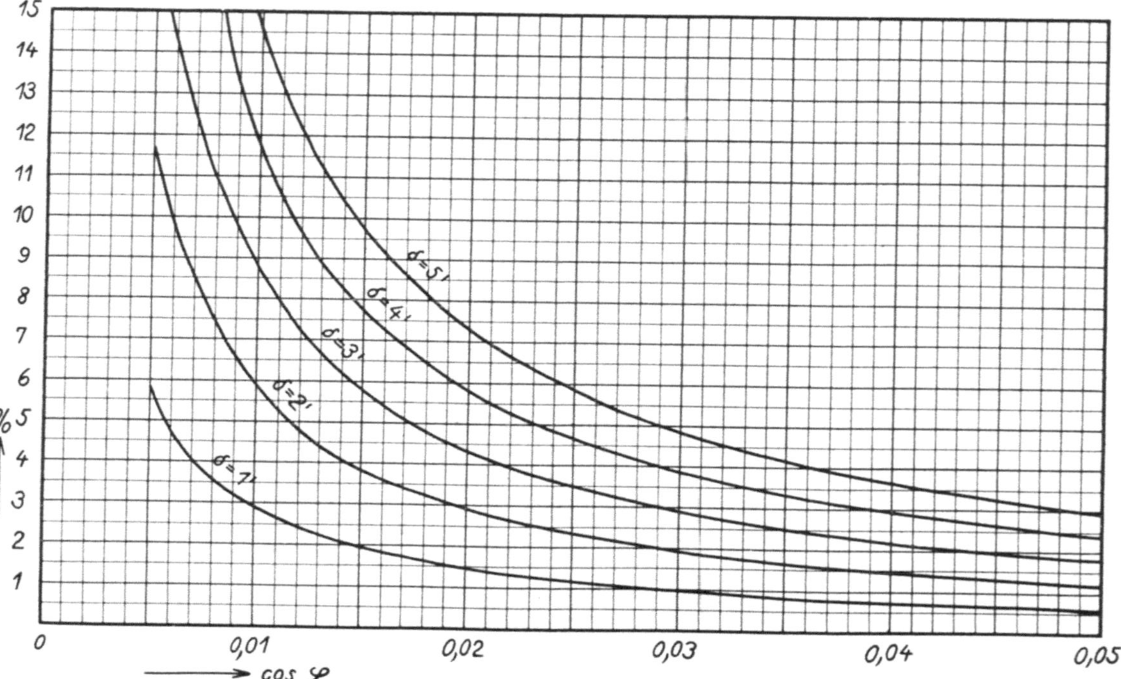

Bild 87.
Durch den Fehlwinkel δ verursachte Meßfehler bei Leistungsmessungen, für cos $\varphi = 0,005 - 0,05$ und $\delta = 1 - 5'$.

spannungen gleich groß, da das Transformatoreisen hierbei immer gleich hoch gesättigt ist. Bei sekundärer Umschaltung ändert sich dagegen die Sättigung und demgemäß auch der Verlust im Eisen. Die Kupferverluste können gegenüber den Eisenverlusten vernachlässigt werden, da die Kupferquerschnitte der Wicklungen sehr reichlich bemessen sind, um einen möglichst kleinen Spannungsabfall zu erhalten. Der Eigenverbrauch beträgt beispielsweise bei dem auf S. 125 beschriebenen umschaltbaren Präzisions-Spannungswandler für Spannungen bis 12000 Volt je nach der Schaltstellung etwa 7 bis 12 Watt.

2. Bauformen der Stromwandler.

a) Allgemeines.

Die verschiedenen Arten der Stromwandler unterscheiden sich einerseits durch die Anordnung und Form des wirksamen Eisens, andererseits aber durch die Art der Isolation. Die Eisenkerne werden als Schenkelkerne, Mantelkerne und neuerdings auch als Ringkerne ausgeführt. Damit die Fehlwinkel der Stromwandler möglichst klein werden, werden die Kerne bei Präzisionswandlern meist ohne Stoßfugen gebaut. Als Material verwendet man hochlegierte Eisenbleche von 0,5 bis 1 mm Stärke. Der Eisenquerschnitt wird meist ziemlich reichlich gewählt, so daß die magnetische Induktion niedrig bleibt. Sie schwankt je nach der Ausführung des Wandlers zwischen einigen 100 und etwa 1000 Kraftlinien pro cm². Die Isolation der Stromwandler wird einerseits als Masse- oder Ölisolation, andererseits als Repelit- oder Porzellan-Isolation ausgeführt. Die Masseisolation kommt in erster Linie für tragbare Wandler in Frage, während die Ölisolation für Schalttafelwandler bevorzugt wird. Bei Wandlern, von denen eine hohe Kurzschlußfestigkeit verlangt wird, geht man zu Repelit oder Porzellan über.

b) Umschaltbare Präzisions-Stromwandler.

Diese Stromwandler haben einen vollständig geschlossenen rechteckigen Eisenkern, s. Bild 88. Der hierdurch gewonnene gute Eisenschluß gewährleistet den für Präzisions-Stromwandler erforderlichen kleinen Fehlwinkel. Er beträgt von 20 bis 100% des Nennstromes nur etwa ± 40 Minuten, so daß die Wandler bezüglich ihrer Meßgenauigkeit der Klasse E entsprechen.

Die Wandler werden umschaltbar für zwei oder drei primäre Nennströme ausgeführt, die je nach der Ausführung der Wicklung zwischen 5 und 1200 Ampere liegen. Die verschiedenen Nennströme werden durch Umschaltung der Primärwicklung erzielt. Diese ist hierzu in vier elektrisch gleichwertige Wicklungsteile zerlegt, die für den kleinsten Nennstrom in Reihe, für den mittleren Nennstrom in Gruppenschaltung und für den höchsten in Parallelschaltung liegen. Um die Umschaltung in einfacher Weise zu ermöglichen, sind die Enden der einzelnen Wicklungsteile nach einem zwischen den Primärklemmen befindlichen Schaltkopf geführt, wie es Bild 89 zeigt. In diesen Schaltkopf werden Stecker eingeführt,

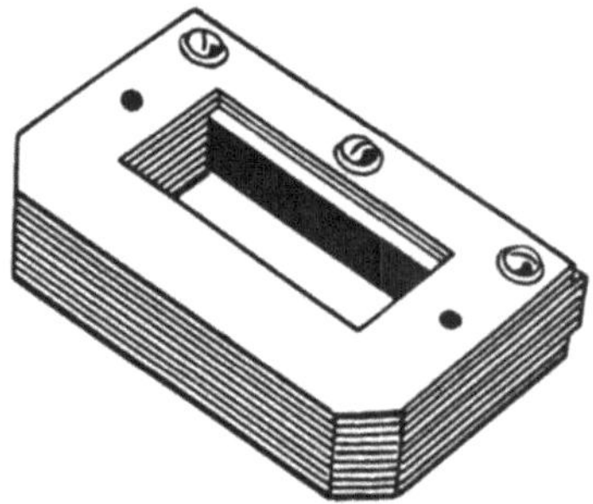

Bild 88. Stoßfugenfreier Eisenkern der
Präzisions-Stromwandler.

die alle zur Herstellung der gewünschten Schaltung erforderlichen Verbindungen gleichzeitig herstellen. Für jeden primären Nennstrom ist ein Stecker vorhanden. Der Stromlauf ergibt sich aus dem Schaltbild ohne weiteres, wenn man beachtet, daß die Kontaktflächen der Stecker schwarz, die isolierenden Flächen dagegen weiß gezeichnet sind. Beachtenswert ist hierbei, daß bei einigen Lamellen die eine Seitenfläche isoliert ist, während die andere metallisch blank ist. Der gute Kontakt zwischen den einzelnen Lamellen des Schaltkopfes und des Steckers wird durch eine Druckschraube sicher gestellt, die nach Einstecken des Steckers festgezogen wird. Da die einzelnen Wicklungsteile elektrisch vollkommen gleichwertig sind, sind auch die verschiedenen Umschaltstellungen elektrisch und magnetisch vollkommen gleichwertig.

Die Nennleistung dieser Wandler beträgt bei Frequenz 50 und vollem Nennstrom 9 Voltampere. Der Wandler reicht demnach für den Anschluß eines Prüffeld-Leistungsmessers und eines Prüf-

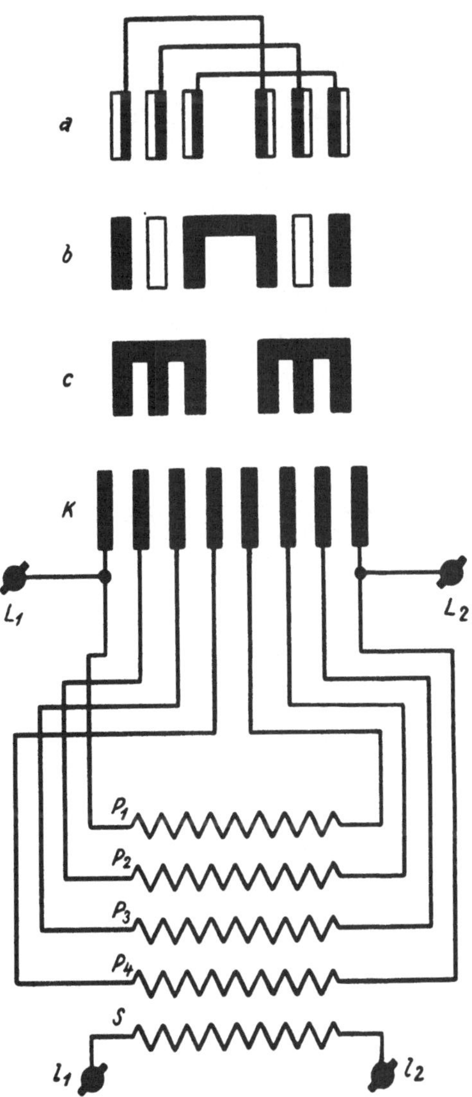

Bild 89. Innere Schaltung der umschaltbaren Präzisions-Stromwandler mit Schaltkopf und Steckern für die verschiedenen Nennströme.

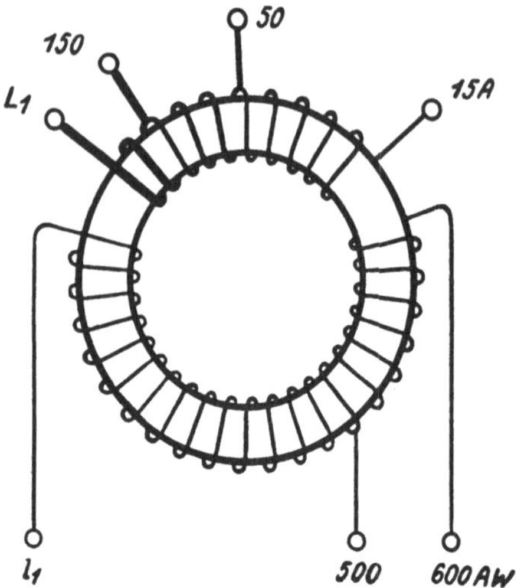

Bild 90. Ringkern mit unterteilter, im Querschnitt abgestufter Primärwicklung und unterteilter Sekundärwicklung. Die Wicklungen sind bei dem ausgeführten Wandler gleichmäßig über den ganzen Umfang des des Ringes verteilt.

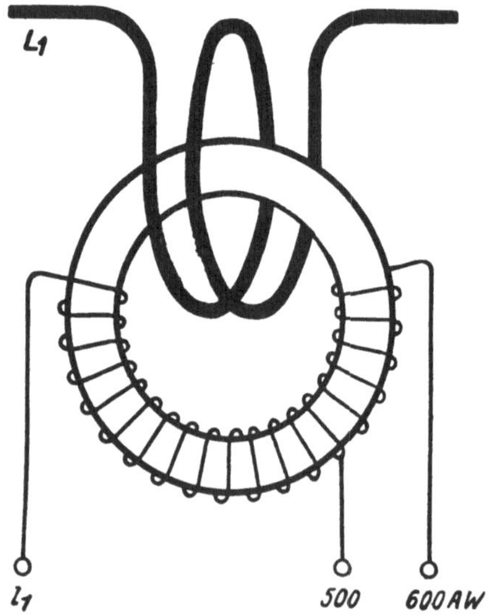

Bild 91. Ringkern mit durchgestecktem Netzleiter als Primärwicklung und mit unterteilter Sekundärwicklung.

Prinzip des Durchsteckwandlers.

feld-Strommessers nebst den erforderlichen Zuleitungen aus. Die Meßgenauigkeit entspricht bei dieser Belastung der Klasse E. Die Wandler werden mit Masse-Isolation und unzerbrechlichem Papierisolator ausgeführt. Die Prüfung der Primärwicklung gegen Sekundärwicklung und Gehäuse erfolgt mit 30 kV. Die Isolation reicht demgemäß für Betriebsspannungen bis 12 kV aus. Die Sekundärwicklung wird gegen Gehäuse mit 2 kV geprüft, so daß betriebsmäßige Potentialdifferenzen von 1 kV zwischen Sekundärwicklung und Gehäuse zulässig sind.

c) Tragbare Durchsteckwandler.

Die Durchsteckwandler haben einen ringförmigen Eisenkern, der so in ein Gehäuse eingebaut ist, daß man von außen her durch die Öffnung des Ringes einen beliebigen Leiter als Primärwicklung durchstecken kann. Der Nennstrom des Wandlers hängt hierbei davon ab, wievielmal die Primärwicklung durch das Loch des Wandlers hindurch gesteckt wird. Der größte Nennstrom ergibt sich bei einmaligem Durchstecken des Leiters. Er wird um so kleiner, je öfter der Leiter hindurchgeführt wird. Die Bilder 90 und 91 zeigen die prinzipielle Anordnung. Um zwischen den durch die Anzahl der primären Leiterschleifen geschaffenen Nennströmen noch eine weitere Stufung zu erhalten, ist die Sekundärwicklung in zwei Stufen unterteilt. Für Nennströme unter 200 Ampere ist der Wandler mit einer eingebauten Primärwicklung versehen. Diese ist, wie Bild 90 zeigt, im Querschnitt abgestuft für die Nennströme 150, 50 und 15 Ampere ausgeführt. Bild 92 zeigt die äußere Ausführung des Wandlers. Er wird in zwei Größen gebaut.

Der kleinere Wandler umfaßt einen Strombereich von 15 bis 600 Ampere. Er ist in 8 Stufen für die Nennströme 15, 50, 150, 200, 250, 300, 500 und 600 Ampere umschaltbar, s. Bild 93 bis 100. Die der Primärklemme L_1 entsprechende Einführungsseite des Wandlers ist in den Schaltbildern durch einen Strich, bei dem ausgeführten Wandler durch einen roten Ring bezeichnet. Die Nennleistung beträgt 5 Voltampere, die Genauigkeit entspricht der Klasse F.

Der größere Wandler umfaßt einen Strombereich von 15 bis 1500 Ampere und ist in 11 Stufen für die Nennströme 15, 50, 150, 200, 300, 400, 500, 600, 750, 1200 und 1500 Ampere umschaltbar. Die Schaltweise ist in den Bildern 101 bis 112 gezeigt. Die Nenn-

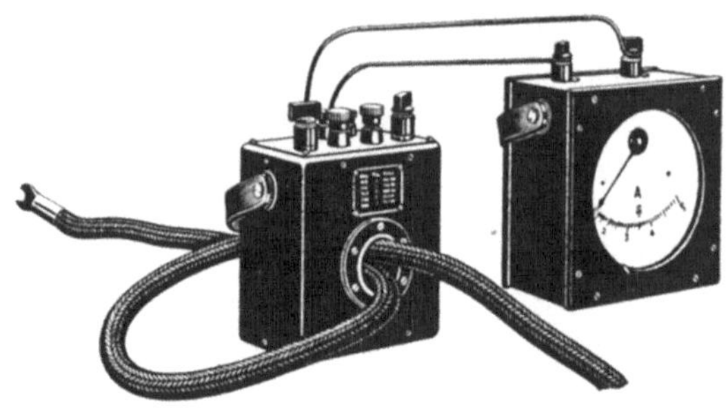

Bild 92.
Durchsteckwandler mit durchgesteckter Primärleitung.

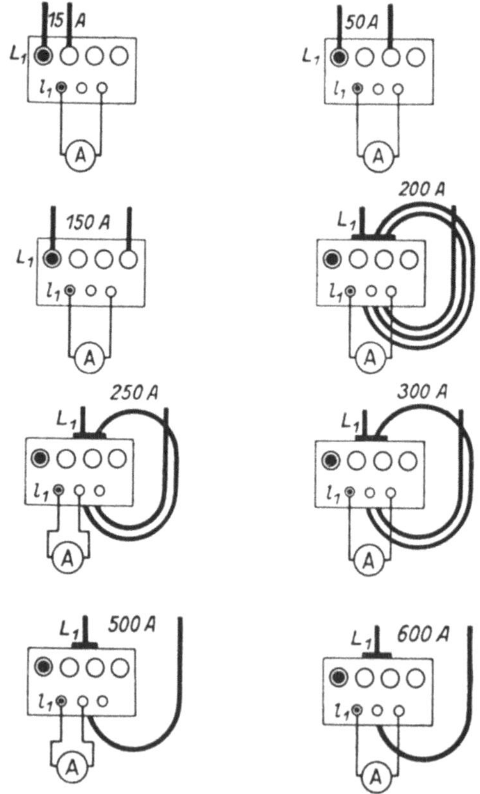

Bild 93—100.
Äußere Schaltung der kleinen Durchsteckwandler.

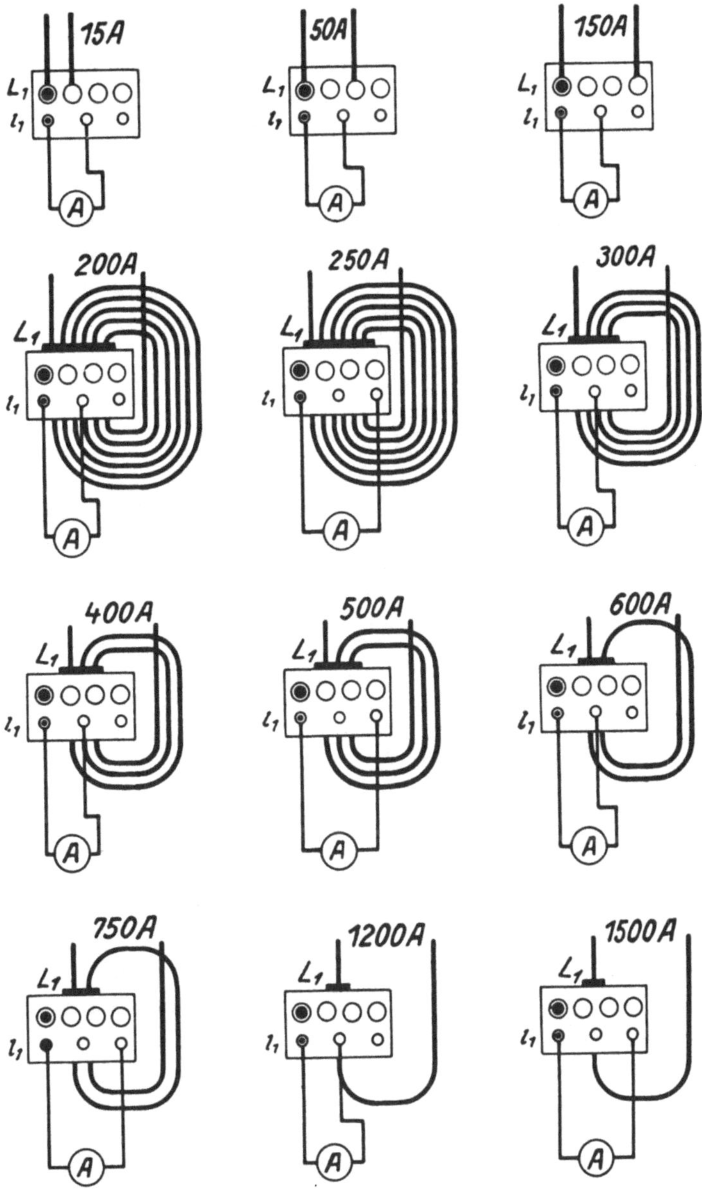

Bild 101—112.
Äußere Schaltung der großen Type der Durchsteckwandler.

leistung beträgt 15 Voltampere. Die Genauigkeit entspricht bei dieser Leistung für den ganzen Strombereich der Klasse E.

Beide Wandler sind mit Trockenisolation ausgeführt. Die Prüfspannung zwischen Primärwicklung, Sekundärwicklung und Gehäuse beträgt 2000 Volt.

d) Promille-Stromwandler.

Die neuen Promille-Stromwandler sind durch ihre hohe Meßgenauigkeit charakterisiert, die weit über die der Klasse E hinausgeht. Sie kommen daher überall da in Frage, wo die normalen

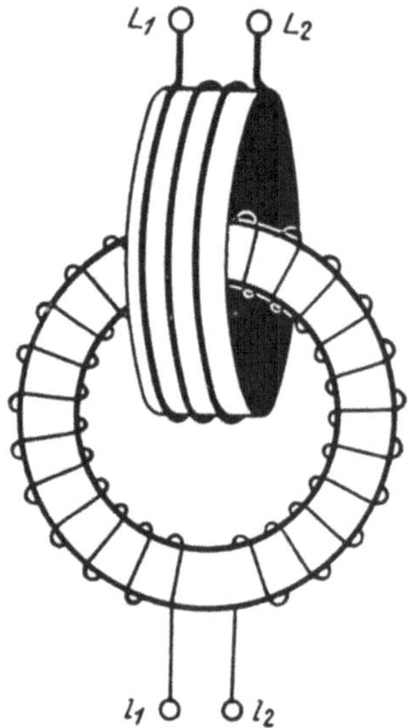

Bild 113. Bauart der Kreuzringwandler.

Präzisions-Stromwandler hinsichtlich ihrer Meßgenauigkeit nicht ausreichen, also vorzugsweise bei Leistungsmessungen mit großen Phasenverschiebungen.

Bezüglich ihres Kernaufbaues stellen die Promille-Wandler eine Weiterentwicklung der im vorigen Abschnitt beschriebenen Durchsteckwandler dar. Die durchgesteckte Primärwicklung ist hier fest eingebaut und bildet einen Ring, der den mit der Sekundärwicklung versehenen Ringkern kreuzt. Man nennt diese Bauform Kreuzringwandler. Bild 113 zeigt die Anordnung. Die Primär-

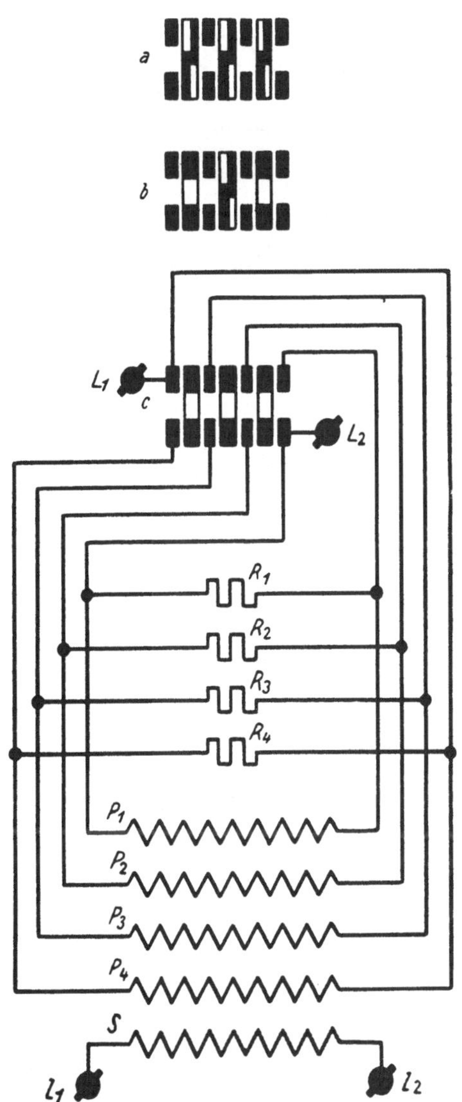

Bild 114. Innere Schaltung des umschaltbaren Promille-Wandlers, mit Schaltkopf und drehbaren Kontaktstücken.

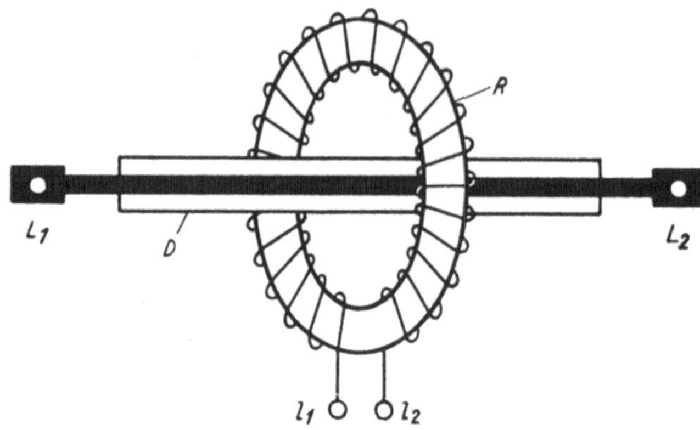

Bild 115. Stabwandler. Der Primärleiter ist als Stab L_1—L_2 ausgebildet und durch den Repelitisolator D isoliert. Die Sekundärwicklung l_1—l_2 liegt auf dem Ringkern R.

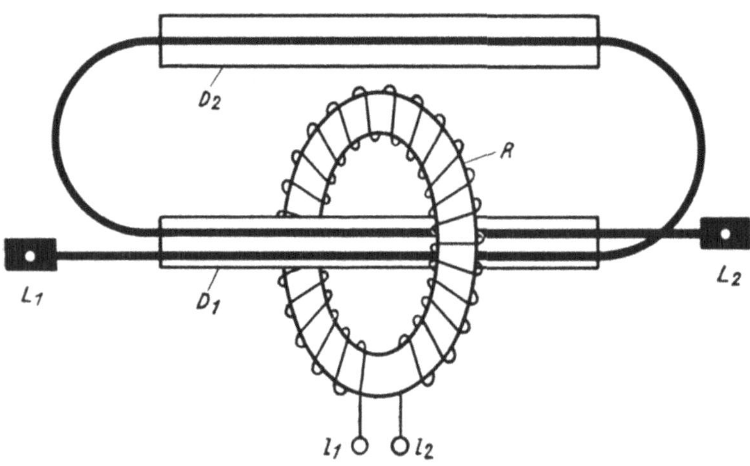

Bild 116. Schleifenwandler. Der Primärleiter L_1—L_2 geht in Schleifenform mehrmals durch den Ringkern R mit der Sekundärwicklung l_1—l_2 hindurch, so daß auch bei kleineren Stromstärken eine hinreichend große primäre Amperewindungszahl erzeugt wird. Für die Schleifenrückleitung ist ein zweiter Durchführungsisolator D_2 erforderlich.

Prinzip der Stab- und Schleifenwandler.

wicklung besteht aus mehreren elektrisch gleichwertigen Teilen, die durch eine am Kopf des Wandlers angebrachte Umschaltvorrichtung in Reihen-, Gruppen- oder Parallelschaltung verbunden werden können. Die Umschaltung auf die verschiedenen Nennströme erfolgt bei diesem Wandler nicht durch Stecker, sondern durch drehbare Kontaktstücke (vgl. Bild 114). Außer diesen Schaltstücken sind im Schaltkopf noch Parallelwiderstände $R_1 - R_4$ zur Verkleinerung des Fehlwinkels eingebaut. Der Wandler wird in 4 Größen mit den Nennströmen 1,25, 2,5, 5 Ampere, 5, 10, 20 Ampere, 25, 50, 100 Ampere und 125, 250, 500 Ampere hergestellt.

Der Fehlwinkel dieser Wandler beträgt nicht mehr als $\pm$ 5 Minuten. Der Übersetzungsfehler liegt in der Größenordnung von 0,1 bis 0,2% bei einer Nennleistung von 15 Voltampere. Genügen für eine Messung die Bedingungen der Klasse E, so kann der Wandler auch mit 30 Voltampere belastet werden.

Der Wandler wird als Topfwandler mit Masse-Isolierung und Porzellan-Isolator ausgeführt. Die Prüfspannung beträgt 44 kV. Der Wandler reicht also für Betriebsspannungen bis 15 kV aus.

e) Stabwandler.

Die Stabwandler wurden gebaut, um den Anforderungen der neuzeitlichen Kraftwerke an eine besonders hohe Kurzschlußfestigkeit zu entsprechen. Um dies zu erreichen, sind bei diesen Wandlern alle primären Stromschleifen vermieden worden, so daß die Primärwicklung lediglich aus einem geraden, im Zuge der Leitung eingebauten Kupferleiter besteht, der den gleichen Querschnitt wie die andere Leitung hat. Der Eisenkern eines derartigen Wandlers ist ebenfalls als Ring ausgebildet und mit einer gleichmäßig verteilten Sekundärwicklung versehen. Bild 115 zeigt die prinzipielle Anordnung. Um den Wandler gleichzeitig als Durchführung verwenden zu können, ist der Primärleiter von einem nach dem Kondensatorprinzip aufgebauten Durchführungsisolator aus Repelit umgeben. Auf diesem Isolator ist in der Mitte das Befestigungsschild für den Einbau des Wandlers angebracht, das gleichzeitig auch den Ringkern trägt. Es ergibt sich also die in Bild 117 dargestellte Bauform. Außer der Kurzschlußfestigkeit bietet diese Bauweise noch den Vorteil, daß man auf einem und demselben Primärleiter ohne weiteres mehrere Ringkerne anbringen kann. Dies ist besonders für den Anschluß von Relais wichtig, da diese

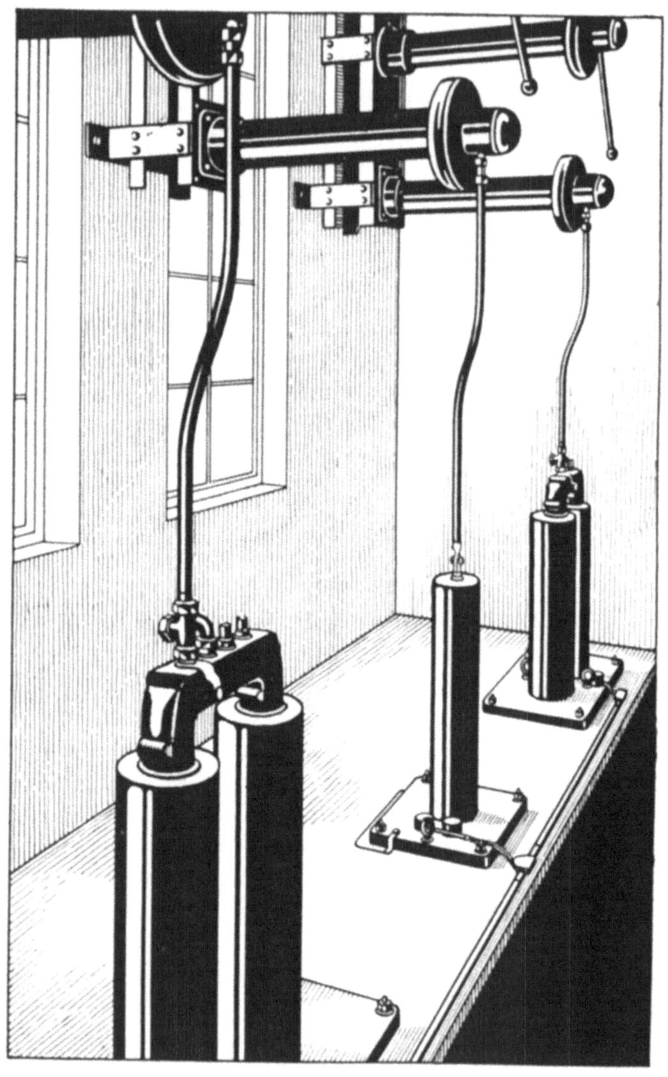

Bild 117. Einbau kurzschlußfester Stab- und Schleifenwandler in einer 100-kV-Anlage.

an den Wandler andere Anforderungen als die Meßinstrumente stellen.

Da die Stabwandler stets nur eine Primärwindung haben und die Abmessungen des Eisens nicht unbegrenzt vergrößert werden können, ergibt sich für den Nennstrom eine untere Grenze, unter der die genügende Sekundärleistung nicht mehr abgenommen werden kann. Bei den Wandlern für Leistungsmesser und Zähler beträgt der kleinstmögliche Nennstrom etwa 300 Ampere. Für Wandler der Klasse E ist die untere Grenze für den Nennstrom auf etwa 500 Ampere zu setzen.

Neuerdings werden auch tragbare Stabwandler hergestellt, die für mehrere Nennströme umschaltbar sind. Der Ringkern mit der Sekundärwicklung ist hierbei in ein Gehäuse mit Traggriff und Füßen derart eingebaut, daß der Primärleiter waagerecht liegt, also unmittelbar im Zuge der Meßleitung eingebaut werden kann. Da die Umschaltung nur durch Abzweigungen an der Sekundärwicklung erreicht werden kann, ist die Meßgenauigkeit dieser Wandler für die verschiedenen Nennströme auch verschieden groß. Der kleinere dieser Wandler ist für die Nennströme 500, 750, 1000 und 1500 Ampere umschaltbar. Die Nennleistung beträgt 15 Voltampere. Die Meßgenauigkeit entspricht bei den Nennströmen 500 und 750 Ampere der Klasse F, bei 1000 und 1500 Ampere der Klasse E. Die Prüfspannung beträgt 44 kV, so daß der Wandler für Betriebsspannungen bis 15 kV ausreicht. Der größere Wandler ist für die Nennströme 1500, 2000 und 3000 Ampere umschaltbar. Er wird ohne Primärleiter geliefert. Es ist nur ein Hartpapierrohr mit Messing-Innenrohr eingesetzt, durch das der jeweils als Primärwicklung benutzte Leiter hindurchgezogen wird. Die Nennleistung beträgt 15 Voltampere, die Meßgenauigkeit entspricht bei allen Nennströmen der Klasse E. Die Prüfspannung beträgt ebenfalls 44 kV.

f) Schleifenwandler.

Der Schleifenwandler ist aus dem Stabwandler dadurch entstanden, daß man die Primärwicklung zur Erhöhung der Amperewindungszahl in mehreren Windungen durch das Repelitrohr hindurchführte. Es ergibt sich demnach die in Bild 116 dargestellte prinzipielle Anordnung. Um den Wandler als Durchführungswandler geeignet zu machen, ist die andere Spulenseite der Primärwicklung ebenfalls durch ein Repelitrohr geführt. Bild 117 zeigt

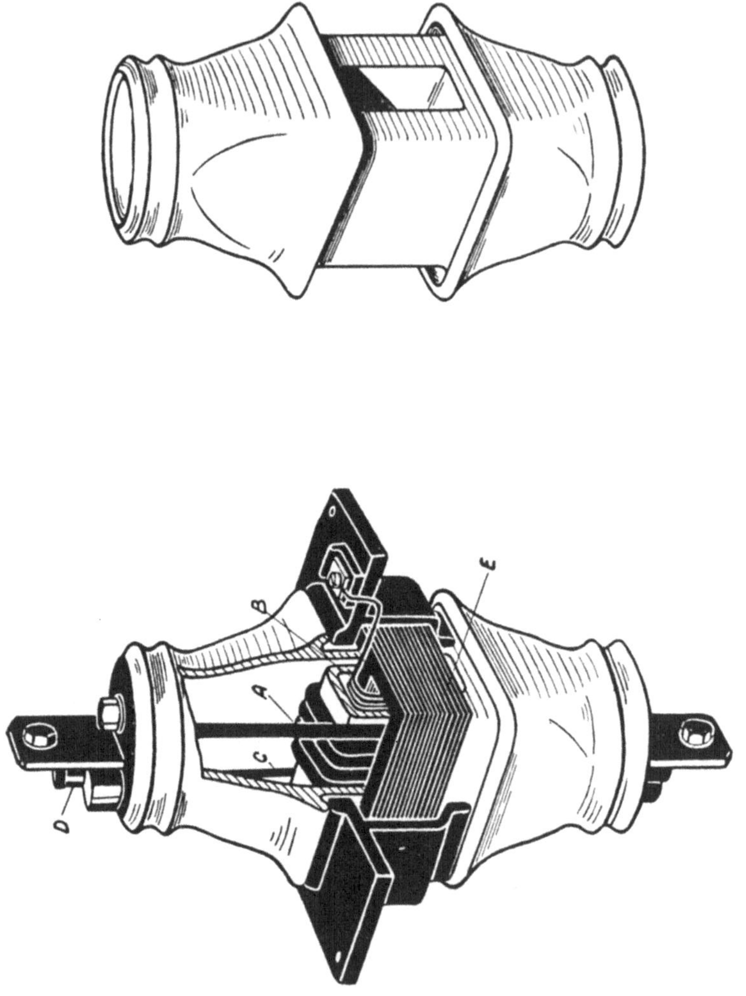

Bild 118 und 119. Porzellan-Querlochwandler, links teilweise aufgeschnitten, rechts Porzellankörper.

die äußere Ansicht eines solchen Schleifenwandlers. Es ist ohne weiteres klar, daß die durch diese Bauweise entstehende primäre Stromschleife die absolute Kurzschlußfestigkeit etwas herabsetzt, jedoch ist der erzielte Grad der Kurzschlußfestigkeit immerhin noch so groß, daß er praktisch vollkommen ausreicht. Um den Wandler gegen etwa auftretende Überspannungswellen zu schützen, ist ein Silitwiderstand vorgesehen, der die Wellen über das Metallrohr des freien Durchführungsisolators unmittelbar nach der anderen Klemme überleitet.

Die Schleifenwandler werden für Nennströme von 30 bis 600 Ampere ausgeführt und ergänzen somit den Meßbereich der Stabwandler nach unten.

Bild 117 zeigt den Einbau der Stab- und Schleifenwandler in eine Hochspannungsanlage.

g) Porzellan-Querlochwandler.

Bei den Querlochwandlern wird an Stelle des bei den Durchführungswandlern verwendeten teueren Repelitrohres ein eigenartig geformter Isolierkörper aus Porzellan benutzt, der gleichzeitig die Isolation der Primärwicklung gegen Erde und gegen die Sekundärwicklung bildet. Bild 119 zeigt diesen mit einem Querloch versehenen Porzellankörper. Die Anordnung der Wicklungen ist aus Bild 118, das einen teilweisen Schnitt durch den Wandler darstellt, ersichtlich. Die Primärwicklung A geht von der oberen Klemme des Wandlers aus, ist in mehreren Windungen um die äußere Wandung des Querlochrohres herumgeführt und geht dann zur unteren Primärklemme weiter. Die Sekundärwicklung B liegt innerhalb des Querlochrohres auf dem mittleren Schenkel des nach Art einer Manteltype ausgebildeten Eisenkernes E. Primär- und Sekundärwicklung liegen also konzentrisch über dem mittleren Steg des Jocheisens und sind elektrisch durch die Wandung des Querloches voneinander getrennt. Der Wandler besitzt daher die gleiche Isolierfestigkeit wie der Porzellankörper. Die Kurzschlußfestigkeit dieses Wandlers wird dadurch erreicht, daß die Enden der Primärwicklung oben und unten besonders gegen Herausreißen aus den Anschlußklemmen gesichert sind. Die kleinen Hohlräume zwischen den einzelnen Windungen werden mit Isolierlack ausgegossen. Außerdem werden alle Hohlräume zwischen der Primärwicklung und dem Isolierkörper mit Sand ausgefüllt, so daß auch

bei den stärksten Stromstößen jeder Schlag abgefangen wird. Um
ein Glimmen innerhalb des Wandlers zu verhüten, ist der Sand
mit Graphit durchsetzt, also elektrisch leitend gemacht. Der gra-
phitierte Sand hat annähernd das Potential der Primärwicklung,
so daß das ganze Spannungsgefälle voll vom Porzellan aufgenommen wird.

Durch die Verwendung des Wandlers als Durchführungswandler
ist es bedingt, daß die Anzahl der Primärleiter in den beiden
Fenstern des Manteleisens verschieden ist. Bild 120 zeigt die hier-

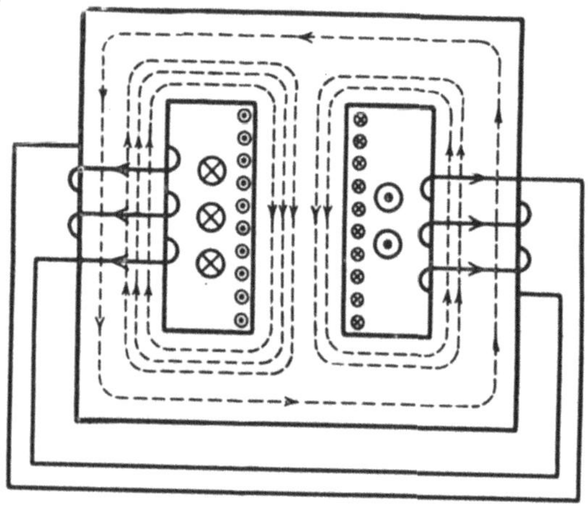

Bild 120. Wirkungsweise der Schubwicklung.

bei auftretenden Verhältnisse. Der von oben her kommende, in
die Bildfläche eintretende Primärleiter geht hierbei in zwei Windungen um den mittleren Steg des Eisenkörpers herum, tritt dann
wieder nach unten aus der Bildebene aus. Es muß daher in dem
linken Fenster stets ein Primärleiter mehr sein als in dem rechten
Fenster. Hierdurch entsteht aber eine magnetische Unsymmetrie,
die im Bilde durch die Anzahl der die Fenster umschließenden
Kraftlinien angedeutet ist. Hieraus ergibt sich für die Ab-
stimmung der Sekundärwicklung eine Unsicherheit, die ihre
genaue Abgleichung auf ein bestimmtes Übersetzungsverhältnis
unmöglich macht. Um diese Schwierigkeiten zu vermeiden, sind
die beiden äußeren Schenkel des Eisenkernes mit einer sogenannten

Schubwicklung versehen, die das magnetische Feld in eine Symmetrielage schiebt. Die beiden Wicklungen haben die gleiche Windungszahl und sind gegeneinander geschaltet. Da in dem linken Fenster eine größere Amperewindungszahl wirksam ist, überwiegt die in der linken Schubwicklung erzeugte Spannung. Es fließt daher ein Strom von dieser Wicklung nach der rechten Wicklung hinüber, durch den das auf der rechten Seite des Eisens vorhandene Feld verstärkt und das auf der linken Seite geschwächt wird, so daß auf beiden Seiten des Eisenkernes gleiche Induktion vorhanden ist.

Zum Schutze der Primärwicklung gegen Sprungwellen ist innerhalb des Porzellankörpers noch eine Verbindungsleitung C angeordnet (Bild 118). Diese Verbindungsleitung führt von der unteren Klemme unter Umgehung der Primärwicklung über einen Überbrückungswiderstand D aus Silit nach der oberen Klemme. Etwa auftretende Sprungwellen werden daher direkt von der unteren Klemme des Stromwandlers über die Leitung C und über das Silitrohr nach der oberen Klemme geleitet. Die thermische Festigkeit der Querlochwandler beträgt für die normalen Ausführungen etwa „therm. 80", d. h. die Wandler können den 80 fachen primären Nennstrom eine Sekunde lang tragen. Für die Fälle, in denen dies nicht ausreicht, können die Wandler auch für eine höhere thermische Festigkeit gebaut werden.

Die Querlochwandler werden für Nennströme von 5 bis 800 Ampere und für Prüfspannungen von 42 bis 100 kV als E- und F-Wandler in drei Größen ausgeführt. Die sekundäre Nennleistung beträgt bei den E-Wandlern für die Größe a 15, für b 30 und für c 60 Voltampere; bei den F-Wandlern für a 30, für b 60 und für c 120 Voltampere. Die größeren Typen können zum Anschluß von Relais noch einen besonderen 3%-Kern mit getrennter Sekundärwicklung (3%-Klasse) erhalten.

h) Stützerwandler.

Für sehr hohe Spannungen werden die als Topfwandler ausgeführten Stromwandler sehr groß und teuer, da der Aufwand für die Isolierung gegenüber dem Aufwand für den eigentlichen Wandler ganz unverhältnismäßig groß wird. Man geht daher in diesem Falle zu den sogenannten Stützerwandlern über. Bei diesen fällt der Topf des Wandlers ganz weg, dafür wird der sonst

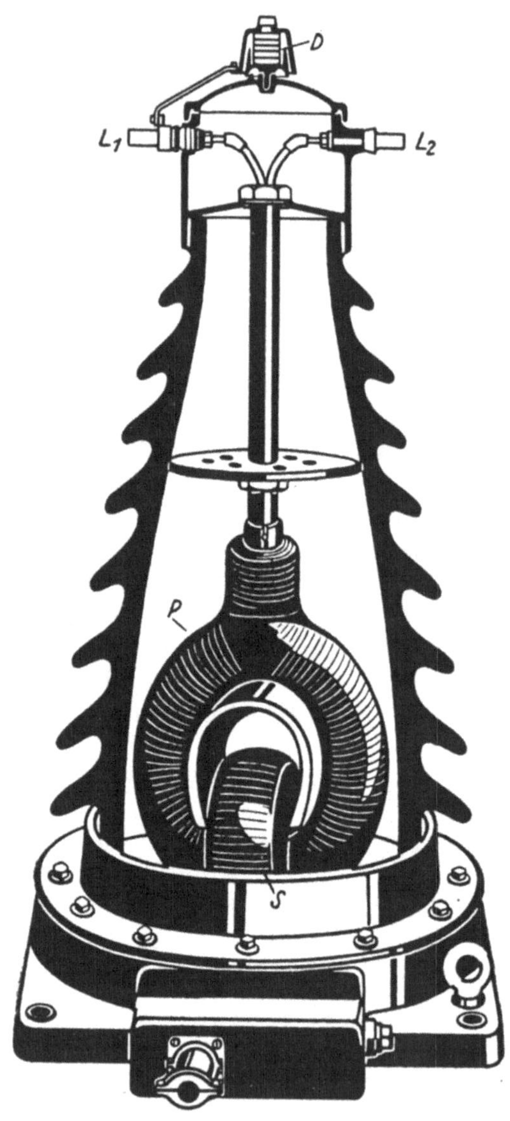

Bild 121. Schnitt durch einen Stützerwandler.
P ist die Primärwicklung, *S* die Sekundärwicklung.

für die Leitungsausführung aus dem Topf benutzte Isolator so
groß und dick gewählt, daß der ganze Körper des Wandlers in
ihm untergebracht werden kann. Der Wandler besteht also gewissermaßen nur noch aus einem großen, dicken Stützisolator.
Bild 121 zeigt einen derartigen Wandler im Schnitt. Der Trans-
formatorkörper ist hierbei wieder als Kreuzringwandler ausgeführt.
Der Eisenkern mit der Sekundärwicklung ist in dem gußeisernen
Sockel des Wandlers befestigt, während die als Ring ausgeführte
Primärwicklung oben im Isolator sitzt. Der Innenraum des Iso-
lators wird mit Öl gefüllt. Als oberer Abschluß ist auf dem Isolator eine runde Metallhaube angebracht, durch die die Anschlüsse
abgedeckt werden. Diese Haube dient gleichzeitig als Schutz
gegen Regen und Sprüherscheinungen. Die Wandler können daher
ohne weiteres auch im Freien benutzt werden.

3. Bauformen der Spannungswandler.

a) Allgemeines.

Die Spannungswandler werden meist als Schenkeltransforma-
toren mit einem oder zwei bewickelten Schenkeln ausgeführt. Die
magnetische Induktion wird im Gegensatz zu den Stromwandlern
hoch gewählt. Man kann im Durchschnitt mit etwa 10000 Kraftlinien pro cm² rechnen. Die Isolation wird bei mittleren Spannungen als Masse-, bei höheren Spannungen durchweg als Ölisolation ausgeführt. Da zwischen den beiden Enden der
Primärwicklung die volle Primärspannung liegt, werden die Wicklungsenden durch zwei getrennte Isolatoren aus dem Gehäuse
herausgeführt. Infolge dieser getrennten Ausführung der Wicklungsenden ist es bei den nach Art der Schalttafel-Spannungswandler gebauten Wandlern nicht möglich, mehrere Meßbereiche durch Umschaltung der Primärwicklung herzustellen,
da für mehr als zwei Durchführungsisolatoren kein Raum vorhanden ist. Es bleibt daher hierbei nur die sekundäre Umschaltung. Will man primär umschalten, so muß man zu der auf S. 123
beschriebenen Bauform der tragbaren Wandler übergehen. Über
die Vorteile und Nachteile der primären und der sekundären Umschaltung sei kurz folgendes gesagt:

Die Umschaltung auf der Primärseite bietet den Vorteil, daß
das Transformatoreisen bei allen Nennspannungen gleich gesättigt

wird. Das elektrische Verhalten des Spannungswandlers wird demgemäß durch die primäre Umschaltung in keiner Weise geändert. Die sekundäre Umschaltung hat dagegen den Vorzug, daß sie sich in einfacher Weise und mit geringen Kosten ausführen läßt. Allerdings muß hierbei in Kauf genommen werden, daß die Leistung für die durch die sekundäre Umschaltung gewonnenen kleineren Nennspannungen erheblich niedriger ist. Die sekundäre Umschaltung ist daher nur für Spannungswandler mit verhältnismäßig großer Leistung zulässig.

b) Schalttafel-Spannungswandler.

Da die Leistungsmessungen meist mit einer bestimmten Nennspannung ausgeführt werden, kommt man für die Messung der Spannung fast stets mit Schalttafelwandlern mit einer Nenn-

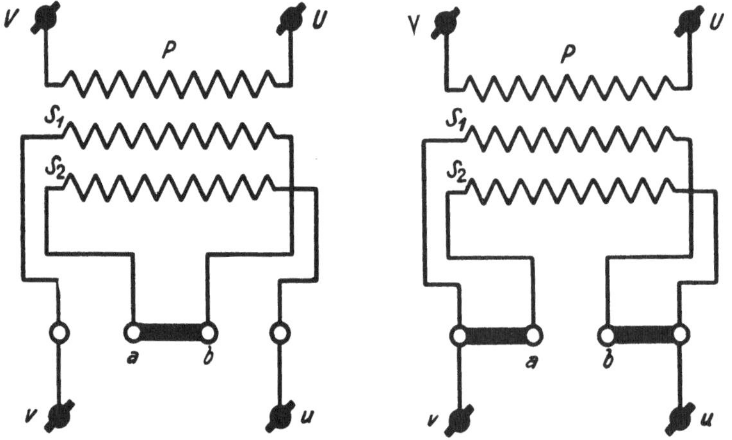

Bild 122 und 123. Umschaltung eines Spannungswandlers auf der Sekundärseite; links niedere, rechts hohe Nennspannung.

spannung aus. Je nach der für die Messung erforderlichen Genauigkeit verwendet man Wandler der Klasse F oder E. Um die Schalttafelwandler leicht transportabel zu machen, werden sie für ambulante Messungen mit besonderen Traggriffen versehen. Für mittlere Spannungen baut S. & H. die Spannungswandler als Schenkeltype mit stoßfugenfreiem Eisenkern, während man für höhere Spannungen entsprechend den Bauformen der Leistungstransformatoren Stoßfugen zuläßt. Die schwach isolierte Sekundärwicklung liegt stets unmittelbar auf dem Eisenkern, während die hochisolierte, mehrfach unterteilte Primärwicklung darüber liegt. Bei den Wandlern mit geschlossenen Eisenkernen werden die Wicklungen mittels Spezialmaschinen aufgebracht, die auch hierbei ein fortlaufendes Aufwickeln des Drahtes ermöglichen. Bei den Wandlern für höhere Spannungen wird die Primärwicklung als Scheibenwicklung in besonderen Spulenkästen ausgeführt. Zum Schutze gegen Sprungwellen sind hierbei die Eingangswindungen besonders stark isoliert.

Sollen die Schalttafelwandler mit zwei Nennspannungen im Verhältnis 1:2 ausgeführt werden, so bleibt nach dem auf S. 121 Gesagten nur die Umschaltung auf der Sekundärseite. Die Sekundärwicklung wird hierbei in zwei Teile geteilt, von denen jeder die volle Windungszahl, aber nur den halben Querschnitt der normalen Sekundärwicklung hat. Die vier Wicklungsenden sind zu vier Sekundärklemmen herausgeführt, die je nach der gewünschten Schaltung durch Laschen verbunden werden (s. Bild 122 und 123). Bei der niedrigen Nennspannung werden die beiden Teile der Sekundärwicklung in Reihen-, bei der hohen Nennspannung in Parallelschaltung verbunden. Infolge der bei der Reihenschaltung auftretenden großen Verluste ist die Nennleistung für die kleinere Nennspannung wesentlich kleiner. Sie beträgt etwa die Hälfte bis ein Drittel der Leistung der höheren Nennspannung.

c) Tragbarer Spannungswandler für zwei Nennspannungen.

Dieser Wandler ist zur Benutzung mit dem auf S. 107 beschriebenen kleinen Durchsteckwandler für Spannungen bis 600 Volt bestimmt. Sein Gehäuse hat daher auch die gleichen Abmessungen wie dieser. Der Eisenkern des Wandlers ist als Schenkelkern mit zwei bewickelten Schenkeln ausgeführt. Die Primärwicklung ist in zwei gleiche Teile unterteilt, von denen jeder die Hälfte der für die höchste Nennspannung erforderlichen Windungszahl besitzt. Die beiden Wicklungsteile werden durch einen auf dem Gehäuse angebrachten Umschalter entweder parallel oder in Reihe geschaltet. Bei Parallelschaltung beträgt die Nennspannung 250, bei Reihenschaltung 500 Volt. Die Wicklungen können um 20% überlastet werden, so daß der Wandler auch für Spannungen bis 600 Volt ausreicht. Die sekundäre Nennspannung beträgt normal 100 Volt, bei Überlastung des Wandlers auf 600 Volt

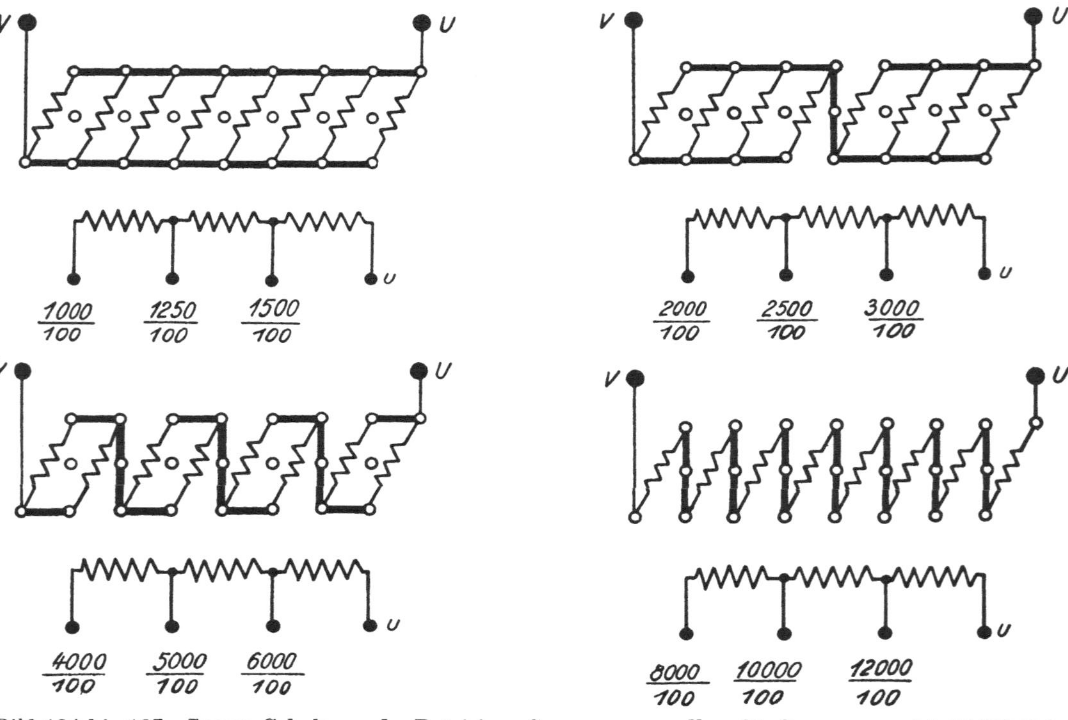

Bild 124 bis 127. Innere Schaltung des Präzisions-Spannungswandlers für Spannungen bis 12 000 Volt. Umschaltung auf der Primärseite, Sekundärwicklung mit Abzweigungen.

120 Volt. Die Meßgenauigkeit entspricht der Klasse F bei 50 Perioden und einer sekundären Belastung von 15 Voltampere. Die Prüfspannung beträgt 2 kV.

d) Vielfach umschaltbare Spannungswandler.

Bei den vielfach umschaltbaren Spannungswandlern erfolgt die Umschaltung teils durch Unterteilung der Primärwicklung und teils durch sekundäre Zusatzwicklungen. Die Bilder 124 bis 127 zeigen die Innenschaltung eines solchen Wandlers für 10 primäre Nennspannungen von 1000 bis 12000 Volt. Die Primärwicklung besteht hierbei aus 8 elektrisch gleichwertigen Wicklungsgruppen, die bei der Umschaltung in Parallel-, Gruppen- oder Reihenschaltung verbunden werden. Die hierzu erforderlichen Umschaltungen werden durch kleine Schalthebel vorgenommen, die auf der Marmorplatte des Wandlers angeordnet sind. Die Schaltung ist so ausgeführt, daß auch bei unrichtiger Stellung der Kontakthebel kein Kurzschließen einzelner Spulengruppen vorkommen kann. Bei den gezeichneten vier Grundschaltungen ergeben sich die vier Nennspannungen 1500, 3000, 6000 und 12000 Volt. Um eine noch weitergehende Unterteilung der Nennspannung zu erreichen, ist die Sekundärwicklung mit zwei Zusatzwicklungen versehen, deren Enden zu besonderen Klemmen herausgeführt sind. Durch diese Zusatzwicklungen wird die sekundäre Nennspannung auch dann noch auf 100 Volt gebracht, wenn die an der Primärseite liegende Spannung um $16^2/_3$ oder 33% niedriger ist als die der jeweiligen Schaltung der Primärspulen entsprechende Nennspannung. In den Bildern ist an den Sekundärklemmen stets die Übersetzung angegeben, die der jeweiligen Primärschaltung und der benutzten sekundären Abzweigung entspricht.

Die Meßgenauigkeit entspricht bei allen Schaltstufen der Klasse E. Die Nennleistung beträgt im ungünstigsten Falle, also bei Benutzung beider sekundären Zusatzwicklungen, 30 Voltampere, bei den anderen Schaltstufen entsprechend mehr.

e) Kaskaden-Spannungswandler.

Für hohe Spannungen werden die Spannungswandler der üblichen Bauart sehr teuer und groß, da die Isolation der Wicklungen und ihre Anschlüsse für die volle Betriebsspannung bemessen sein müssen. Da der Preis der Wandler annähernd mit dem Quadrate der Spannung anwächst, ist die Anwendung normaler Spannungswandler für sehr hohe Spannungen begrenzt. Um eine billigere Meßmöglichkeit zu bieten, wird neuerdings für Höchstspannungen eine besondere Wandlertype, der Kaskaden-Spannungswandler, gebaut.

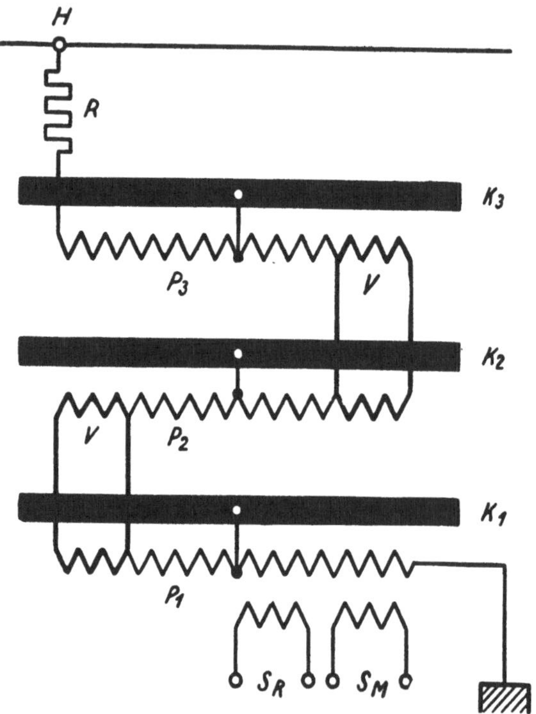

Bild 128. Innere Schaltung des Kaskaden-Spannungswandlers.

Die Kaskadenwandler sind nach dem Prinzip der Kettenisolatoren ausgeführt, d. h. die Spannung wird bei ihnen gleichmäßig auf eine Reihe hintereinander geschalteter Glieder verteilt. Das obere Glied liegt an der Hochspannung, das unterste an Erde. Bild 128 zeigt die Schaltung. Die in Reihe geschalteten Wicklungen P_1, P_2, P_3 sind auf drei elektrisch voneinander isolierten Eisenkernen K_1, K_2, K_3 aufgebracht. Die Mittelpunkte der Hochspannungswicklungen sind mit den Eisenkernen elektrisch ver-

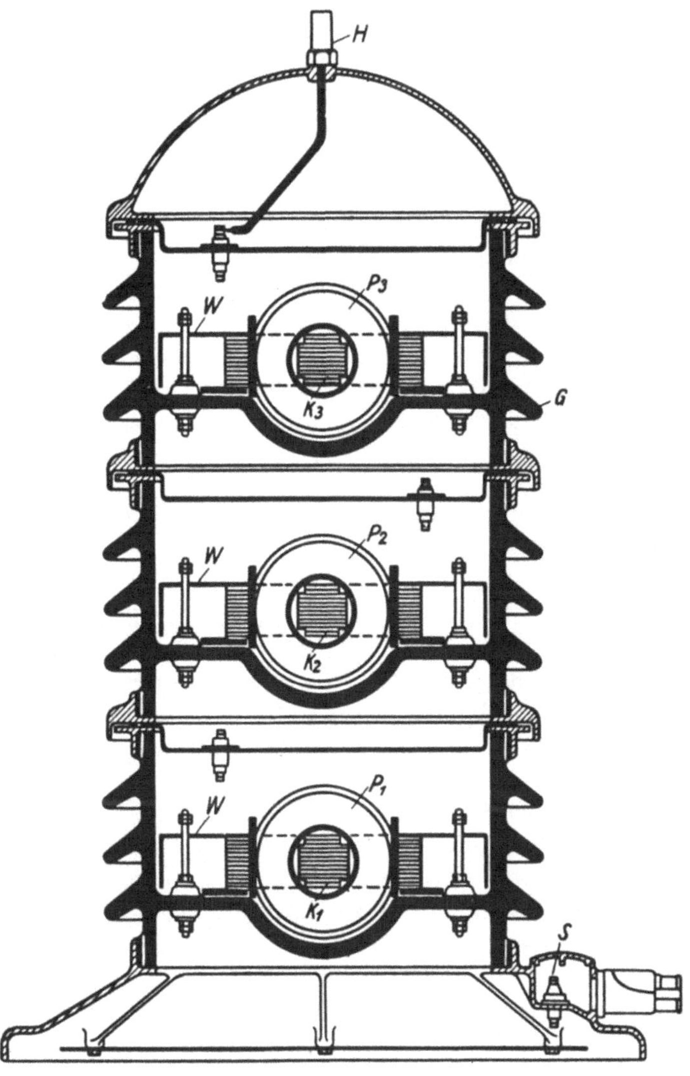

Bild 129. Schnitt durch einen Kaskaden-Spannungswandler.

bunden, so daß zwischen dem Eisenkern und der zugehörigen Primärwicklung nur die Hälfte der in einem Glied auftretenden Hochspannung wirksam ist. Die Isolation zwischen Kern und Wicklung braucht daher auch nur für die halbe Spannung eines Gliedes bemessen zu sein. Zwischen den einzelnen Kernen tritt dagegen die volle Spannung eines Gliedes auf, im vorliegenden Falle der dritte Teil der zu messenden Hochspannung.

Der untere Kern K_1 trägt außer der Primärwicklung P_1 noch zwei Sekundärwicklungen S_M und S_R, die zum Anschluß von Meßinstrumenten und Relais bestimmt sind. Um auch bei der sekundären Belastung des unteren Kernes eine gleiche Verteilung der Spannung auf die drei in Reihe geschalteten Kerne zu erreichen, sind auf den Kernen noch die Kupplungsspulen V angebracht, durch die die Kerne magnetisch verkettet werden. Es sind stets zwei Kupplungswicklungen gegeneinander geschaltet, so daß der schwächer magnetisierte Kern von dem stärker magnetisierten selbsttätig nacherregt wird. Es tritt also in allen Kernen der gleiche Kraftfluß und somit die gleiche Spannung auf. Zur Erzielung eines günstigen Streufeldes zwischen Primär- und Kupplungswicklung sind zwischen den Eisenkernen und den Wicklungen außerdem noch geschlitzte Zylinder aus Kupfer angebracht, die als Ausgleichswicklungen dienen. Zum Schutze des Wandlers gegen Sprungwellen sind die ersten 200 Windungen der obersten Hochspannungswicklung (P_3) mit verstärkter Isolation versehen. Außerdem liegt vor dem Hochspannungsanschluß noch der Dämpfungswiderstand R_3.

Bild 129 zeigt einen Schnitt durch einen dreigliedrigen Kaskadenwandler für 100 Kilovolt. Die einzelnen Glieder sind in runden Porzellanrillengefäßen untergebracht, die mit Kabelvergußmasse ausgegossen sind. Sie werden durch Eisenringe miteinander verbunden. Das unterste Glied, das an Erde liegt, ruht auf einem gußeisernen Sockel. Das oberste Glied trägt eine Gußhaube in Halbkugelform als Regen- und Sprühschutz. Für 220 Kilovolt wird der Wandler mit sechs Gliedern ausgeführt.

Die Kaskadenwandler können überall dort verwendet werden, wo man sonst normale einphasig geerdete Spannungswandler benutzt. Bei Drehstrom werden die Kaskadenwandler bei Sternschaltung mit geerdetem Nullpunkt verwendet. Sie sind für Innenräume und für Freiluft-Schaltanlagen geeignet.

G. Stromumschalter und -abschalter.

Bei der Ausführung der Messungen ist es oft wünschenswert, die Meßinstrumente ohne Unterbrechung des Stromes aus der Schaltung herauszunehmen oder aus einer Leitung in eine andere hinüberzunehmen. Um dies in einfachster Weise und in kürzester Zeit ausführen zu können, verwendet man in solchen Fällen Spezialschalter.

1. Stromumschalter.

Die Stromumschalter sind zweipolige Umschalter, die mit einer selbsttätigen Kurzschlußvorrichtung versehen sind. Durch diese Kurzschlußvorrichtung werden die nebeneinander liegenden Schalterkontakte beim Herausnehmen der Schaltmesser kurzgeschlossen und beim Einlegen getrennt. Bild 130 zeigt einen derartigen Schalter für 10 Ampere und 750 Volt. Die Kurzschlußvorrichtung besteht hierbei aus einem segmentförmigen, zwischen zwei Hilfskontakten gelagerten Schaltstück, das durch einen Mitnehmerstift des Schaltmessers betätigt wird. Da die Hilfskontakte die gleichen Abmessungen haben wie die Hauptkontakte, kann die Kurzschlußvorrichtung dauernd den vollen Nennstrom des Umschalters tragen. Bild 132 zeigt die prinzipielle Schaltung des Stromumschalters. Das Meßinstrument kann hierbei wahlweise in die obere und in die untere Leitung eingeschaltet werden, ohne daß der Strom in diesen Leitungen unterbrochen wird. In der Mittelstellung des Schalters sind beide Leitungen durch die Kurzschlußvorrichtung geschlossen, und das Meßinstrument ist abgeschaltet. Bild 134 zeigt die normale Verwendung des Schalters in Verbindung mit Stromwandlern. Hierbei werden die Sekundärwicklungen der Stromwandler beim Herausnehmen des Instrumentes selbsttätig kurzgeschlossen, so daß das gefährliche Öffnen der Sekundärwicklungen (vgl. S. 144) in jedem Falle sicher vermieden wird. Die Stromumschalter sind daher bei Abnahmeprüfungen, bei denen die Meßinstrumente nicht dauernd eingeschaltet sein sollen, unentbehrlich.

Bild 133 zeigt noch eine weitere Verwendungsmöglichkeit des Umschalters als Stromwender. Die Wendung des Instrumentstromes geschieht auch hier ohne Stromunterbrechung. In der Mittelstellung des Schalters ist das Meßgerät vollständig abgetrennt.

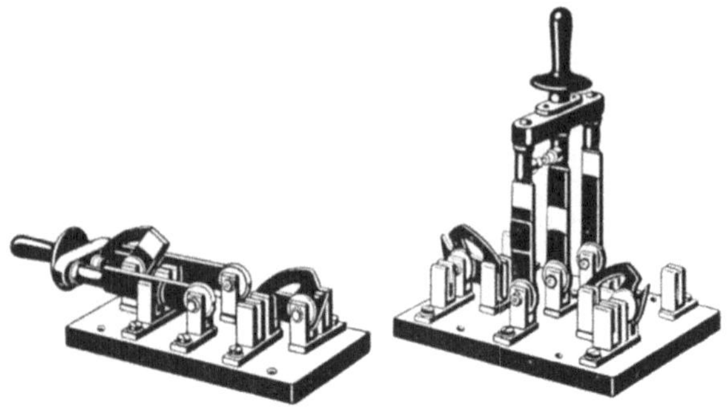

Bild 130 und 131.   Stromumschalter; links zweipolige,
rechts dreipolige Ausführung.

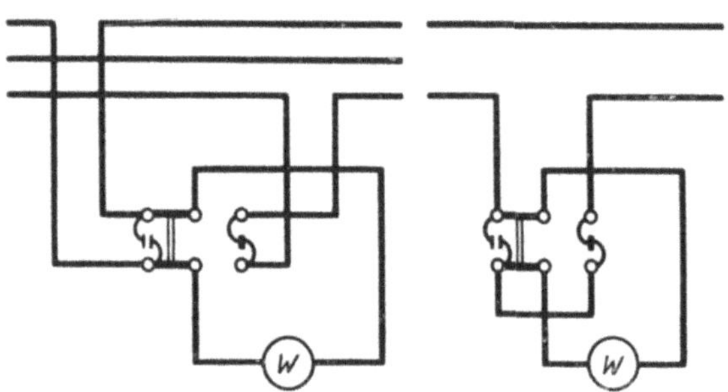

Bild 132. Prinzipschaltung
des Stromumschalters.

Bild 133. Stromumschalter
als Stromwender.

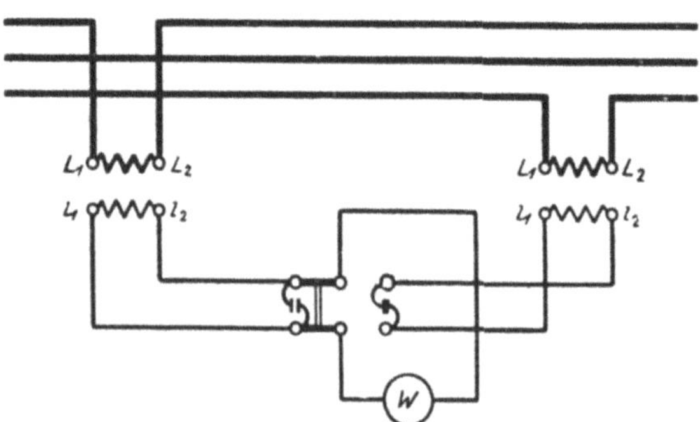

Bild 134.   Stromumschalter auf der Sekundärseite von
Stromwandlern.

Außer der normalen zweipoligen Ausführung wird noch ein dreipoliger Umschalter zum Anschluß von Leistungsmessern an Strom- und Spannungswandler hergestellt, vgl. Bild 131. Der dritte Pol des Schalters dient hierbei zur gleichzeitigen Umschaltung einer Spannungsmeßleitung auf einen anderen Netzpol. Da in der Mittelstellung des Schalters auch die Spannungsleitungen abgetrennt werden, ist der angeschlossene Leistungsmesser in dieser Stellung strom- und spannungslos.

2. Stromabschalter.

Die Stromabschalter besitzen die gleiche selbsttätige Kurzschlußvorrichtung wie die Stromumschalter. Sie werden dann verwendet, wenn die Meßgeräte nicht umgeschaltet zu werden brauchen und man lediglich eine Abschaltung vorzunehmen wünscht. Die Schaltung geht ohne weiteres aus den Schaltungen auf S. 130 hervor. Um die angeschlossenen Leistungsmesser strom- und spannungslos zu machen, müssen hierbei noch besondere Spannungsabschalter verwendet werden. Gegebenenfalls können die Spannungsleitungen auch durch Herausnehmen der auf der Sekundärseite der Spannungswandler angebrachten Sicherungen abgetrennt werden.

H. Allgemeine Gesichtspunkte für die Ausführung der Messungen.

1. Scheinleistung, Wirkleistung, Blindleistung.

Während die Leistung bei Gleichstrom durch das Produkt aus Strom und Spannung eindeutig bestimmt ist, gibt dieses Produkt bei Wechselstrom nur eine scheinbare Leistung, die Scheinleistung, an.

$$N_s = E \cdot J.$$

Diese Scheinleistung wird in Voltampere gemessen. Es ist dies die Leistung, die man nach der vorhandenen Größe der Spannung E und des Stromes J zunächst vermuten würde. Zahlenmäßig stellt dieser Wert den Höchstwert der Leistung dar, die mit der gegebenen Spannung und dem gegebenen Strom erreicht werden kann. Die tatsächlich zur Wirkung kommende Leistung, die Wirkleistung, ist indessen meist erheblich kleiner. Sie wird

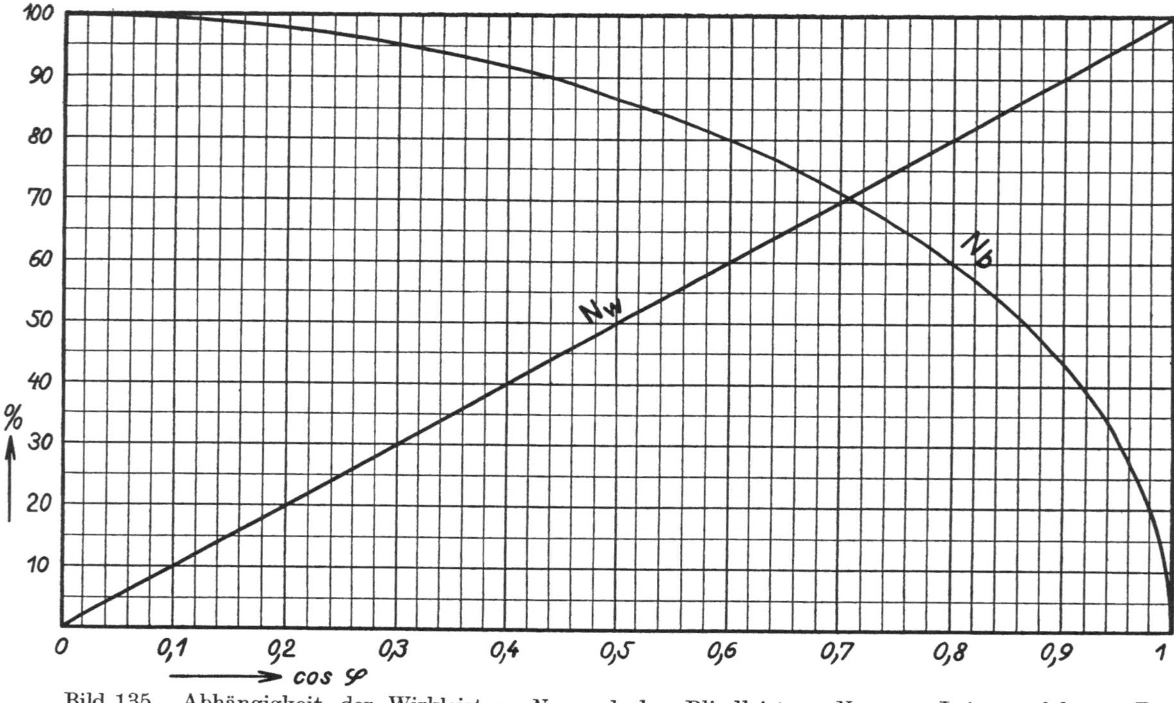

Bild 135. Abhängigkeit der Wirkleistung N_w und der Blindleistung N_b vom Leistungsfaktor. Der Ordinatenwert 100 % ist gleich der Scheinleistung N_s.

erst durch einen dritten Faktor, den Leistungsfaktor $\cos \varphi$, bestimmt. Die Wirkleistung ist demnach

$$N = E \cdot J \cdot \cos \varphi.$$

Die Wirkleistung wird in Watt gemessen und daher oftmals auch als Wattleistung bezeichnet. Erreicht der Leistungsfaktor seinen Höchstwert 1, so wird die Wirkleistung gleich der Scheinleistung. Aus den Formeln für die Scheinleistung und die Wirkleistung ergibt sich die Definition des Leistungsfaktors als das Verhältnis von Wirkleistung zu Scheinleistung

$$\cos \varphi = \frac{N}{N_s} = \frac{N}{E \cdot J}.$$

Der Leistungsfaktor kann demgemäß ohne weiteres berechnet werden, wenn man aus einer Messungsreihe die Größen von Wirkleistung, Strom und Spannung kennt. Er kann auch mittels der Leistungsfaktormesser direkt gemessen werden.

Die Größe des Leistungsfaktors hängt ab von der Größe der Magnetisierungsströme, die zur Erzeugung der Magnetfelder in den Induktionsmotoren und Transformatoren benötigt werden. Diese Ströme sind ihrer Natur nach wattlos, d. h. sie stellen keinen Energiewert dar. Sie werden daher als wattlose oder Blindströme bezeichnet. Diese Blindströme haben den schwerwiegenden Nachteil, daß sie den in den Leitungen fließenden Strom nutzlos vergrößern und damit die durch die Leitungen übertragbare Wirkleistung verkleinern. Das Produkt aus dem Blindstrom $J \cdot \sin \varphi$ und der Spannung E bezeichnet man als Blindleistung

$$N_b = E \cdot J \cdot \sin \varphi.$$

Die Messung der Blindleistung hat erst in letzter Zeit durch die Tarifpolitik der Elektrizitätswerke, die darauf hinausläuft, den Konsumenten mit den durch den Blindstrom verursachten Kosten zu belasten, an Bedeutung gewonnen.

Um einen raschen Überblick darüber zu geben, wie sich die Wirkleistung und die Blindleistung bei den verschiedenen Leistungsfaktoren ändern, sind diese Größen auf dem Kurvenbild auf S. 132 als Funktion des Leistungsfaktors aufgetragen. Da der Höchstwert der Wirkleistung gleich der Scheinleistung ist, ergibt der Ordinatenwert 100% gleichzeitig die Scheinleistung. Man kann daher aus dem Kurvenbild für jeden Leistungsfaktor die Scheinleistung, die Wirkleistung und die Blindleistung entnehmen.

2. Richtungssinn der Leistung.

Bei der Ausführung einer Messung muß man stets beachten, daß die Leistung eine Richtungsgröße ist. Dies leuchtet ohne weiteres ein, wenn man bedenkt, daß sowohl der Strom als auch die Spannung einen bestimmten Richtungssinn, also ein bestimmtes Vorzeichen haben. Je nach der Art dieser Vorzeichen wird das Produkt, also die Leistung, positiv oder negativ sein. Ist die Polarität, also die Richtung der Spannung zwischen zwei Leitungen gegeben, so ist dadurch die Richtung des Stromes noch nicht bestimmt. Diese hängt vielmehr davon ab, in welcher Richtung die Energie durch die Leitung übertragen wird. Man muß demgemäß bei einer Leistungsmessung außer der Polarität stets noch die Richtung der Energieübertragung berücksichtigen.

Die hierbei auftretenden Verhältnisse lassen sich am leichtesten bei Gleichstrom übersehen. Besteht zwischen zwei Leitungen eine Spannung, derart, daß die obere Leitung positiv ist, so kann der Strom in dieser Leitung entweder von links nach rechts oder von rechts nach links fließen (Bild 136 und 137). Fließt der Strom in der +Leitung von links nach rechts, so wird auch die Leistung von links nach rechts übertragen. Der Stromerzeuger liegt in diesem Falle also auf der linken Seite. Die Stromerzeugerseite ist hierbei dadurch charakterisiert, daß der Strom im Stromerzeuger in der Richtung der induzierten Spannung fließt. Das Vorzeichen der Leistung wird in diesem Falle positiv gerechnet. Fließt der Strom in der +Leitung von rechts nach links, so kehrt auch die Leistung N ihre Richtung um, wird also negativ. In diesem Falle liegt auf der linken Seite ein Stromverbraucher.

Schaltet man zur Messung der Leistung in die Leitung einen Wirk-Leistungsmesser ein (vgl. Bild 138), so wird dieser einen Zeigerausschlag nach der einen oder nach der anderen Seite geben, je nachdem ob die Leistung in der einen oder anderen Richtung übertragen wird. Damit man aus der Ausschlagsrichtung des Zeigers ohne weiteres erkennen kann, in welcher Richtung die Leistung übertragen wird, sind die Leistungsmesser von S. & H. alle gleichartig gepolt. Die Polung ist derart, daß der Zeigerausschlag von links nach rechts erfolgt, wenn die Leistung von links nach rechts übertragen wird. Die Ausschlagsrichtung des Zeigers gibt also ohne weiteres die Leistungsrichtung an. Bei dieser Polung ist stets vorausgesetzt, daß der Spannungswender in der Normalstellung steht (vgl. Schaltregel 2 auf S. 139).

Die vorbeschriebenen Richtungsverhältnisse gelten ohne weiteres auch für die Wirkleistung eines Wechselstromes, da die zwischen Strom und Spannung auftretende Phasenverschiebung

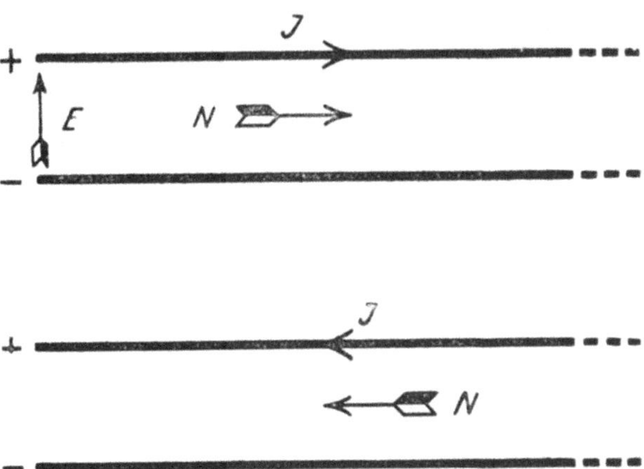

Bild 136 u. 137. Abhängigkeit der Stromrichtung von der Energierichtung.

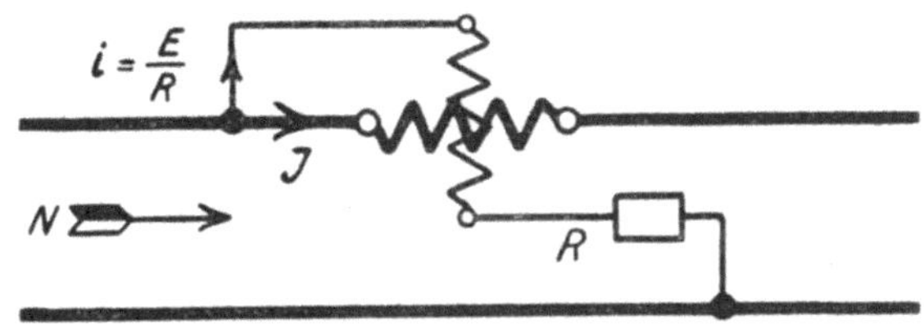

Bild 138. Prinzipschaltung eines Leistungsmessers. Die eingezeichneten Strom- und Spannungspfeile entsprechen der Schaltregel 2 auf S. 139. Die Leistungsrichtung entspricht der allgemeinen Voraussetzung für Schaltbilder, daß der Generator links liegt.

den Richtungssinn der Leistung nicht verändert. Dies wird ohne weiteres klar, wenn man das Diagramm Bild 139 verfolgt. Die obere Hälfte des Diagramms gilt für die Stromerzeugerseite, auf der der Strom in der Richtung der wirkenden Spannung fließt. Es ist hierbei ganz gleichgültig, ob die Phasenverschiebung zwischen Strom und Spannung induktiv oder kapazitiv ist. In

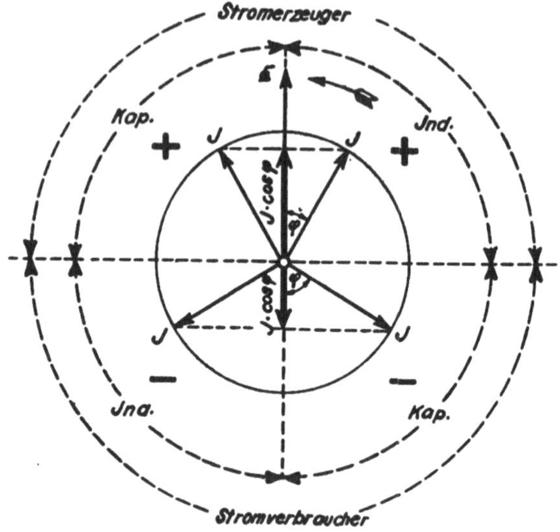

Bild 139. Richtungsverhältnisse der Wirkleistung.

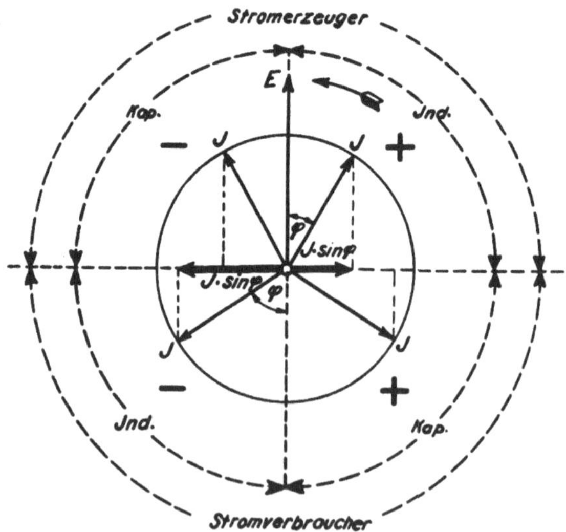

Bild 140. Richtungsverhältnisse der Blindleistung.

jedem Falle wird die Projektion des Stromvektors $J \cdot \cos \varphi$ in die Richtung der Spannung fallen. Durch die Phasenverschiebung wird lediglich die Größe der Projektion $J \cdot \cos \varphi$ und damit die Größe der Wirkleistung geändert. Diese erreicht ihren Höchstwert, wenn φ gleich Null ist und wird gleich Null, wenn φ den Wert $90°$ erreicht. Wird φ größer als $90°$, so wird die Projektion $J \cdot \cos \varphi$ negativ, d. h. es wird von außen Energie zugeführt. Man kommt damit auf die untere Hälfte des Diagramms, die dem Stromverbraucher entspricht. Der linke untere Quadrant entspricht dann einer induktiven, der rechte einer kapazitiven Phasenverschiebung.

Bei der Blindleistung ergibt sich im Gegensatz zur Wirkleistung zwischen induktiver und kapazitiver Phasenverschiebung ein Richtungswechsel. Bei induktiver Phasenverschiebung liegt die Projektion $J \cdot \sin \varphi$ auf der rechten positiven Seite des Diagramms, bei kapazitiver Phasenverschiebung auf der linken negativen Seite (Bild 140). Die Messung der Blindleistung ergibt insofern Schwierigkeiten, als ein normaler Leistungsmesser bei $90°$ Phasenverschiebung keinen Ausschlag mehr gibt. Um die Messung der um $90°$ verschobenen Stromkomponenten $J \cdot \sin \varphi$ zu ermöglichen, muß man daher den Strom in der Spannungswicklung des Leistungsmessers um $90°$ gegenüber der wirksamen Spannung verschieben. Dann gibt der Spannungsstrom J_e mit der Komponenten $J \cdot \sin \varphi$ seinen Höchstwert, wenn $\varphi = 90°$ ist und geht auf Null herab, wenn $\varphi =$ Null wird. Beim Übergang auf die kapazitive Seite kehrt der Zeiger des Leistungsmessers seine Ausschlagsrichtung um, d. h. die Blindleistung wird negativ. Wird φ größer als $90°$, so kommt man analog zu dem für die Wirkleistung entwickelten Diagramm auf die Stromverbraucherseite. Im linken unteren Quadranten ist die Blindleistung negativ und die Phasenverschiebung induktiv, im rechten unteren Quadranten ist die Blindleistung positiv und die Phasenverschiebung kapazitiv.

3. Direkte Leistungsmessungen.

Je nach der Art der Schaltung unterscheidet man direkte, halbindirekte und indirekte Leistungsmessungen.

Bei der direkten Messung liegen die Meßinstrumente direkt im Stromkreis oder an der zu messenden Spannung. Man verwendet für diese Messungen in erster Linie die elektrodynamischen Präzisionsinstrumente der Laboratoriumstype, die auf S. 11 beschrieben sind. Mit dieser Instrumenttype können Messungen mit Stromstärken bis zu 50 Ampere ausgeführt werden. Für die Spannung gibt es praktisch keine obere Grenze, da die Instrumente dieser Type meist mit einem statischen Schutz versehen sind, wodurch die bei höheren Spannungen auftretenden Störungen durch elektrische Ladungserscheinungen vermieden werden. Die normalen Ausführungen sehen Widerstände für Spannungen bis zu 3000 Volt vor. Darüber hinaus wird man schon wegen der Gefahren bei der direkten Hochspannungsmessung kaum gehen, wenn nicht besondere Gründe, wie z. B. das Auftreten von erheblichen Gleichstromkomponenten in der Strom- oder Spannungskurve (bei Messungen an Lichtbogenöfen), die Verwendung von Meßwandlern nicht ratsam erscheinen lassen.

4. Halbindirekte Leistungsmessungen.

Für mittlere Spannungen — bis etwa 600 Volt — ist es oft vorteilhaft, den Strom indirekt und die Spannung direkt zu messen. Bei der indirekten Strommessung liegen die Meßinstrumente auf der Sekundärseite von Stromwandlern. Die Stromwandler dienen dann als Meßbereichwähler und ermöglichen es, die für 5 Ampere gebauten Instrumente der Prüffeldtype und der Z-Type für alle Strommeßbereiche in ähnlicher Weise zu benutzen, wie dies bei Gleichstrom durch Verwendung eines Instrumentes mit einer Reihe von äußeren Nebenwiderständen geschieht. Die Spannungen werden bei dieser Schaltung ebenso wie bei der direkten Messung unter Benutzung äußerer Vorwiderstände gemessen. Um Potentialdifferenzen zwischen der Feldspule und der Spannungsspule des Leistungsmessers zu vermeiden, ist es bei einer derartigen Schaltung stets erforderlich, die Primär- und die Sekundärwicklung des Stromwandlers kurz zu verbinden. Hierdurch erhalten die Instrumente das Potential der Primärleitung; es sind daher die gleichen Vorsichtsmaßregeln zu beachten wie bei der direkten Messung.

Die direkte Messung des Stromes und die indirekte Messung der Spannung kommt nur für Messungen mit besonders kleinen Leistungsfaktoren in Frage, da hierbei die Verwendung von Stromwandlern nicht angängig ist (vgl. S. 232). Bei Hochspannung bietet eine derartige Schaltung den Vorteil, daß der Eigenverbrauch der Spannungskreise durch die Verwendung von Spannungswandlern wesentlich kleiner wird als bei Vorwiderständen. Um Potentialdifferenzen in den Meßinstrumenten zu vermeiden, muß man jedoch in jedem Falle die Primär- und Sekundärwicklung des Spannungswandlers kurz verbinden, so daß die Sekundärwicklung und die Meßinstrumente das Potential der Hochspannungsleitung bekommen.

5. Indirekte Leistungsmessungen.

Bei der indirekten Messung werden Strom- und Spannungswandler benutzt. Die Meßinstrumente liegen hierbei durchweg auf der Sekundärseite der Meßwandler und müssen daher für einen Nennstrom 5 Ampere und eine Nennspannung 100 Volt ausreichen. Man benutzt hierzu zweckmäßig die auf S. 13 beschriebenen Präzisionsinstrumente der Prüffeldtype oder, falls eine kleinere Meßgenauigkeit ausreicht, die auf S. 19 beschriebenen Instrumente der Z-Type. Die Möglichkeit, mit einem Instrumentsatz für 5 Ampere sowohl bei der Kontrolle als auch bei der Messung alle Meßbereiche beherrschen zu können, bedeutet namentlich bei ambulanten Messungen einen wesentlichen Vorzug, da man stets nur einen Satz Instrumente mitzuführen braucht. Da ferner bei der indirekten Messung alle abzulesenden Instrumente nur Niederspannung führen und außerdem noch geerdet werden, sind alle Gefahren, Unbequemlichkeiten und meßtechnischen Schwierigkeiten der direkten Hochspannungsmessungen vermieden. Man sollte daher, wenn irgend möglich, für Hochspannung stets die indirekte Messung bevorzugen.

J. Schaltregeln für Leistungsmessungen.

1. Schaltregeln für tragbare Leistungsmesser.

Für alle Meßschaltungen mit Leistungsmessern gelten folgende Schaltregeln:

1. Die Schaltung ist stets so auszuführen, daß die Potentialdifferenzen zwischen der Feldspule und der Spannungsspule des Leistungsmessers so klein als möglich werden.

2. Um einen richtigen Ausschlag des Zeigers in die Skala hinein zu erhalten, muß man so schalten, daß der Strom in zwei benachbarte oder gleichbezeichnete Strom- und Spannungsklemmen eintritt oder aus beiden austritt.

3. Alle Spannungsleitungen, die nicht unmittelbar mit der Feldspule des Leistungsmessers verbunden sind, sollen gesichert werden.

Zu diesen Regeln ist folgendes zu bemerken:

Zu Schaltregel 1. Bei den Präzisions-Leistungsmessern beträgt die höchst zulässige Potentialdifferenz zwischen der Feldspule und der Spannungsspule des Leistungsmessers etwa 100 bis 120 Volt. Überschreitet man diese Grenze, so können durch elektrische Ladungserscheinungen Zeigerablenkungen und damit Meßfehler entstehen. Andererseits kann das Instrument bei höheren Spannungen dadurch erheblich beschädigt werden, daß die Spannung die verhältnismäßig schwache Isolation zwischen der Feldspule und der Spannungsspule durchschlägt.

Bei direkten Messungen, also beim unmittelbaren Einschalten des Leistungsmessers in den Stromkreis, läßt sich durch geeignete Schaltung stets erreichen, daß die Potentialdifferenz zwischen der Feldspule und der Spannungsspule gleich Null wird oder im höchsten Falle entsprechend der 1000 Ohm-Klemme des Leistungsmessers 30 Volt beträgt. Man schaltet stets so, daß der Stromkreis des Leistungsmessers ohne jede Zwischenschaltung von Widerständen mit einer Spannungsklemme des Leistungsmessers verbunden wird.

Bei halbindirekten Messungen mit Stromwandlern als Meßbereichwählern und Vorwiderständen für den Spannungskreis muß eine Potentialausgleichleitung angebracht werden, die die Sekundärwicklung des Stromwandlers mit einem geeigneten Punkt des Netzes verbindet. Dann treten auch hier keine höheren Potentialdifferenzen als 30 V auf.

Bei indirekten Messungen mit Strom- und Spannungswandlern ist die zwischen der Feldspule und der Spannungsspule des Leistungsmessers auftretende Potentialdifferenz durch die Erdleitung, die die Sekundärwicklungen der Strom- und Spannungswandler miteinander verbindet, bereits gegeben. Da bei der Zwei-Leistungsmesser-Methode die beiden an der mittleren Leitung liegenden v-Punkte der Spannungswandler geerdet sind, tritt zwischen der Feldspule und der Spannungsspule des Leistungsmessers eine Potentialdifferenz von etwa 100 Volt auf. Dies ist aber nach dem Vorhergehenden ohne weiteres zulässig.

Bei den tragbaren Betriebs-Leistungsmessern wird im Gegensatz zu den Präzisions-Leistungsmessern eine Potentialdifferenz von 500 V zwischen der Feldspule und der Spannungsspule zugelassen. Diese verhältnismäßig hohe Spannung mußte aus konstruktiven Gründen bei den Leistungsmessern mit zwei Meßwerken zugelassen werden, da bei diesen die Spannungsspulen durch die Metallbandkupplung auf das Potential der dritten Leitung gebracht werden. Auf Störungen durch elektrische Ladungserscheinungen brauchte man wegen des höheren Drehmomentes und der geringeren Meßgenauigkeit der Betriebs-Leistungsmesser keine Rücksicht zu nehmen, so daß für die Höhe der zulässigen Spannung lediglich die Isolation zwischen der Feldspule und der Spannungsspule bestimmend war.

Zu Schaltregel 2. Bei allen Leistungsmessern hängt die Ausschlagsrichtung des Zeigers nicht von der jeweiligen Stromrichtung in der Feldspule und in der Spannungsspule, sondern nur von dem gegenseitigen Richtungsverhältnis dieser Ströme ab. Um einen richtigen Ausschlag des Zeigers zu erhalten, muß man daher stets die gegenseitige Polung der Wicklungen der beiden Spulen beachten, die aus der Klemmenbezeichnung oder der gegenseitigen Lage der Klemmen hervorgeht (vgl. S. 148). Bei den Leistungsmessern von S. & H. sind die zusammengehörigen Strom- und Spannungsklemmen wegen ihrer übersichtlichen Lage nicht besonders bezeichnet. Es gilt die einfache Regel, daß der Strom entweder in die linke Stromklemme und die linke Spannungsklemme eintreten oder aus diesen beiden Klemmen austreten muß.

Bei den in den folgenden Abschnitten angegebenen Schaltungen ist stets vorausgesetzt, daß der Stromerzeuger links und der Stromverbraucher rechts liegt. Der Stromerzeuger ist im Schaltbild eingezeichnet, die Richtung der Energieabnahme ist an den Klemmen des Stromerzeugers durch Pfeile angedeutet.

Zu Schaltregel 3. Die Sicherung der Spannungskreise war früher nicht allgemein üblich, da man die Spannungskreise durch ihren hohen Ohmschen Widerstand für genügend geschützt hielt. Wiederholte Unfälle haben indessen gezeigt, daß eine Sicherung der Spannungskreise keineswegs entbehrlich ist, da schon durch eine ungünstige Lage der Spannungsleitungen größere Kurzschlüsse entstehen können.

Bild 141. Meßkoffer mit Prüffeld-Instrumenten für halbindirekte
und indirekte Messungen, betriebsfertig aufgestellt.

2. Allgemeine Schaltregeln für Meßwandler.

Bei allen Schaltungen mit Meßwandlern ist zu beachten, daß die Stromrichtung in den angeschlossenen Meßinstrumenten durch das Zwischenschalten der Meßwandler nicht geändert wird. Man kann daher beim Verfolgen des Stromlaufes in einer Schaltung mit Meßwandlern genau so verfahren, als wenn die Wandler nicht vorhanden wären. Für den Aufbau der Schaltung gelten folgende Schaltregeln:

1. Falls der Primärkreis Hochspannung führt, ist jede Berührung der Meßwandler zu vermeiden.

2. Die Sekundärwicklung von Stromwandlern muß, sobald die Primärwicklung eingeschaltet ist, entweder durch die Meßinstrumente oder durch eine Kurzschlußverbindung geschlossen sein.

3. Spannungswandler dürfen, sobald sie unter Spannung gesetzt werden, im Gegensatz zu den Stromwandlern sekundär nur über einen hohen Widerstand geschlossen werden; sie können aber ebensogut offen bleiben.

4. Die Spannungswandler sind auf der Hochspannungsseite allpolig zu sichern; auf der Niederspannungsseite sind alle nicht geerdeten Leitungen zu sichern.

5. Werden in einer Meßschaltung Strom- und Spannungswandler verwendet, so sind die Sekundärwicklungen und die Gehäuse aller Meßwandler einpolig zu erden. Der kleinste zulässige Querschnitt für Erdleitungen aus Kupfer beträgt 16 mm².

6. Werden Stromwandler als Meßbereichwähler für Leistungsmesser in Verbindung mit Vorwiderständen für den Spannungskreis benutzt, so darf man nicht erden; die Sekundärwicklung des Stromwandlers muß vielmehr mit einem geeigneten Punkte des Netzes derart verbunden werden, daß die Potentialdifferenzen im angeschlossenen Meßinstrument möglichst klein werden.

Zum besseren Verständnis der Schaltregeln und ihrer Tragweite sind im nachstehenden noch einige Erläuterungen gegeben.

Zu Schaltregel 1. Nicht nur die unmittelbare Berührung der Primärklemmen der Meßwandler ist zu vermeiden, auch das Hantieren an den Sekundärklemmen der Meßwandler ist wegen der Nähe der unter Hochspannung stehenden Teile lebensgefährlich. Sollen Meßwandler, die unter Spannung stehen, auf einen anderen Meßbereich umgeschaltet werden, so sind sie vorher allpolig vom Netz abzutrennen und zu erden.

Zu Schaltregel 2. Bei Unterbrechung des Sekundärstromes eines Stromwandlers entstehen einerseits lebensgefährliche Spannungen an den Sekundärklemmen, andererseits aber kann der Meßwandler durch die hierbei auftretende übermäßige Erhitzung des Transformatoreisens beschädigt werden. Dieses eigenartige Verhalten des Stromwandlers ist durch seine äußere Schaltung bedingt. Da der Stromwandler unmittelbar in die Hauptleitung eingeschaltet wird, fließt in seiner Primärleitung notgedrungen der volle in der Hauptleitung fließende Strom, ganz unabhängig davon, ob die Sekundärwicklung des Stromwandlers geschlossen oder offen ist. Das von der Primärwicklung erzeugte magnetische Feld wird daher nur durch die Größe des Primärstromes bestimmt und ist von den sekundären Belastungsverhältnissen unabhängig. Ist der Stromwandler sekundär durch ein Meßinstrument belastet, so fließt ein Sekundärstrom, der nahezu um $180°$ gegen den Primärstrom verschoben ist. Das von diesem Sekundärstrom erzeugte Feld wirkt daher dem vom Primärstrom erzeugten Feld entgegen. Das aus diesen beiden Feldern resultierende, tatsächlich vorhandene Feld ist daher sehr klein. Bei dem normalen Betriebszustand des Stromwandlers ist somit das Eisen des Transformators nur wenig gesättigt. Es handelt sich nur um einige hundert Kraftlinien je Quadratzentimeter. Wird aber die Sekundärwicklung des Stromwandlers geöffnet, so fällt die Gegenwirkung des vom Sekundärstrom erzeugten Feldes weg, so daß nur noch das Primärfeld in seiner vollen Stärke bestehen bleibt. Bei diesem Feld ist aber das Eisen des Transformators hoch gesättigt, so hoch, daß es sich hierbei ganz unzulässig erwärmt. Mit dieser hohen Sättigung steigt aber in gleichem Maße die in der Primärwicklung induzierte Elektromotorische Gegenkraft und mit ihr die zu ihrer Überwindung erforderliche primäre Klemmenspannung. Die Primärwicklung wirkt dann wie eine Drosselspule und erzeugt in der Leitung einen ganz unzulässig hohen Spannungsabfall. In der Sekundärwicklung wird durch die hohe Eisensättigung ebenfalls eine hohe Spannung erzeugt, die um soviel mal größer ist, als die Sekundärwicklung mehr Windungen besitzt. Bei den tragbaren Präzisions-Stromwandlern beträgt die Sekundärspannung bei offener Sekundärwicklung etwa 120 Volt. Bei den kurzschlußfesten Stromwandlern mit Ringwicklung dagegen gehen die Spannungen bis in die 1000 Volt, so daß ein Öffnen der Sekundärwicklung lebensgefährlich wird. Meßtechnisch ergibt sich aus der hierbei auftretenden unzulässig hohen Sättigung des Transformatoreisens noch der Fehler, daß der Stromwandler unmittelbar nachher infolge der zurückbleibenden Magnetisierung des Kernes nicht mehr so genau übersetzt. Es ist daher erforderlich, ihn erst wieder langsam zu entmagnetisieren, um ihn auf seinen alten Zustand zurückzubringen. Aus diesen Gründen ist die Wichtigkeit der vorstehenden Regel ohne weiteres zu ersehen. Man wird daher stets dringend darauf achten müssen, daß diese Regel eingehalten wird.

Zu Schaltregel 3. Bei den Spannungswandlern liegen die Verhältnisse wesentlich anders als bei den Stromwandlern. Der Spannungswandler liegt mit seiner Primärwicklung an einer festen, von ihm unabhängigen Klemmenspannung. Infolgedessen muß, abgesehen von Nebenumständen, auch die in der Primärwicklung auftretende Elektromotorische Gegenkraft von konstanter Größe sein. Dies bedingt aber, daß auch das induzierende Feld konstant sein muß. Ist der Spannungswandler sekundär offen, so wird in der Sekundärwicklung eine Elektromotorische Kraft von beispielsweise 100 Volt induziert. Diese Spannung ist so lange unveränderlich, als die Primärspannung unveränderlich bleibt. Wird der Spannungswandler jetzt sekundär über ein Meßinstrument geschlossen, so fließt in der Sekundärwicklung ein durch den Widerstand des Meßinstrumentes bedingter Strom. Dieser Strom erzeugt seinerseits ein dem Primärfeld entgegenwirkendes Feld. Gleichzeitig mit dem Sekundärstrom wächst aber auch entsprechend der Belastung des Transformators der Primärstrom und mit ihm das von diesem erzeugte Primärfeld, und zwar um so viel, daß die von der Sekundärseite verursachte Schwächung gerade aufgehoben wird. Auf diese Weise bleibt das resultierende Feld konstant und demgemäß auch die Spannung bei offener und geschlossener Sekundärwicklung des Spannungswandlers praktisch unverändert. Es kann daher auf den Spannungswandler auch keinen nachteiligen Einfluß haben, wenn die Sekundärwicklung dauernd offen bleibt.

Zu Schaltregel 4. Die Hochspannungssicherungen auf der Primärseite dienen dazu, die Anlage gegen Beschädigungen durch etwa auftretende Kurzschlüsse zu sichern. Um dies zu erreichen, muß die Sicherung auf der Primärseite für Wechselstrom zweipolig, für Drehstrom dreipolig ausgeführt werden. Da die hierzu verwendeten Hochspannungssicherungen für 2 Ampere Nennstrom im allgemeinen erst bei einer Stromstärke von 4 Ampere abschmelzen, können sie den Spannungswandler selbst nicht unbedingt vor Beschädigungen durch Überlastung schützen. Trotzdem ist die Wahl schwächerer Sicherungen nicht empfehlenswert, da diese infolge des beim Einschalten des Spannungswandlers auftretenden größeren Stromstoßes zu leicht durchschmelzen würden. Die normalen zwei Ampere-Sicherungen werden indessen durch den Einschaltestromstoß nur in seltenen Fällen zum Abschmelzen gebracht und geben bei Kurzschlüssen immerhin noch einen gewissen Schutz für den Spannungswandler ab.

Die Niederspannungssicherungen auf der Sekundärseite dienen zum Schutze des Spannungswandlers gegen Überlastung infolge falscher Schaltung, falscher Erdung oder Schluß in den Leitungen. Zu sichern sind alle Sekundärleitungen, die nicht geerdet werden. In den allermeisten Fällen genügt die Verwendung der 2-Ampere-Sicherung. Kommen höhere Belastungen als 200 Voltampere in Frage, so richtet sich die Wahl der Sicherung nach der jeweiligen Grenzleistung der benutzten Wandlertype. Die Sicherungspatrone ist dann für den nächst höheren Nennstrom zu bemessen.

Zu Schaltregel 5. Bei den indirekten Messungen mit Strom- und Spannungswandlern muß stets die Sekundärseite aller Wandler geerdet werden. Die Erdung ist bei richtiger Schaltung stets möglich, da Hochspannung und Niederspannung nur magnetisch, nicht aber elektrisch miteinander verbunden sind. Durch die Erdung soll verhindert werden, daß Teile der Meßschaltung, die im normalen Zustand nur Niederspannung führen, durch einen Zufall gefährliche Spannungen annehmen und den Beobachter gefährden. Ferner werden durch die Erdung die Meßfehler beseitigt, die durch Potentialdifferenzen zwischen den Feldspulen und Spannungsspulen der Meßinstrumente entstehen können. Die Erdleitung ist daher im wesentlichen nur eine Potentialausgleichleitung, und es würde anscheinend genügen, sie nur so kräftig zu bemessen, daß sie den auftretenden mechanischen Beanspruchungen standhält. Damit die Erdleitung aber auch bei elektrischen Störungen, z. B. Durchschlägen der Isolation der Meßwandler, ihren Zweck erfüllt, muß sie elektrisch so stark bemessen sein, daß sie bei den unter Umständen auftretenden hohen Kurzschlußstromstärken nicht abschmilzt, sondern den Kurzschluß-

strom solange tragen kann, bis die nächstliegenden Starkstrom-
sicherungen abschmelzen. Daher ist bei Meßwandlern für die Erdleitung ein Kupferquerschnitt von mindestens 16 mm² vorgeschrieben. Die Erdleitung ist stets unmittelbar an den Meßwandler
anzuschließen, und zwar ist sowohl ein Pol der Sekundärwicklung
als auch das Gehäuse des Meßwandlers zu erden. Die Erdleitungen
sind in den Schaltungen stets durch strichpunktierte Linien dargestellt. Die Erdung der Gehäuse der Meßwandler ist der Einfachheit halber in den Schaltbildern nicht angedeutet. Die Erdleitungen dürfen nicht als stromführende Meßleitungen verwendet
werden, sie ersetzen aber die zwischen den Strom- und Spannungs-
wicklungen der Leistungsmesser erforderlichen Potentialverbin-
dungen. Schließt man außer den in den Schaltbildern dargestellten Apparaten noch andere mit an, so ist zu beachten, daß
bei verschiedenen Apparaten, z. B. bei Zählern, schon einpolige
Verbindungen zwischen Strom- und Spannungskreis vorhanden
sind. Die Erdung ist dann, um Kurzschlüsse der Meßwandler zu
vermeiden, stets genau nach dem entsprechenden Sonderschalt-
bild auszuführen.

Zu Schaltregel 6. Bei den halbindirekten Messungen darf man
nicht erden. Zur Vermeidung von schädlichen Potentialdifferenzen
in den Meßinstrumenten muß man vielmehr die Sekundärwicklung
des Stromwandlers mit einem geeigneten Punkte des Netzes verbinden. Bei den Leistungsmessern für Einphasenstrom verbindet
man die Sekundärwicklung des Stromwandlers einpolig mit der
zugehörigen Primärwicklung, bei den Drehstromleistungsmessern
mit zwei und drei Meßwerken verbindet man die Sekundärwicklungen aller Stromwandler einpolig mit der gemeinsamen Spannungsklemme der Meßwerke des Leistungsmessers oder mit dem
Netzleiter, in den kein Stromwandler eingeschaltet ist. Durch
diese Verbindung werden alle Potentialdifferenzen zwischen den
Feldspulen und den Spannungsspulen des Leistungsmessers vermieden. Die Meßinstrumente erhalten jedoch hierbei das Potential
der Primärleitung, es sind daher die gleichen Vorsichtsmaßregeln
zu beachten wie bei der direkten Messung. Diese Schaltungen sind
für mittlere Spannungen bis etwa 600 Volt mit Vorteil zu verwenden. Man spart hierdurch für die kleineren Spannungen die
Spannungswandler und bekommt eine leicht tragbare Meßeinrichtung.

10*

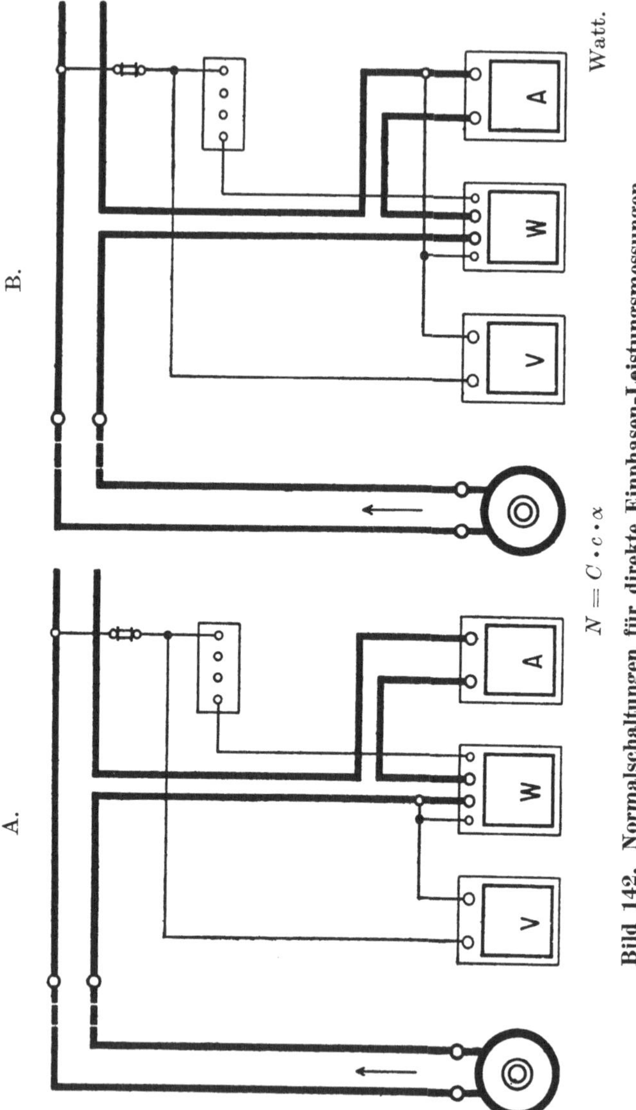

Bild 142. Normalschaltungen für direkte Einphasen-Leistungsmessungen.

Benutzt man die tragbaren Leistungsmesser in Verbindung mit Schalttafel-Instrumenten oder Zählern, die in einer festen Schaltung liegen, so darf die einpolige Verbindung zwischen der Sekundärwicklung und der Primärwicklung der Stromwandler nicht ohne weiteres ausgeführt werden, da die Sekundärwicklungen der Stromwandler in Schaltanlagen stets geerdet sind. In diesem Falle läßt man entweder die Erdung der Stromwandler bestehen und läßt die Potentialausgleichleitungen zwischen den Primär- und Sekundärwicklungen der Stromwandler weg, oder man beseitigt die betriebsmäßige Erdung des Stromwandlers während der Messung und führt die Potentialausgleichleitungen aus. Im ersten Falle muß man die etwaigen kleinen Meßfehler, die in den Präzisions-Instrumenten durch elektrische Ladungserscheinungen verursacht werden können, in Kauf nehmen; im zweiten Falle werden diese Fehler vermieden, so daß die höchste Meßgenauigkeit erzielt wird.

K. Meßschaltungen für Einphasenstrom.

1. Schaltungen für direkte Messungen.

Die Wirkleistung eines Einphasenstromes beträgt ganz allgemein:

$$N = E \cdot J \cdot \cos \varphi \qquad \text{Watt.}$$

Bei der direkten Messung ergibt sich der Wert N dieser Leistung unmittelbar aus den Angaben des Leistungsmessers (vgl. S. 45 und 47):

$$N = C \cdot c \cdot \alpha \qquad \text{Watt.}$$

Zur Bestimmung des Leistungsfaktors ist außer der Leistungsmessung noch die Messung des Stromes und der Spannung erforderlich. Ist J der gemessene Strom und E die gemessene Spannung, so ist der Leistungsfaktor

$$\cos \varphi = \frac{N}{E \cdot J}.$$

Aus dem Wert $\cos \varphi$ folgt aus der Zahlentafel auf S. 268 der zugehörige Wert $\operatorname{tg} \varphi$. Dann beträgt die Blindleistung:

$$N_b = N \cdot \operatorname{tg} \varphi.$$

Je nach der gewünschten Meßgenauigkeit verwendet man für die Ausführung der Messung Laboratoriums- oder Betriebs-Instrumente. Da in den meisten Fällen auch der Leistungsfaktor

bestimmt werden muß, wird man in einer vollständigen Meßschaltung außer dem Leistungsmesser stets auch noch einen Strom-
und einen Spannungsmesser vorsehen. Bei der Schaltung sind
zwei Fälle möglich, die sich durch den Anschluß der Spannungsleitungen unterscheiden. Zweigt man die Spannungsleitungen
vor den Strommeßgeräten ab, so kommt man zu der in Bild 142 A
dargestellten Schaltung, zweigt man sie andererseits erst hinter
den Strommeßgeräten ab, so folgt Schaltung B.

Bei diesen Schaltungen sind die Schaltregeln auf S. 139 in folgender Weise berücksichtigt: Die Vorwiderstände sind an die
Spannungsklemme angeschlossen, die nicht mit der Feldspule
verbunden ist. Infolgedessen beträgt die Spannung zwischen der
Feldspule und der beweglichen Spannungsspule des Leistungsmessers höchstens 30 Volt (entsprechend der 1000-Ohm-Klemme
des Leistungsmessers). Die Schaltregel 1 ist also erfüllt. Entsprechend der Schaltregel 2 tritt der vom links liegenden Stromerzeuger kommende Strom in zwei benachbarte Strom- und
Spannungsklemmen des Leistungsmessers (z. B. die beiden linken
Klemmen) ein, so daß der Zeigerausschlag im richtigen Sinne
erfolgen muß. Die vom anderen Leitungspol in die Meßschaltung
führende Spannungsleitung ist nach Schaltregel 3 gesichert.

Bei der Aufstellung der Instrumente sind außerdem die Angaben
auf S. 261 über Fremdfeldeinfluß zu beachten. Bei direkten Hochspannungsmessungen sind die Instrumente isoliert aufzustellen
(vgl. S. 263).

2. Eigenverbrauch der direkten Schaltung.

Durch den verschiedenen Anschluß der Spannungsleitungen in
den Schaltbildern auf S. 148 ergeben sich für die Messung folgende
Unterschiede. Einesteils unterscheiden sich die bei beiden Schaltungen gemessenen Spannungen durch den Spannungsabfall in
den Strommeßgeräten, andernteils sind aber auch die gemessenen
Ströme bei beiden Schaltungen verschieden, da der von den Spannungsmeßgeräten verbrauchte Strom bei Schaltung A nicht durch
die Feldspule des Leistungsmessers fließt, während er bei Schaltung B mitgemessen wird. Die hierdurch verursachten Meßfehler
beeinflussen das Meßergebnis in verschiedener Weise, je nachdem
ob die Leistung eines Stromerzeugers oder die eines Stromverbrauchers gemessen wird.

Untersuchung eines Stromerzeugers. Bei Schaltung A wird zwar die richtige Spannung gemessen, aber der gemessene Strom ist zu klein, da der Stromverbrauch der Spannungsmeßgeräte nicht mitgemessen wird. Die gemessene Leistung ist also um den Eigenverbrauch des Spannungskreises des Leistungsmessers und den Eigenverbrauch des Spannungsmessers zu klein. Bei Schaltung B wird zwar der gesamte vom Stromerzeuger kommende Strom gemessen, dafür ist aber die gemessene Spannung um den Spannungsabfall in den Strommeßgeräten zu klein. Infolgedessen ist die gemessene Leistung um den Eigenverbrauch der Feldspule des Leistungsmessers und den Eigenverbrauch des Strommessers zu klein.

Untersuchung eines Stromverbrauchers. Bei Schaltung A wird der gesamte vom Stromverbraucher aufgenommene Strom gemessen. Die gemessene Spannung ist aber um den Spannungsabfall in den Strommeßgeräten zu hoch. Die vom Leistungsmesser angezeigte Leistung ist also um den Eigenverbrauch der Feldspule des Leistungsmessers und den Eigenverbrauch des Strommessers zu hoch. Bei Schaltung B wird zwar die richtige Klemmenspannung am Stromverbraucher gemessen, dafür ist aber der gemessene Strom um den Stromverbrauch der Spannungsmeßgeräte zu hoch. Die gemessene Leistung ist daher um den Eigenverbrauch des Spannungskreises des Leistungsmessers und den Eigenverbrauch des Spannungsmessers zu hoch.

Wahl der zweckmäßigsten Schaltung. Zur raschen Übersicht sind die Korrektionsglieder für beide Schaltungen nachstehend tabellarisch zusammengestellt.

Für die meisten praktischen Fälle kann man auf eine Korrektion des gemessenen Wertes verzichten, wenn man die Schaltung wählt, die die kleinsten Fehler ergibt. Sollen die Fehler berücksichtigt werden, was namentlich bei der Messung kleinerer Leistungen wünschenswert ist, so sind die Schaltungen vorzuziehen, bei denen der Eigenverbrauch des Spannungskreises des Leistungsmessers und des Spannungsmessers als Korrektionsglieder auftreten. Dies ergibt auf der einen Seite den Vorteil, daß sich die Korrektionsglieder aus den bekannten Widerständen nach der Beziehung $E^2 : R$ leicht berechnen lassen, andererseits aber ist das Korrektionsglied für eine ganze Messungsreihe mit konstanter Spannung konstant.

Es soll ge-messen wer-den die Leistung des	Schal-tung	Die wirkliche Leistung ergibt sich aus gemessener Leistung		Bei höheren Spannungen treten die kleinsten Fehler auf bei Schaltung
Strom-erzeugers	A	+	Eigenverbrauch des Spannungs-messers und des Spannungs-kreises des Leistungsmessers	B
	B	+	Eigenverbrauch des Strom-messers und der Feldspule des Leistungsmessers	
Strom-verbrauchers	A	−	Eigenverbrauch des Strom-messers und der Feldspule des Leistungsmessers	A
	B	−	Eigenverbrauch des Spannungs-messers und des Spannungs-kreises des Leistungsmessers	

Rechnungsbeispiel: Es soll die von einem Wechselstrommotor aufgenommene Leistung bestimmt werden. Die Netzspannung beträgt 500 Volt. Nach vorheriger Schätzung ergab sich ein Höchststrom von 50 Ampere. Es wurden daher Instrumente der Laboratoriumstype, und zwar ein Leistungsmesser für 50 Ampere nebst äußerem Vorwiderstand für 600 Volt, ein Strommesser für 50 Ampere und ein Spannungsmesser für 600 Volt gewählt und nach Schaltbild A auf S. 148 angeschlossen. Wie groß ist die Leistung, wenn der Leistungsmesser einen Ausschlag von 90 Skalen-teilen ergibt?

Instrumentkonstante des Leistungsmessers (vgl. S. 45):

$$c = \frac{50 \cdot 30}{150} = 10,$$

Widerstandskonstante (vgl. S. 47):

$$C = \frac{600}{30} = 20.$$

Die Leistung beträgt also:

$$N = C \cdot c \cdot \alpha = 20 \cdot 10 \cdot 90 = 18\,000 \text{ Watt}.$$

Während der Messung zeigte der Spannungsmesser eine Span-nung $E = 500$ Volt, der Strommesser einen Strom $J = 42,5$ A.

Der Leistungsfaktor des Motors ergibt sich hieraus zu

$$\cos \varphi = \frac{N}{E \cdot J} = \frac{18\,000}{500 \cdot 42,5} = 0,85.$$

Schaltung A. Die durch den Eigenverbrauch der Instrumente verursachten Fehler betragen:

Eigenverbrauch der Feldspule des Leistungsmessers (beim Nennstrom etwa 5 Watt; vgl. S. 13): $\quad 5 \cdot \dfrac{J^2}{J_n^2} = 5 \cdot \dfrac{42,5^2}{50^2} = 3,6\,\text{Watt}$

Eigenverbrauch des Strommessers (beim Nennstrom etwa 15 Watt; vgl. S. 53): $\quad 15 \cdot \dfrac{J^2}{J_n^2} = 15 \cdot \dfrac{42,5^2}{50^2} = 10,8\,\text{Watt}$

$$\text{Summe} \quad \overline{14,4\,\text{Watt}}$$

Da der Eigenverbrauch des elektrodynamischen Strommessers verhältnismäßig hoch ist, wird man den Strommesser während der Ablesung des Leistungsmessers durch den Kurzschlußstöpsel kurzschließen. Es ist dann als Fehler nur der Eigenverbrauch der Feldspule des Leistungsmessers, also 3,6 Watt, zu berücksichtigen. Der hierdurch verursachte Fehler beträgt nur 0,02% der gemessenen Leistung und kann vernachlässigt werden.

Schaltung B. Durch den Eigenverbrauch der Meßinstrumente ergeben sich folgende Fehler:

Eigenverbrauch des Leistungsmesser-Spannungskreises (Widerstand $C \cdot 1000$ Ohm; vgl. S. 47): $\quad \dfrac{E^2}{R} = \dfrac{500^2}{20 \cdot 1000} = 12,5\,\text{Watt}$

Eigenverbrauch des Spannungsmessers (Widerstand etwa 20\,000 Ohm; vgl. S. 58): $\quad \dfrac{E^2}{R} = \dfrac{500^2}{20\,000} = 12,5\,\text{Watt}$

$$\text{Summe} \quad \overline{25\,\text{Watt}}$$

Der Leistungsmesser würde also bei Schaltung B um 25 Watt zuviel anzeigen, was einem Fehler von 0,14% entspricht. Der Fehler ist demnach größer als bei Schaltung A.

3. Schaltungen für halbindirekte Messungen.

Bei der halbindirekten Messung mit Stromwandlern als Strommeßbereichwählern und Vorwiderständen für den Spannungskreis ergibt sich die gemessene Leistung nach den Angaben auf S. 87

$$N = \frac{J_n}{5} \cdot C \cdot c \cdot \alpha \qquad\qquad \text{Watt.}$$

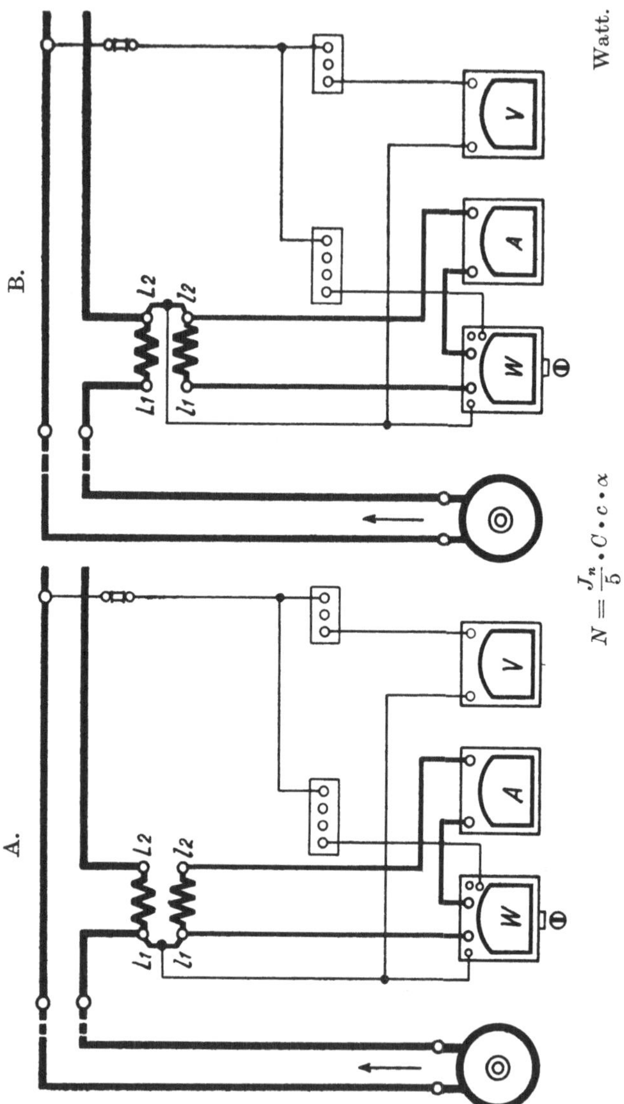

$$N = \frac{J_n}{5} \cdot C \cdot c \cdot \alpha$$

Bild 143. Normalschaltungen für halbindirekte Einphasen-Leistungsmessungen.

Der Leistungsfaktor wird aus dem ebenfalls gemessenen Strome J und der gemessenen Spannung E berechnet

$$\cos \varphi = \frac{N}{E \cdot J} \, .$$

Bei besonders genauen Messungen muß noch der Stromfehler und Fehlwinkel des Stromwandlers berücksichtigt werden, wie auf S. 97 gezeigt ist.

Je nach der gewünschten Meßgenauigkeit verwendet man bei den halbindirekten Messungen Prüffeld-, Betriebs- oder Z-Instrumente. Zweigt man die Spannungsleitungen der Meßinstrumente vor dem Stromwandler an der Klemme L_1 ab, so ergibt sich die in Bild 143 A dargestellte Schaltung. Werden die Spannungsleitungen dagegen erst hinter dem Stromwandler, also an Klemme L_2 abgezweigt, so folgt Schaltung B. Bei diesen Schaltungen sind die auf S. 139 angegebenen Schaltregeln für Meßinstrumente und die auf S. 143 angegebenen Regeln für Meßwandler in folgender Weise berücksichtigt:

Nach der Meßwandler-Schaltregel 6 ist die Primärwicklung des Stromwandlers mit der Sekundärwicklung kurz verbunden, so daß schädliche Potentialdifferenzen im Leistungsmesser vermieden werden (vgl. Schaltregel 1 auf S. 139). Durch diese Verbindung $L_1 - l_1$ oder $L_2 - l_2$ erhalten aber auch die angeschlossenen Meßinstrumente das Potential der zugehörigen Primärleitung; es sind daher die gleichen Vorsichtsmaßregeln zu beachten, wie bei der direkten Messung. Da die Klemmen des Stromwandlers stets so bezeichnet sind, daß die Stromrichtung in den Meßinstrumenten durch die Zwischenschaltung des Meßwandlers nicht geändert wird, muß der Leistungsmesser entsprechend der Schaltregel 2 einen richtigen Ausschlag in die Skala hinein geben. Nach Schaltregel 3 ist endlich die vom anderen Leitungspol in die Meßschaltung führende Spannungsleitung gesichert.

Höhe der zulässigen Spannung. Die Höchstspannung für diese Schaltung ist durch die Stärke der Isolation zwischen der Sekundärwicklung und dem Gehäuse des Stromwandlers gegeben. Bei den tragbaren Stromwandlern wird die Isolation zwischen Sekundärwicklung und Gehäuse mit 2000 Volt geprüft, so daß betriebsmäßig Spannungsdifferenzen bis zu 1000 Volt zulässig sind. Normalerweise wird die Schaltung für Spannungen bis 600 Volt angewendet. Soll die Schaltung ausnahmsweise (z. B.

bei sehr niedrigen Frequenzen, für die die Spannungswandler sehr groß und schwer ausfallen) für höhere Spannungen benutzt werden, so sind die Stromwandler und sämtliche angeschlossenen Meßgeräte für die volle Betriebsspannung isoliert aufzustellen. Zur Vermeidung von störenden Ladungserscheinungen sind hierbei die mit einem statischen Schutz versehenen Instrumente der Laboratoriumstype zu benutzen (vgl. S. 12).

4. Eigenverbrauch der halbindirekten Schaltung.

Durch den verschiedenen Anschluß der Spannungsleitungen in den Bildern 143 A und 143 B ergeben sich für die Messung folgende Unterschiede. Einerseits unterscheiden sich die bei beiden Schaltungen gemessenen Spannungen durch den Spannungsabfall in dem mit den Strommeßgeräten belasteten Stromwandler, andererseits sind aber auch die gemessenen Ströme verschieden, da der Stromverbrauch der Spannungsmeßgeräte nur bei Schaltung B mitgemessen wird. Die hierdurch verursachten Meßfehler beeinflussen das Meßergebnis in verschiedener Weise, je nachdem ob die Leistung eines Stromerzeugers oder eines Stromverbrauchers gemessen wird. Im allgemeinen gelten hierfür die gleichen Gesichtspunkte wie auf S. 151, jedoch ist zu beachten, daß zu dem Eigenverbrauch der Strommeßgeräte noch der Eigenverbrauch des Stromwandlers hinzukommt.

Wahl der zweckmäßigsten Schaltung. Zur raschen Übersicht sind in der Tabelle auf Seite 157 die Korrektionsglieder für beide Schaltungsmöglichkeiten zusammengestellt.

Für die meisten praktischen Fälle kann man auf eine Korrektion des gemessenen Wertes verzichten, wenn man die Schaltung wählt, die die kleinsten Fehler ergibt. Da für Spannungen bis 1000 Volt der Eigenverbrauch des Stromwandlers erheblich höher ist als der Eigenverbrauch der Spannungskreise, so werden diejenigen Schaltungen die günstigsten sein, bei denen der Eigenverbrauch des Spannungskreises des Leistungsmessers und des Spannungsmessers als Fehlergröße auftritt. Diese Schaltungen sind auch dann vorteilhaft, wenn die Fehler bei besonders genauen Messungen berücksichtigt werden sollen, da sich die Korrektionsglieder aus den genau bekannten Widerstandswerten der Spannungskreise einfacher berechnen lassen.

Es soll gemessen werden die Leistung des	Schaltung	Die wirkliche Leistung ergibt sich aus gemessener Leistung	Die kleinsten Fehler treten auf bei Schaltung
Stromerzeugers	A	$+$ Eigenverbrauch des Spannungsmessers und des Spannungskreises des Leistungsmessers	A
	B	$+$ Eigenverbrauch des Stromwandlers, des Strommessers und der Feldspule des Leistungsmessers	
Stromverbrauchers	A	$-$ Eigenverbrauch des Stromwandlers, des Strommessers und der Feldspule des Leistungsmessers	B
	B	$-$ Eigenverbrauch des Spannungsmessers und des Spannungskreises des Leistungsmessers	

Rechnungsbeispiel: Es soll die von einem Wechselstrommotor aufgenommene Leistung bestimmt werden. Die Netzspannung beträgt 210 Volt. Nach einer Überschlagsrechnung beträgt der Strom etwa 50 Ampere. Zur Messung sollen die Instrumente der Prüffeldtype, und zwar ein Leistungsmesser für 5 Ampere, 90 Volt, mit 1000-Ohm-Klemme und 150-teiliger Skala, ein Strommesser für 5 Ampere mit 100-teiliger Skala und ein Spannungsmesser für 130 Volt benutzt werden. Für den Leistungsmesser ist ein Vorwiderstand für 240 Volt zum Anschluß an die 1000-Ohm-Klemme, für den Spannungsmesser ein Vorwiderstand für 260 Volt zu verwenden. Die Feldspule des Leistungsmessers und der Strommesser werden entsprechend dem Schaltbild auf S. 154 an einen Präzisions-Stromwandler für 50:5 Ampere angeschlossen.

Wie groß ist die Leistung, wenn der Leistungsmesser einen Ausschlag von 100 Skalenteilen gibt?

Instrumentkonstante des Leistungsmessers (für 5 Ampere; 1000 Ohm; vgl. S. 45): $\qquad c = \dfrac{5 \cdot 30}{150} = 1$

Widerstandskonstante (für 240 Volt; vgl. S. 47): $C = \dfrac{240}{30} = 8$

Übersetzung des Stromwandlers (mit 5 Ampere Sekundärstrom):

$$\frac{J_n}{5} = \frac{50}{5} = 10$$

Die Leistung beträgt dann:

$$N = \frac{J_n}{5} \cdot C \cdot c \cdot \alpha = \frac{50}{5} \cdot 8 \cdot 1 \cdot \alpha = 80 \cdot \alpha \qquad \text{Watt.}$$

Für einen Ausschlag von 100 Skalenteilen ergibt sich demnach eine Leistung:

$$N = 80 \cdot 100 = 8000 \text{ Watt.}$$

Bei der Messung zeigte der Spannungsmesser einen Ausschlag von 104 Skalenteilen, die Klemmenspannung des Motors betrug also

$$E = 2 \cdot 104 = 208 \text{ Volt.}$$

Der Strommesser gab an der 100-teiligen Skala einen Ausschlag von 90 Skalenteilen, so daß der Strom

$$J = \frac{J_n}{5} \cdot \frac{\alpha}{20} = \alpha \cdot \frac{J_n}{100} = 90 \cdot \frac{50}{100} = 45 \text{ Ampere}$$

betrug. Der Leistungsfaktor des Motors ist demnach

$$\cos \varphi = \frac{N}{E \cdot J} = \frac{8000}{208 \cdot 45} = 0{,}86.$$

Schaltung B. Bei dieser Schaltung, die für die vorliegende Messung am günstigsten ist, ergeben sich durch den Eigenverbrauch der Meßgeräte folgende Fehler:

Eigenverbrauch des Spannungskreises des Leistungsmessers (Widerstand $C \cdot 1000$ Ohm; vgl. S. 47):

$$\frac{E^2}{R} = \frac{208^2}{8 \cdot 1000} = 5{,}4 \text{ Watt}$$

Eigenverbrauch des Spannungsmessers mit Vorwiderstand (Gesamtwiderstand etwa 4400 Ohm; vgl. S. 55):

$$\frac{E^2}{R} = \frac{208^2}{4400} = 9{,}8 \text{ Watt}$$

$$\text{Summe} \quad \overline{15{,}2 \text{ Watt}}$$

Der hierdurch verursachte prozentuale Fehler beträgt nur 0,19%, er kann daher vernachlässigt werden.

Schaltung A. Hierbei würden sich folgende Fehler ergeben:
Eigenverbrauch des Stromwandlers (beim Nennstrom etwa 25 Watt; vgl. S. 99):

$$25 \cdot \frac{J^2}{J_n^2} = 25 \cdot \frac{45^2}{50^2} = 20 \text{ Watt}$$

Eigenverbrauch der Feldspule
des Leistungsmessers (beim Nenn-
strom etwa 1,3 Watt; vgl. S. 17): $1{,}3 \cdot \dfrac{J^2}{J_n^2} = 1{,}3 \cdot \dfrac{45^2}{50^2} = 1{,}1\,\text{Watt}$

Eigenverbrauch des Strommessers (beim Nennstrom etwa 6,5
Watt; vgl. S. 53): $6{,}5 \cdot \dfrac{J^2}{J_n^2} = 6{,}5 \cdot \dfrac{45^2}{50^2} = 5{,}3\,\text{Watt}$

Summe 26,4 Watt

Dies entspricht einem Fehler von 0,33% des gemessenen Wertes;
die Schaltung ist also für diese Messung ungünstiger als Schaltung B. Die Fehler würden erst bei der für die Prüffeldtype zulässigen Höchstspannung von etwa 600 Volt bei den beiden
Schaltungen gleich groß werden.

5. Schaltungen für indirekte Messungen.

Bei der indirekten Leistungsmessung mit Strom- und Spannungswandlern sind die Angaben des Leistungsmessers noch mit
den Übersetzungen der Meßwandler zu multiplizieren (vgl. S. 87).
Die gemessene Leistung beträgt demnach:

$$N = \frac{J_n}{5} \cdot \frac{E_n}{100} \cdot c \cdot \alpha \qquad \text{Watt.}$$

Der Leistungsfaktor ergibt sich aus dem gemessenen Strome J
und der gemessenen Spannung E

$$\cos \varphi = \frac{N}{E \cdot J}.$$

Bei besonders genauen Messungen müssen noch die Stromfehler
und Fehlwinkel des Stromwandlers berücksichtigt werden (vgl.
S. 97). Eine Korrektion der Angaben des Spannungswandlers ist
im allgemeinen nicht erforderlich, weil die durch ihn verursachten
Fehler verschwindend klein sind.

Je nach der gewünschten Meßgenauigkeit verwendet man für
die Ausführung der Messung die Instrumente der Prüffeld-,
Betriebs- oder Z-Type. Schließt man den Spannungswandler vor
dem Stromwandler an das Netz an, so ergibt sich die in Bild 144 A
dargestellte Schaltung. Liegt andererseits der Spannungswandler
hinter dem Stromwandler, so folgt die Schaltung B.

Bei diesen Schaltungen sind die auf S. 143 angegebenen Schaltregeln für Meßwandler in folgender Weise berücksichtigt: Nach

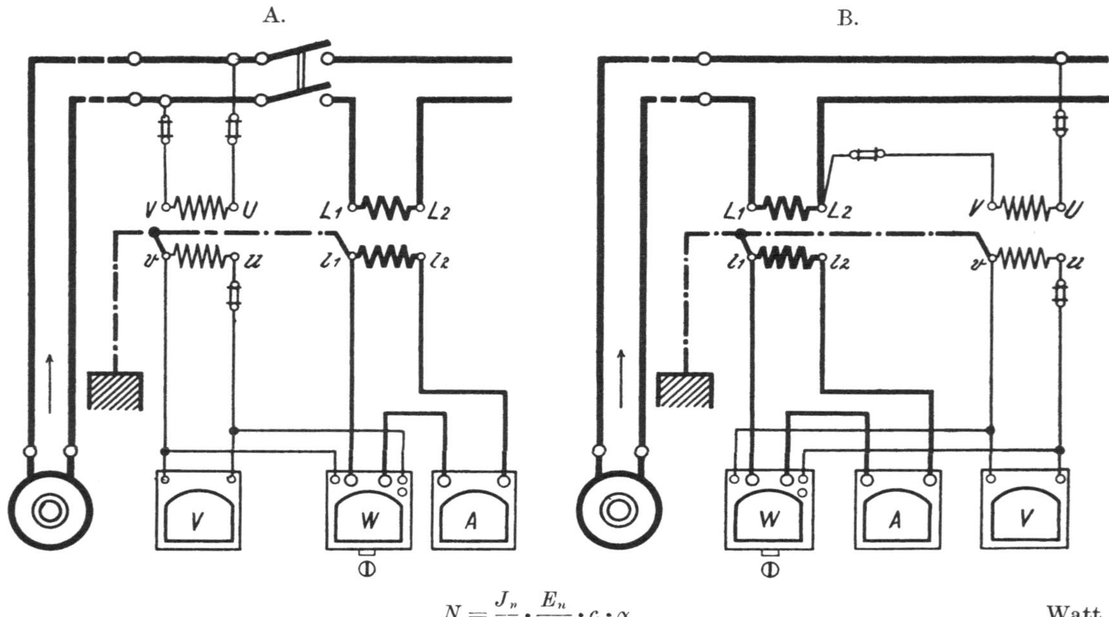

$$N = \frac{J_n}{5} \cdot \frac{E_n}{100} \cdot c \cdot \alpha$$

Bild 144. Normalschaltungen für indirekte Einphasen-Leistungsmessungen.

Schaltregel 5 sind die Sekundärwicklungen der Strom- und Spannungswandler geerdet. An diese Erdleitung sind noch die Gehäuse der Meßwandler anzuschließen, die im Schaltbild nicht angedeutet sind. Die Spannungswandler sind nach Schaltregel 4 auf der Primärseite allpolig gesichert, während auf der Sekundärseite nur die nicht geerdete Leitung gesichert ist. Bei der Inbetriebsetzung der Schaltung sind noch die Schaltregeln 1 bis 3 zu beachten. Schaltregel 1 dient der persönlichen Sicherheit des Beobachters, während die Schaltregeln 2 und 3 eine Beschädigung der Meßwandler durch falsche Bedienung verhüten sollen.

6. Eigenverbrauch der indirekten Schaltung.

Durch den verschiedenen Anschluß der Spannungswandler in den Bildern 144 A und 144 B ergeben sich für die Messung folgende Unterschiede: Einesteils unterscheiden sich die bei beiden Schaltungen gemessenen Spannungen durch den Spannungsabfall, der in dem mit den Strommeßgeräten belasteten Stromwandler auftritt, andernteils aber sind auch die gemessenen Ströme bei beiden Schaltungen verschieden, da der Stromverbrauch des mit den Spannungsmeßgeräten belasteten Spannungswandlers nur bei Schaltung B mitgemessen wird. Die hierdurch verursachten Meßfehler beeinflussen das Meßergebnis in verschiedener Weise, je nachdem ob die Leistung eines Stromerzeugers oder eines Stromverbrauchers gemessen wird. Es gelten hierfür die gleichen Gesichtspunkte, die auf S. 151 entwickelt wurden, jedoch ist zu dem Eigenverbrauch der Spannungsmeßgeräte noch der Eigenverbrauch des Spannungswandlers (vgl. S. 103) und zu dem Eigenverbrauch der Strommeßgeräte der Eigenverbrauch des Stromwandlers (vgl. S. 99) zu addieren.

Wahl der zweckmäßigsten Schaltung. Zur raschen Übersicht sind auch hier die Korrektionsglieder für beide Schaltungsmöglichkeiten nachstehend tabellarisch zusammengestellt.

Für die meisten praktischen Fälle kann man auf eine Korrektion des gemessenen Wertes verzichten, sofern die zu messende Leistung nicht zu klein ist. Bei kleineren Leistungen wird man sich am besten durch eine Überschlagsrechnung ein Bild von der Größe der auftretenden Fehler machen. Ergibt sich hierbei, daß man von einer Korrektion der gemessenen Werte absehen kann, so wird man die Schaltung wählen, die die kleinsten Fehler ergibt. Da

Es soll gemessen werden die Leistung des	Schaltung	Die wirkliche Leistung ergibt sich aus gemessener Leistung	Die kleinsten Fehler treten auf bei Schaltung
Stromerzeugers	A	$+$ Eigenverbrauch des Spannungswandlers, des Spannungsmessers und des Spannungskreises des Leistungsmessers	A
	B	$+$ Eigenverbrauch des Stromwandlers, des Strommessers und der Feldspule des Leistungsmessers	
Stromverbrauchers	A	$-$ Eigenverbrauch des Stromwandlers, des Strommessers und der Feldspule des Leistungsmessers	B
	B	$-$ Eigenverbrauch des Spannungswandlers, des Spannungsmessers und des Spannungskreises des Leistungsmessers	

der Eigenverbrauch des Stromwandlers im allgemeinen größer ist als der des Spannungswandlers, wird man diejenigen Schaltungen nehmen, bei denen der Eigenverbrauch des Spannungswandlers als Fehlergröße auftritt. Bei der Untersuchung von Generatoren ist dies bei Schaltung A der Fall. Diese Schaltung hat für Generatoren den weiteren Vorteil, daß man deren Spannung messen kann, bevor der vor den Stromwandlern liegende Hauptschalter eingelegt ist. Bei der Untersuchung von Motoren gibt Schaltung B die kleineren Fehler. Auch wenn man bei besonders genauen Messungen kleinerer Leistungen die Fehler durch eine Korrektion berücksichtigen will, sind die angegebenen Schaltungen vorzuziehen, da sich die Korrektionsgröße leichter berechnen läßt und bei allen Messungen mit konstanter Spannung die gleiche Größe hat.

Rechnungsbeispiel: Es soll die von einem Wechselstrommotor aufgenommene Leistung bestimmt werden. Die Netzspannung beträgt 6000 Volt, die Frequenz ist 50 Hz. Nach vorheriger Schätzung ergibt sich ein Höchststrom von 50 Ampere. Zur Messung werden die Instrumente der Prüffeldtype, und zwar ein Leistungsmesser für 5 Ampere, 90 Volt mit 150-teiliger Skala, ein Strommesser für 5 Ampere mit 100-teiliger Skala und ein Spannungsmesser für 130 Volt benutzt. Diese Instrumente werden an einen Präzisions-Spannungswandler für 6000:100 Volt und einen Präzisions-Stromwandler für 50:5 Ampere, entsprechend dem Schaltbild 144 auf S. 160 angeschlossen. Wie groß ist die gemessene Leistung, wenn der Leistungsmesser einen Ausschlag von 130 Skalenteilen gibt?

Instrumentkonstante des Leistungsmessers (vgl. S. 45):
$$c = \frac{5 \cdot 90}{150} = 3$$

Übersetzung des Stromwandlers (mit 5 Ampere Sekundärstrom):
$$\frac{J_n}{5} = \frac{50}{5}$$

Übersetzung des Spannungswandlers (mit 100 Volt Sekundärspannung):
$$\frac{E_n}{100} = \frac{6000}{100}$$

Die Leistung beträgt also:
$$N = \frac{J_n}{5} \cdot \frac{E_n}{100} \cdot c \cdot \alpha = \frac{50}{5} \cdot \frac{6000}{100} \cdot 3 \cdot \alpha = 1800 \cdot \alpha \qquad \text{Watt.}$$

Für einen Ausschlag von 130 Skalenteilen beträgt demnach die Leistung
$$N = 1800 \cdot 130 = 234\,000 \text{ Watt.}$$

Bei der Messung zeigte der Spannungsmesser einen Ausschlag von 99,5 Skalenteilen, die Netzspannung betrug also
$$E = \alpha \cdot \frac{E_n}{100} = 99,5 \cdot \frac{6000}{100} = 5970 \text{ Volt.}$$

Der Strommesser gab an der 100-teiligen Skala einen Ausschlag von 88 Skalenteilen, so daß der Strom
$$J = \frac{J_n}{5} \cdot \frac{\alpha}{20} = \alpha \cdot \frac{J_n}{100} = 88 \cdot \frac{50}{100} = 44 \text{ Ampere}$$

betrug. Der Leistungsfaktor des Motors ergibt sich hieraus
$$\cos \varphi = \frac{N}{E \cdot J} = \frac{234\,000}{5970 \cdot 44} = 0,89.$$

Schaltung B. Bei dieser Schaltung, die nach dem Vorhergehenden bei dieser Messung am günstigsten ist, ergeben sich durch den Eigenverbrauch der Instrumente und Meßwandler folgende Fehler:

Eigenverbrauch des Spannungswandlers
(Leerlaufwatt bei Frequenz 50; vgl. S.103):   6,5 Watt

Eigenverbrauch des Leistungsmesser-
Spannungskreises (Widerstand für 90 Volt
3000 Ohm; vgl. S. 47): $\quad \dfrac{E^2}{R} = \dfrac{99{,}5^2}{3000} = 3{,}3$ Watt

Eigenverbrauch des Spannungsmessers
(für Meßbereich 130 Volt etwa 2200 Ohm;
vgl. S. 55): $\quad \dfrac{E^2}{R} = \dfrac{99{,}5^2}{2200} = 4{,}5$ Watt

Summe   14,3 Watt

Der hierdurch verursachte prozentuale Fehler beträgt

$$\frac{14{,}3 \cdot 100}{234\,000} = 0{,}006\%$$

der gemessenen Leistung und kann vollständig vernachlässigt
werden.

Schaltung A. Hierbei würden sich folgende Fehler ergeben:

Eigenverbrauch des Stromwandlers (beim Nennstrom etwa 25 Watt;
vgl. S. 99): $\quad 25 \cdot \dfrac{J^2}{J_n^2} = 25 \cdot \dfrac{44^2}{50^2} = 19{,}4$ Watt

Eigenverbrauch der Feldspule des
Leistungsmessers (beim Nennstrom
etwa 1,3 Watt; vgl. S. 17): $\quad 1{,}3 \cdot \dfrac{J^2}{J_n^2} = 1{,}3 \cdot \dfrac{44^2}{50^2} = 1{,}0$ Watt

Eigenverbrauch des Strommessers
(beim Nennstrom etwa 6,5 Watt;
(vgl. S. 53): $\quad 6{,}5 \cdot \dfrac{J^2}{J_n^2} = 6{,}5 \cdot \dfrac{44^2}{50^2} = 5{,}0$ Watt

Summe   25,4 Watt

Der Fehler ist also größer als bei Schaltung B, kann aber in
diesem Falle ebenfalls vernachlässigt werden.

L. Meßmethoden zur Bestimmung der Drehstrom-Wirkleistung.

1. Zwei-Leistungsmesser-Methode.

Die Leistung eines Drehstromes beträgt ganz allgemein:

$$N = \sqrt{3} \cdot E \cdot J \cdot \cos \varphi \qquad \text{Watt.}$$

Man kann diese Leistung jedoch auch als Summe dreier Einphasenleistungen darstellen. Bezeichnet man mit i_1, i_2, i_3 die Mo-

mentanwerte der Ströme in den drei Leitungen und mit e_1, e_2, e_3 die Momentanwerte der Sternspannungen, die bei Sternschaltung zwischen Nullpunkt und Netzleitern auftreten, so wird der Momentanwert der Leistung

$$N = e_1 \cdot i_1 + e_2 \cdot i_2 + e_3 \cdot i_3.$$

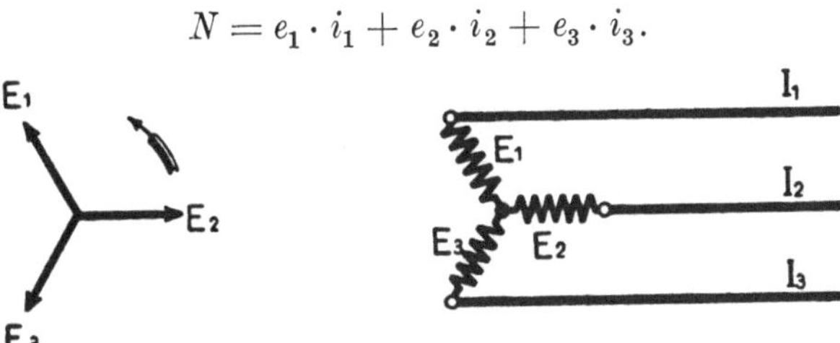

Bild 145 und 146. Drehstrom-Dreileitersystem.

Für ein Drehstrom-Dreileiter-System gilt stets die Beziehung

$$i_1 + i_2 + i_3 = 0$$
$$i_2 = -(i_1 + i_3).$$

Es wird also

$$N = e_1 \cdot i_1 - e_2 \cdot i_1 - e_2 \cdot i_3 + e_3 \cdot i_3$$
$$N = i_1 \cdot (e_1 - e_2) + i_3 \cdot (e_3 - e_2).$$

Die Klammerausdrücke $(e_1 - e_2)$ und $(e_3 - e_2)$ der obigen Gleichung stellen nichts anderes dar als die verketteten Spannungen, die durch Gegeneinanderschalten von zwei Sternspan-

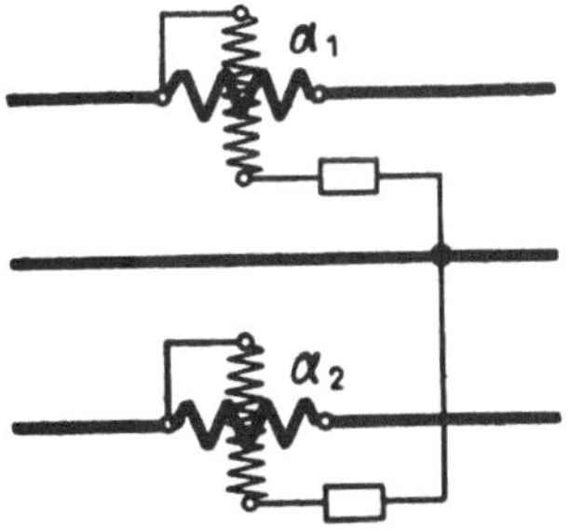

Bild 147. Prinzipschaltung der Zweileistungsmesser-Methode.

nungen entstanden sind. Aus der Gleichung folgt daher, daß sich die Leistung eines Drehstromes auch als Summe zweier Einphasenleistungen darstellen läßt, die sich aus zwei Netzströmen und den zugehörigen verketteten Spannungen ergeben. Die Messung der Leistung eines Drehstrom-Dreileiter-Systems muß also auch ganz

166

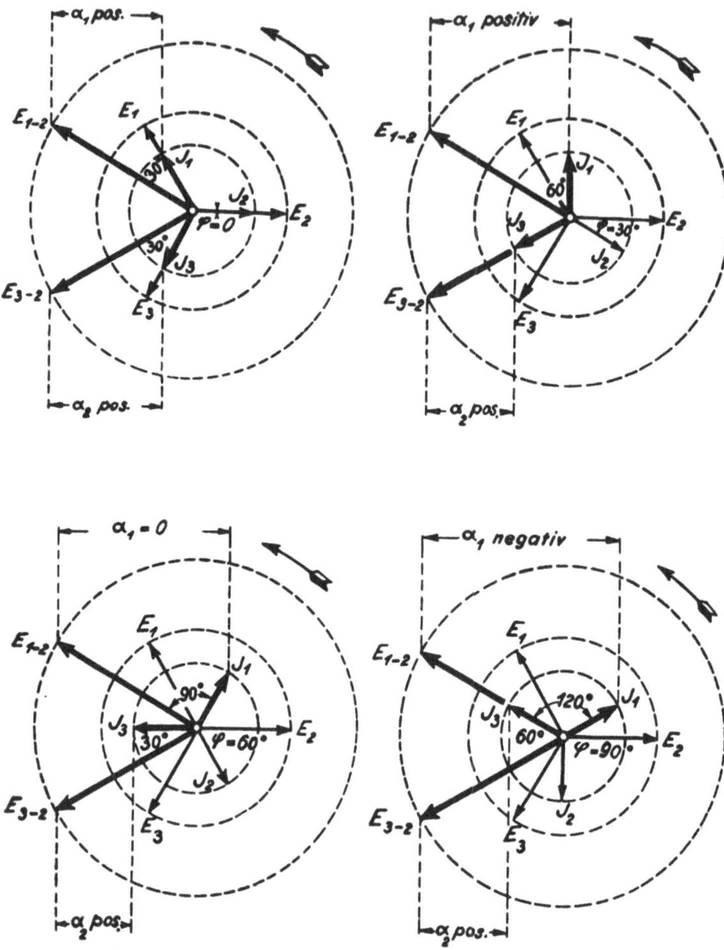

Bild 148 bis 151. Vektordiagramme der Wirkleistungsmessung nach der
Zwei-Leistungsmesser-Methode. Die Diagramme zeigen die Änderung der
Zeigerausschläge α_1 und α_2 der beiden Leistungsmesser bei verschiedenen
Phasenverschiebungen. Das linke, obere Bild gilt für $\varphi = 0$, also $\cos \varphi = 1$,
das rechte für $\varphi = 30°$, also $\cos \varphi = 0,866$. Das linke untere Bild gilt
für $\varphi = 60°$, also $\cos \varphi = 0,5$, das rechte für $\varphi = 90°$, also $\cos \varphi = 0$.

allgemein mit zwei Leistungsmessern möglich sein, wobei es ganz gleichgültig ist, ob Stern- oder Dreieckschaltung vorliegt (vgl. Bild 147). Die zur Messung verwendeten Leistungsmesser können natürlich den einzelnen Impulsen der Momentanleistungen nicht folgen, sondern stellen sich auf einen mittleren Wert, die mittlere Leistung, ein. Die mittlere Leistung ergibt sich dann als Summe der Ausschläge α_1 und α_2 der beiden Leistungsmesser

$$N = C \cdot c \cdot (\alpha_1 + \alpha_2) \qquad \text{Watt.}$$

Die bei der Zweileistungsmesser-Methode vorliegenden Verhältnisse gehen aus den Vektordiagrammen auf S. 166 hervor, die allerdings streng nur für gleiche Belastung der drei Zweige gelten. In diesen Diagrammen sind J_1, J_2, J_3 die drei um $120°$ verschobenen Ströme des Drehstromsystems. In dem einen Leistungsmesser wird der Strom J_1 und die aus den beiden Sternspannungen E_1 und E_2 resultierende verkettete Spannung E_{1-2} gemessen. Der Ausschlag α_1 dieses Leistungsmessers ergibt sich demgemäß aus dem Produkt von E_{1-2} und der Projektion von J_1 auf diesen Spannungsvektor. Im zweiten Leistungsmesser wird der Strom J_3 und die aus den beiden Sternspannungen E_3 und E_2 resultierende verkettete Spannung E_{3-2} gemessen. Der Ausschlag α_2 des zweiten Leistungsmessers ist demgemäß durch das Produkt aus E_{3-2} und der Projektion von J_3 auf den Spannungsvektor bestimmt. Die Ausschläge der Leistungsmesser sind positiv, wenn die Projektion des Stromes in die Richtung des Spannungsvektors fällt; sie sind negativ, wenn die Projektion des Stroms auf dem um $180°$ herumgeklappten Spannungsvektor liegt. Der Ausschlag ist endlich Null, wenn der gemessene Strom und die gemessene Spannung senkrecht aufeinander stehen. Die vier Diagramme sind für die Phasenverschiebungen $\varphi = 0$, $\varphi = 30°$, $\varphi = 60°$ und $\varphi = 90°$ gezeichnet. Bei einem Netzleistungsfaktor $\cos \varphi = 1$, also $\varphi = 0$ ist demnach in beiden Leistungsmessern der gemessene Strom um $30°$ gegen die gemessene Spannung verschoben. Die Leistungsmesser zeigen daher bei vollem Strom und voller Spannung nur 0,866 ihres Höchstausschlages. Bei einem Netzleistungsfaktor $\cos \varphi = 0{,}866$ (entsprechend einer Phasenverschiebung von $\varphi = 30°$ zwischen Strom und Sternspannung) zeigt der eine Leistungsmesser seinen Höchstausschlag, während der andere entsprechend einer tatsächlichen Verschiebung von $60°$ nur den

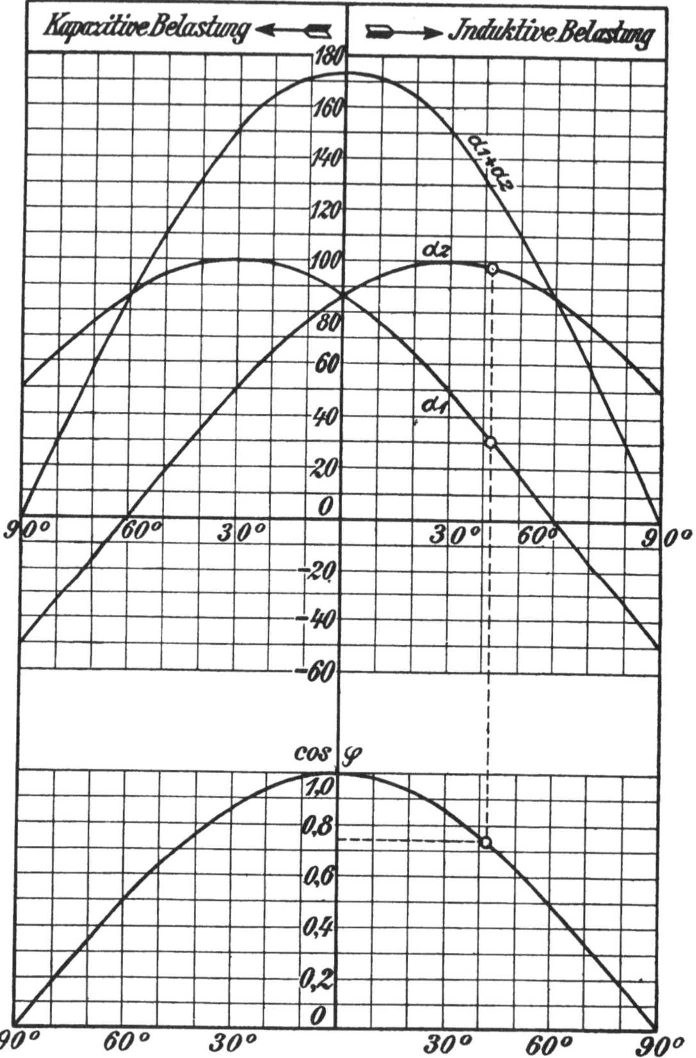

Bild 152. Schaulinien der Wirkleistungsmessung nach der Zwei-Leistungsmesser-Methode. Die Schaulinien zeigen die Änderung der beiden in Prozenten des Vollausschlages gemessenen Zeigerausschläge α_1 und α_2 als Funktion des Phasenverschiebungswinkels φ. Die darunterstehende Kosinuskurve ermöglicht den Übergang vom Leistungsfaktor $\cos \varphi$ auf den Winkel φ.

halben Ausschlag gibt. Bei einem Netzleistungsfaktor $\cos \varphi = 0{,}5$, also $\varphi = 60°$, zeigt der eine Leistungsmesser, entsprechend einer tatsächlichen Phasenverschiebung von $30°$ zwischen gemessenem Strom und gemessener Spannung, wieder 0,866 des vollen Ausschlags, während der andere entsprechend einer Phasenverschiebung von $60° + 30° = 90°$ auf Null zurückgeht. Bei noch größerer Phasenverschiebung kehrt sich die Ausschlagsrichtung des einen Leistungsmessers um, d. h. die eine Leistung wird negativ. Man muß daher bei der Messung den Spannungskreis des Leistungsmessers wenden, um einen Ausschlag in die Skala hinein zu erhalten. Die Gesamtleistung ergibt sich jetzt als Differenz der beiden gemessenen Leistungen

$$N = C \cdot c \cdot (\alpha_1 - \alpha_2) \qquad \text{Watt.}$$

Die Schaulinien auf S. 168 zeigen, wie sich die Ausschläge der beiden Leistungsmesser und die Gesamtleistung des Drehstromes ändern, wenn man unter Konstanthalten von Strom und Spannung die Phasenverschiebung des Netzes von 0 bis $90°$ Voreilung oder Nacheilung ändert. Für den praktischen Gebrauch sind auf S. 170 nochmals die Kurven als Funktion des Leistungsfaktors $\cos \varphi$ dargestellt, so daß der bei den früheren Kurven erforderliche Übergang vom Leistungsfaktor zum Winkel erspart wird. Die Kurven gelten in der gezeichneten Weise für induktive Belastung. Bei kapazitiver Belastung sind lediglich die Bezeichnungen α_1 und α_2 zu vertauschen. Um während der Messung in jedem Augenblick Klarheit zu haben, ob die Ausschläge der beiden Leistungsmesser zu addieren oder voneinander zu subtrahieren sind, kann man folgende Regel beachten:

Bei vollkommen symmetrischer Schaltung der beiden Leistungsmesser sind die Ausschläge zu addieren. wenn man an beiden Instrumenten gleichgerichtete Ausschläge (in die Skala hinein) erhält. Muß man dagegen an dem einen Leistungsmesser die Spannung wenden, um einen Ausschlag in die Skala hinein zu erhalten, so ist der kleinere Ausschlag von dem größeren abzuziehen.

Bei dieser Regel ist vorausgesetzt, daß die Leistungsmesser vollkommen gleichartig gebaut sind, so daß sie bei gleichsinnigem Anschluß und gleicher Stellung der etwa eingebauten Spannungswender stets einen gleichsinnigen Ausschlag geben. Diese Voraussetzung trifft bei allen neueren Leistungsmessern zu.

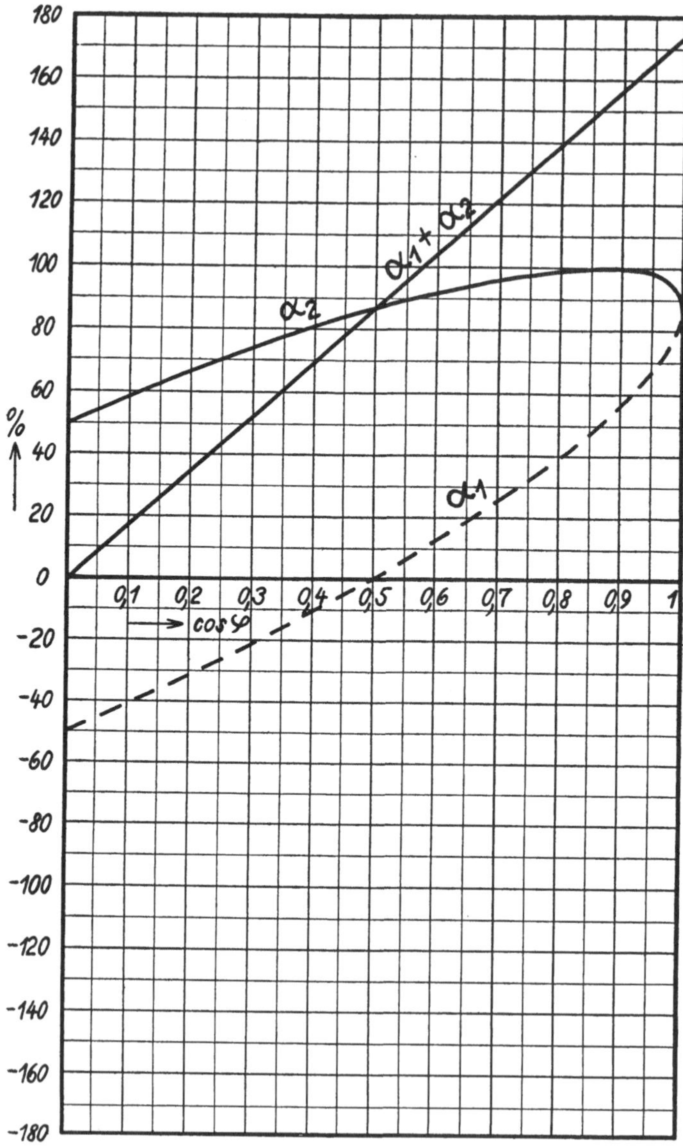

Bild 153. Schaulinien der Wirkleistungsmessung nach der Zwei-Leistungsmesser-Methode in Abhängigkeit von Leistungsfaktor cos φ.

Ergibt sich bei einer Prüfung nach der Zwei‑Leistungsmesser‑
Methode eine erhebliche Verschiedenheit der beiden gemessenen
Ströme, so kann man hieraus nicht ohne weiteres auf die Größe
des dritten Stromes schließen. In diesem Falle ist zur näheren
Untersuchung der Unsymmetrie eine Messung des dritten
Stromes wünschenswert. Bei der direkten Messung wird man
hierzu einfach drei Strommesser verwenden. Bei der indirekten
Messung wird man jedoch einen dritten Stromwandler wegen der
erhöhten Kosten der Meßeinrichtung gern vermeiden. Die Messung
des dritten Stromes ist auch mit den vorhandenen zwei Strom‑
wandlern bei entsprechender Schaltung ohne Schwierigkeiten

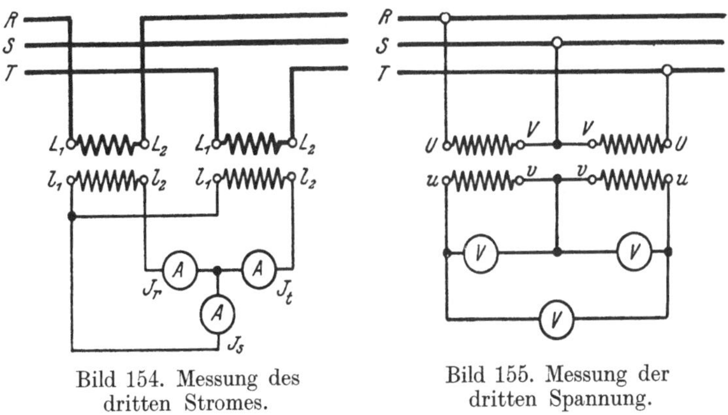

Bild 154. Messung des
dritten Stromes.

Bild 155. Messung der
dritten Spannung.

möglich. Da der dritte Strom stets die geometrische Summe der
beiden anderen Ströme ist, braucht man nur die Sekundärseiten
der beiden Stromwandler im richtigen Sinne parallel zu schalten
und den Summenstrom über einen dritten Strommesser zu führen,
wie es Bild 154 zeigt. Man kann hierbei noch einen Schritt weiter
gehen und auch noch den dritten Strommesser sparen, wenn man
die bei der Zwei‑Leistungsmesser‑Methode vorhandenen zwei
Strommesser entsprechend umschaltet. Bei der Umschaltung ist
jedoch streng darauf zu achten, daß keine Unterbrechung der
Sekundärwicklungen der Stromwandler erfolgt. Man führt daher
diese Umschaltung zweckmäßig mit einem Stromumschalter aus,
wie es das Schaltbild auf S. 214 zeigt.

Sind die drei Ströme verschieden, so ist auch zu erwarten, daß
die drei Spannungen verschieden groß sind. Zur Messung der

dritten Spannung verwendet man bei der direkten Messung einen dritten Spannungsmesser. Bei der indirekten Messung kann man mit zwei Spannungswandlern auskommen und die dritte Spannung als geometrische Summe der beiden anderen Spannungen messen. Da die beiden Spannungswandler in V-Schaltung liegen, ist es nur erforderlich, den Spannungsmesser an die beiden freien Enden (u) der V-Schaltung zu legen, wie es in Bild 155 dargestellt ist. Auch hierbei kann man das dritte Meßinstrument sparen, wenn man den einen der beiden in der normalen Meß- schaltung vorhandenen Spannungsmesser umschaltet. Man kann hierzu einen beliebigen Umschalthebel mit Stromunterbrechung benutzen. Im Gesamtschaltbild auf S. 214 werden die Umschal- tungen zur Messung des dritten Stromes und der dritten Spannung gleichzeitig vorgenommen. Es wird hierzu ein normaler drei- poliger Stromumschalter (vgl. S. 130) verwendet.

2. Drei-Leistungsmesser-Methode.

Bei der Drei-Leistungsmesser-Methode liegt in jeder Leitung ein Leistungsmesser. Die Spannungskreise der drei Leistungsmesser

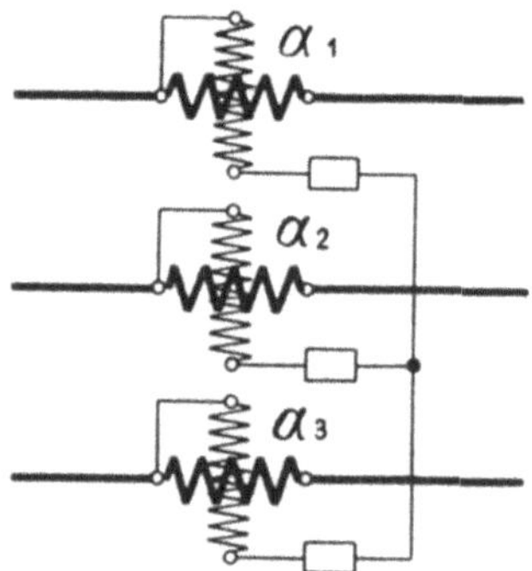

Bild 156. Prinzipschaltung der Drei-Leistungs- messer-Methode mit künstlichem Nullpunkt.

sind in Sternschaltung zu einem künstlichen Nullpunkt verbunden (vgl. Bild 156). Wird für die Widerstände der drei Spannungs- kreise keinerlei Voraussetzung gemacht, dann liegt auch der künst- liche Nullpunkt an einer beliebigen Stelle; er braucht also nicht mit dem tatsächlichen Nullpunkt des Drehstromsystems zusam- menfallen. Die Leistung des Drehstrom-Systems ist in jedem Falle die Summe der von den drei Leistungsmessern gemessenen Leistungen, wobei die gemessenen Einzelleistungen jedoch nicht gleich den Leistungen der drei Phasen sein müssen. Dabei ist vollkommen gleichgültig, ob der untersuchte Stromerzeuger oder Stromverbraucher in Stern oder in Dreieck geschaltet ist.

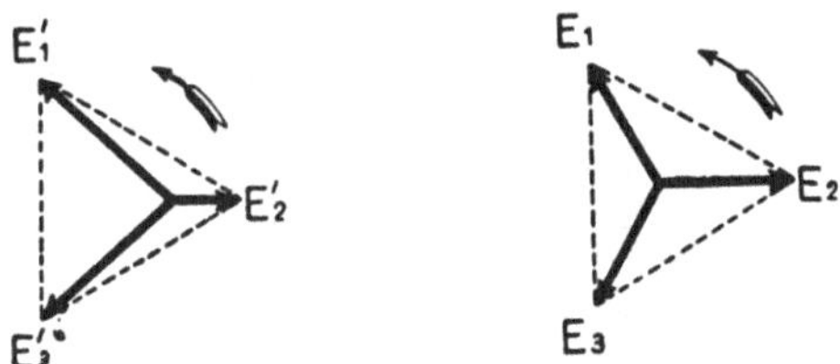

Bild 157 u. 158. Spannungen eines Drehstromsystems; links mit unsymmetrischem, rechts mit symmetrischem Nullpunkt.

Bezeichnen:

e'_1, e'_2, $e'_3 =$ Momentanwerte der gemessenen Spannungen E'_1, E'_2, E'_3 bei künstlichem, beliebig liegenden Nullpunkt (Bild 157);

i_1, i_2, $i_3 =$ Momentanwerte der Ströme in den drei Leitungen,

so wird der Momentanwert der gemessenen Leistung:

$$N = e'_1 \cdot i_1 + e'_2 \cdot i_2 + e'_3 \cdot i_3.$$

Ferner gilt für jedes Drehstrom-Dreileiter-System die Beziehung:

$$i_2 = - (i_1 + i_3).$$

Es wird also:

$$N = e'_1 \cdot i_1 - e'_2 \cdot i_1 - e'_2 \cdot i_3 + e'_3 \cdot i_3$$
$$N = i_1 \cdot (e'_1 - e'_2) + i_3 \cdot (e'_3 - e'_2).$$

Die Klammerausdrücke $(e'_1 - e'_2)$ und $(e'_3 - e'_2)$ bedeuten nichts anderes als die resultierenden Spannungen, die durch Gegeneinanderschalten der gemessenen Spannungen entstanden sind. Diese resultierenden Spannungen sind, wie aus dem Diagramm ersichtlich ist, in jedem Falle gleich den verketteten Spannungen, d. h. den Netzspannungen. Die Gleichung entspricht daher vollkommen der auf S. 165 abgeleiteten Gleichung für die ZweiLeistungsmesser-Methode. Es ist von Interesse, daß auch das Diagramm direkt auf die Zwei-Leistungsmesser-Methode hinführt. Denkt man sich, daß der Widerstand des Spannungskreises des mittleren Leistungsmessers und damit die Sternspannung E'_2 in Bild 157 immer kleiner und schließlich gleich Null wird, so werden die Spannungen E'_1 und E'_3 gleich der verketteten Spannung, und der Ausschlag α_2 des mittleren Leistungsmessers wird gleich Null. Die Gesamtleistung des Drehstrom-Systems wird also in diesem Falle durch die Ausschläge α_1 und α_3 der beiden anderen Leistungsmesser bestimmt, die Netzstrom und Netzspannung messen.

Bei Messungen in Drehstrom-Dreileiteranlagen wählt man die Widerstände der drei Spannungszweige gleich groß. Der künstliche Nullpunkt wird daher stets annähernd dem tatsächlichen Nullpunkt des Drehstromsystems entsprechen. Die erforderliche Größe der Widerstände ergibt sich dann aus der Sternspannung $E_s = E : \sqrt{3}$. Dann folgt die Leistung des Drehstromsystems aus den Zeigerausschlägen α_1, α_2 und α_3 der drei Leistungsmesser

$$N = C \cdot c \cdot (\alpha_1 + \alpha_2 + \alpha_3) \qquad \text{Watt.}$$

Die Drei-Leistungsmesser-Methode hat vor der Zwei-Leistungsmesser-Methode den Vorteil, daß durch den Einbau gleicher Instrumente in alle drei Leitungen die Symmetrie gewahrt und die Gleichheit der Klemmenspannungen am Stromverbraucher nicht gestört wird. Dies ist z. B. bei Messungen an Kleinmotoren von großem Wert. Bei Messungen unter normalen Verhältnissen ist indessen der Vorteil einer vollkommen symmetrischen Schaltung nicht so schwerwiegend, daß man dagegen die Unbequemlichkeiten, die durch die Ablesung dreier Instrumente entstehen, sowie die höheren Kosten der Meßschaltung in Kauf nehmen müßte. Die Schaltung wird daher für Drehstrom-Dreileitersysteme nur wenig angewendet.

Bei Messungen in Drehstrom-Vierleiteranlagen wählt man die Widerstände der drei Spannungszweige ebenfalls gleich groß, schließt aber den Sternpunkt der Widerstände an den Nulleiter des Drehstrom-Systems an (Bild 159). Da die Spannungszweige dann an der tatsächlichen Sternspannung liegen, sind auch die gemessenen Einzelleistungen gleich den Leistungen der drei Phasen. Die Gesamtleistung des Drehstrom-Systems ist gleich der Summe der drei Phasenleistungen:

$$N = C \cdot c \cdot (\alpha_1 + \alpha_2 + \alpha_3) \qquad \text{Watt.}$$

Für die Berechnung der erforderlichen Vorwiderstände und der

Widerstands-Konstante C ist hierbei naturgemäß die Sternspannung $E_s = E : \sqrt{3}$ maßgebend. Es sei noch darauf hingewiesen, daß die Drei-Leistungsmesser-Methode das einzig mögliche exakte Meßverfahren für Drehstrom-Vierleitersysteme ist. Die Zwei-

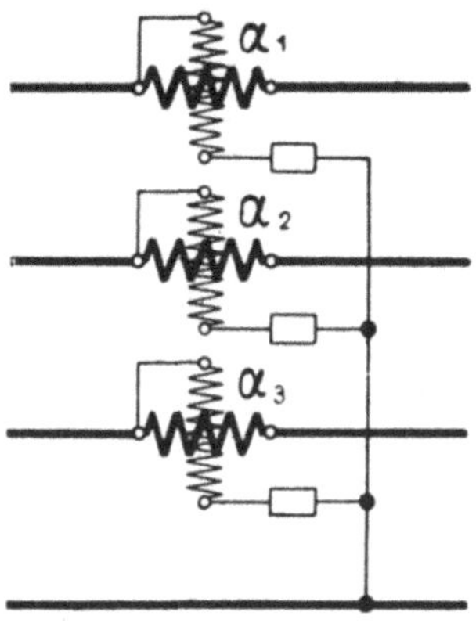

Bild 159. Prinzip der Drei-Leistungsmesser-
Methode mit natürlichem Nullpunkt; für
Vierleiter-Drehstrom.

Leistungsmesser-Methode ist hierbei entwicklungsgemäß nicht anwendbar, da die Bedingungsgleichung $i_2 = -(i_1 + i_3)$ für diese Meßmethode durch den im Nulleiter fließenden Ausgleichstrom hinfällig wird.

3. Ein-Leistungsmesser-Methode mit künstlichem Nullpunkt.

Die Gesamtleistung eines Drehstromes ist gleich der Summe der Leistungen der drei Phasen. Sind die drei Phasen gleichmäßig belastet, wie es bei Motoren der Fall ist, so genügt es für die Ermittlung der Gesamtleistung, die Leistung nur einer Phase zu messen und das Ergebnis mit 3 zu multiplizieren. Da die Bedingung genau gleichmäßig verteilter Belastung praktisch nur annähernd erfüllt ist, kann mit dieser Methode nicht die Meßgenauigkeit erzielt werden wie mit der Zwei-Leistungsmesser-Methode. Für technische Messungen wird die Methode jedoch in vielen Fällen recht brauchbar sein, namentlich bei Messungen an Maschinen mit stark schwankender Belastung, da es hierbei vielfach mehr darauf ankommt, die Änderungen der Belastung zu beobachten, als die genaue Größe der Leistung zu bestimmen.

Zur Messung der Leistung einer Phase ist der Nullpunkt des Drehstrom-Systems erforderlich. Da der natürliche Nullpunkt jedoch in den wenigsten Fällen zugänglich ist, muß man sich meist einen künstlichen Nullpunkt herstellen. Dies geschieht dadurch,

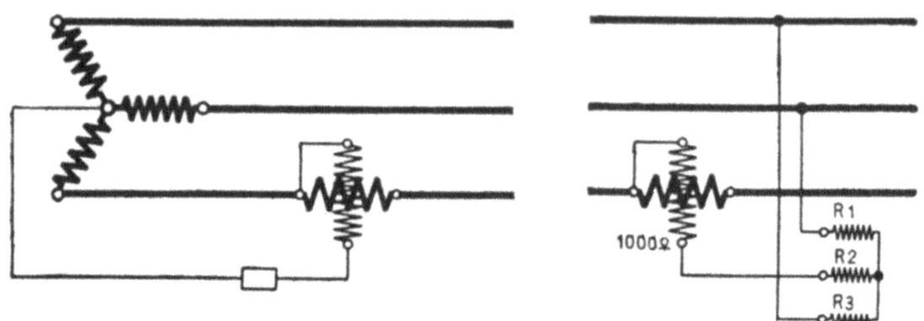

Bild 160 und 161. Prinzip der Ein-Leistungsmesser-Methode; links mit natürlichem, rechts mit künstlichem Nullpunkt.

daß man drei genau gleich große Widerstände in Sternschaltung zusammenschaltet. Die zu den Präzisions-Leistungsmessern von S. & H. gehörigen Nullpunktwiderstände sind so bemessen, daß die Beziehung

$$R_1 = R_3 = R_2 + 1000$$

erfüllt wird. Die bei dem Widerstand R_2 fehlenden 1000 Ohm werden hierbei durch den Spannungskreis des Leistungsmessers (1000-Ohm-Klemme) gebildet. Bei normaler Strombelastung des Leistungsmesser-Spannungskreises mit 0,03 Ampere würde die Widerstandskonstante für Drehstrom 1,73 mal so groß werden wie die Widerstandskonstante für Einphasenstrom, sofern man die bei Dreileiter-Drehstrom allein meßbare verkettete Spannung in die Rechnung einsetzt. Um bei der Auswertung der Meßergebnisse an Stelle des für die Rechnung unbequemen Faktors 1,73 den runden Wert 2 zu erhalten, werden die Widerstände so bemessen, daß der Strom im Spannungskreis des Leistungsmessers im Verhältnis 2 : 1,73 von 0,030 auf 0,026 Ampere verkleinert wird. Bedeutet E_n die Nennspannung des Widerstandes, die zur Erzielung einfacher Meßkonstanten als ein Vielfaches von 30 Volt anzunehmen ist, so ergeben sich folgende Widerstände für die einzelnen Zweige:

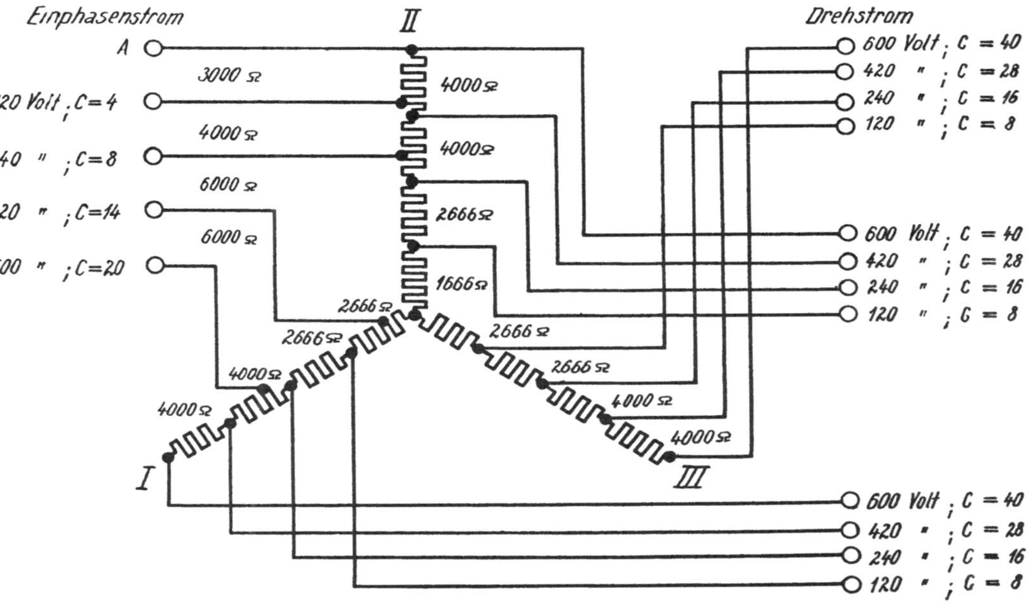

Bild 162. Innenschaltung eines Nullpunktwiderstandes für Drehstrom gleicher Belastung. Die an dem ausgeführten Nullpunktwiderstand rot bezeichnete Phase II ist stets unmittelbar an die 1000-Ohm-Klemme des Leistungsmessers anzuschließen.

$$R_1 = R_3 = \frac{E_n}{\sqrt{3} \cdot 0{,}026} = \frac{\sqrt{3}}{2{,}6} \cdot 100 \cdot \frac{E_n}{3} = \frac{2}{3}\left(1000 \cdot \frac{E_n}{30}\right),$$

$$R_2 = R_1 - 1000.$$

Der Klammerausdruck der obigen Formel stellt nichts anderes dar als den für eine gleich große Einphasenspannung erforderlichen Widerstand. Hieraus folgt, daß der Widerstand eines Zweiges zwei Drittel so groß ist als der Widerstand für eine gleich große Einphasenspannung. Die Widerstandswerte und die Widerstandskonstanten C sind auf S. 177 angegeben.

Die gemessene Drehstrom-Leistung ergibt sich dann durch Multiplikation der Angaben des Leistungsmessers mit der Widerstands-Konstante C für Drehstrom:

$$N = C \cdot c \cdot \alpha \qquad\qquad \text{Watt.}$$

Da der Strom im Spannungskreise des Leistungsmessers bei Verwendung der normalen Nullpunktwiderstände nur 26 anstatt 30 Milliampere beträgt, wird der Zeigerausschlag des Leistungsmessers bei vollem Strom, voller Spannung und $\cos\varphi = 1$ nur etwa 86,5% der ganzen Skala betragen. Der volle Ausschlag würde daher erst bei einer Überlastung des Instruments um 13,5% eintreten.

<h3 align="center">4. Ein-Leistungsmesser-Methode mit
Spannungsumschaltung.</h3>

Man kann die Leistung eines gleichmäßig belasteten Drehstrom-Systems auch mit einem einfachen Leistungsmesser für Einphasenstrom bestimmen, wenn man die Feldspule in eine Stromphase und den Spannungskreis nacheinander an zwei verkettete Spannungen anlegt, wie es Bild 163 zeigt.

Da die beiden Messungen hierbei nacheinander ausgeführt werden, ist außer der gleichen Verteilung der Belastung auf die drei Phasen noch vorauszusetzen, daß sich die Belastung in der Zeit zwischen beiden Messungen nicht erheblich ändert. Diese beiden Voraussetzungen sind jedoch praktisch stets nur annähernd erfüllt, es dürfen daher an die Meßgenauigkeit dieser Schaltung keine hohen Anforderungen gestellt werden. Die Schaltung hat aber den wesentlichen Vorteil, daß sie mit den einfachsten Hilfsmitteln arbeitet, da außer dem Leistungsmesser für Einphasenstrom nur noch ein einfacher, überall leicht zu beschaffender

Spannungsumschalter erforderlich ist. Aus diesem Grunde wird diese Schaltung bei gelegentlichen Motoruntersuchungen in vielen Fällen einen willkommenen Ausweg bieten.

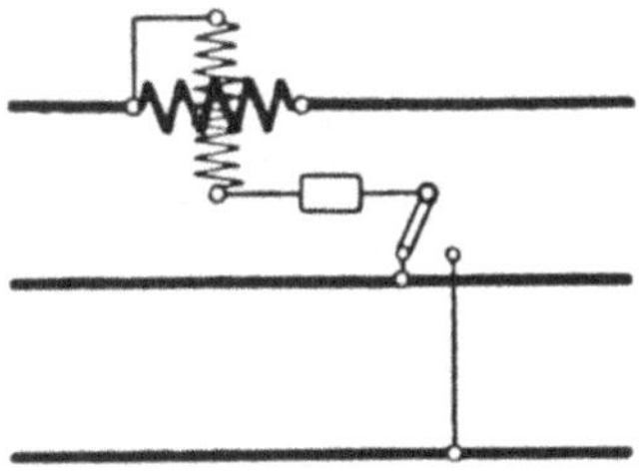

Bild 163. Prinzip der Ein-Leistungsmesser-
Methode mit Spannungsumschaltung.

Das Verhalten des Leistungsmessers in dieser Schaltung geht aus den auf S. 180 angegebenen Vektordiagrammen ohne weiteres hervor. In diesen Diagrammen ist J_1 der vom Leistungsmesser gemessene Strom. In der ersten Schalterstellung wird die verkettete Spannung E_{1-2}, in der zweiten E_{1-3} gemessen. Der Ausschlag α_1 ist demgemäß durch das Produkt aus der verketteten Spannung E_{1-2} und der Projektion des Stromes J_1 auf diese Spannung bestimmt. Der sich bei der zweiten Schalterstellung ergebende Ausschlag α_2 ist durch das Produkt aus der Spannung E_{1-3} und der Projektion von J_1 auf diese Spannung bestimmt. Vergleicht man dieses Vektordiagramm mit dem auf S. 166 angegebenen Diagramm der Zwei-Leistungsmesser-Methode, so sieht man, daß in beiden Schaltungen die Ausschläge α_1 genau die gleichen sind, da sie von dem gleichen Strom und der gleichen Spannung bei derselben Phasenverschiebung erzeugt werden. Bei den Ausschlägen α_2 herrscht in beiden Schaltungen ebenfalls die gleiche Phasenverschiebung, jedoch werden andere Ströme und Spannungen für die Messung benutzt. Setzt man voraus, daß die drei Ströme und die drei Spannungen des Drehstrom-Systems gleich groß sind, so werden auch die in beiden Schaltungen gemessenen Ausschläge α_2 gleich groß. Die Gesamtleistung ergibt sich demnach bei der Spannungsumschalter-Methode wie bei der Zwei-Leistungsmesser-Methode aus den bei den beiden Schalterstellungen auftretenden Zeigerausschlägen α_1 und α_2.

$$N = C \cdot c \cdot (\alpha_1 \pm \alpha_2) \qquad \text{Watt.}$$

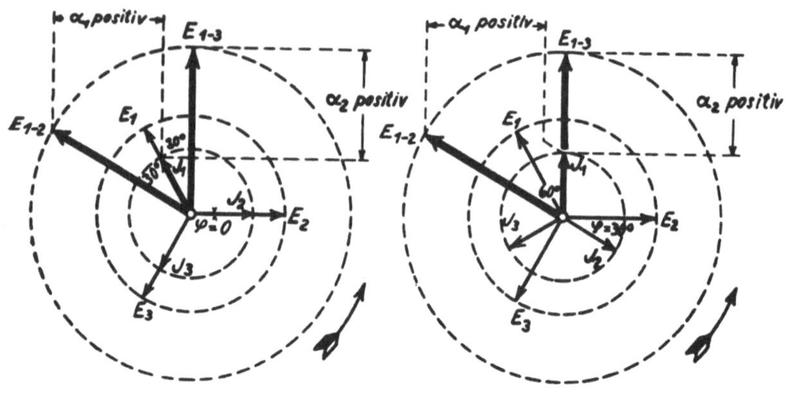

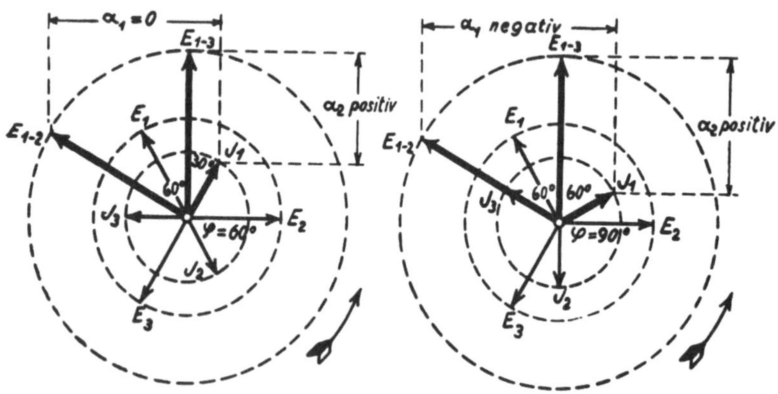

Bild 164 bis 167. Vektordiagramme der Ein-Leistungsmesser-Methode mit Spannungsumschaltung, für Wirkleistung. Die Diagramme zeigen die bei den durch die Umschaltung erzielten Ausschläge α_1 und α_2 des Leistungsmessers und ihre Änderung bei verschiedenen Phasenverschiebungen. Das linke obere Bild gilt für $\varphi = 0$, also $\cos \varphi = 1$, das rechte für $\varphi = 30°$, also $\cos \varphi = 0,866$. Das linke untere Bild gilt für $\varphi = 60°$, also $\cos \varphi = 0,5$, das rechte für $\varphi = 90°$, also $\cos \varphi = 0$.

Die Ausschläge α_1 und α_2 sind zu addieren, wenn man bei beiden Stellungen des Spannungsumschalters gleichgerichtete Ausschläge erhält. Muß man den Spannungsstrom des Leistungsmessers bei einer der beiden Messungen wenden, um einen Zeigerausschlag in die Skala hinein zu erhalten, so ist der kleinere Ausschlag vom größeren zu subtrahieren.

M. Meßmethoden zur Bestimmung der Drehstrom-Blindleistung.

Die Meßmethoden zur Bestimmung der Blindleistung ergeben sich aus den Wirkleistungsmessungen dadurch, daß man die im Leistungsmesser wirksame Spannung um 90° verschiebt, so daß der Leistungsmesser bei $\cos \varphi = 1$ den Ausschlag Null und bei $\cos \varphi = 0$ den Höchstausschlag gibt. Bei Einphasenstrom muß man zu diesem Zweck eine 90°-Schaltung verwenden, durch die der Spannungsstrom um 90° gegen die Spannung verschoben wird. Bei Drehstrom kann man sich dadurch helfen, daß man eine andere in der gewünschten Richtung liegende Spannung verwendet. Diese Methode hat gegenüber der künstlichen Phasenverschiebung den Vorteil, daß sie frequenzunabhängig und außerdem in der Abgleichung einfacher ist. Sie setzt jedoch voraus, daß die drei Spannungen des Drehstrom-Systems annähernd gleich groß sind.

1. Zwei-Leistungsmesser-Methode mit Widerstandsschaltung.

Bei dieser Schaltung wird die für die Blindleistungsmessung erforderliche Phasenverschiebung von 90° dadurch erreicht, daß man für die Messung eine andere um 90° zurückliegende Spannung verwendet. Die hierbei auftretenden Verhältnisse gehen aus den Diagrammen auf S. 182 hervor. Die beiden oberen, für die Wirkleistung geltenden Diagramme sind nach den Erläuterungen auf S. 167 ohne weiteres verständlich. J_1 ist der im ersten Leistungsmesser fließende Strom und E_{1-2} die bei der Messung verwendete verkettete Spannung. Die für die Blindleistungsmessung erforderliche Spannung findet man, wenn man von dem Vektor E_{1-2} um 90° zurückgeht, wie es in dem darunterliegenden Bild gezeigt ist. Man stößt dann auf den um 180° herumgeklappten Vektor E_3. Hierbei ist noch zu beachten, daß man an Stelle der verketteten

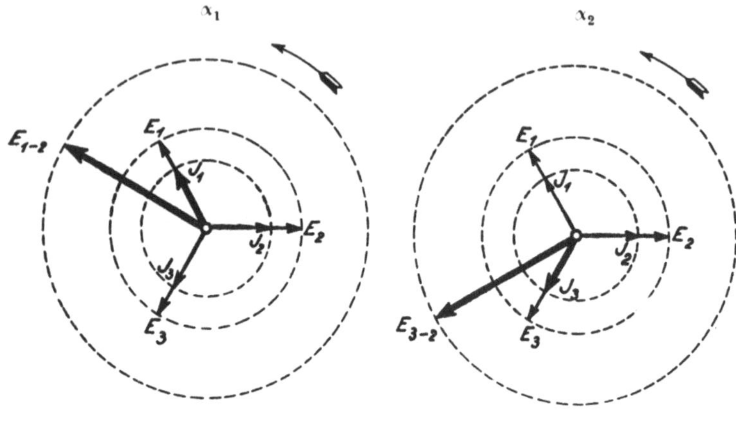

Wirkleistung.

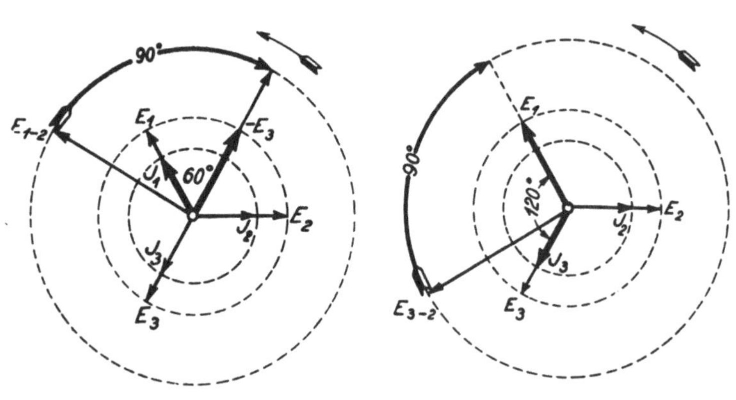

Blindleistung.

Bild 168 bis 171. Vektordiagramme der Zwei-Leistungsmesser-Methode für Wirk- und Blindleistung für einen Netzleistungsfaktor $\cos \varphi = 1$. Das linke obere Bild entspricht dem Ausschlag α_1 des einen, das rechte dem Ausschlag α_2 des anderen Leistungsmessers bei Wirkleistung. Die beiden unteren Bilder zeigen die für die Blindleistungsmessung erforderlichen Verschiebungen der Spannungsvektoren.

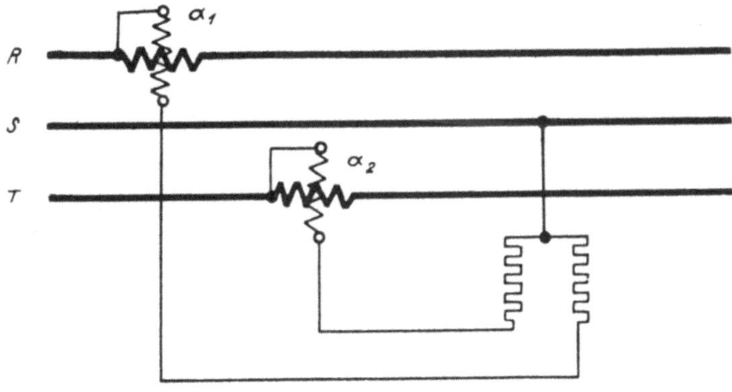

Wirkleistung.

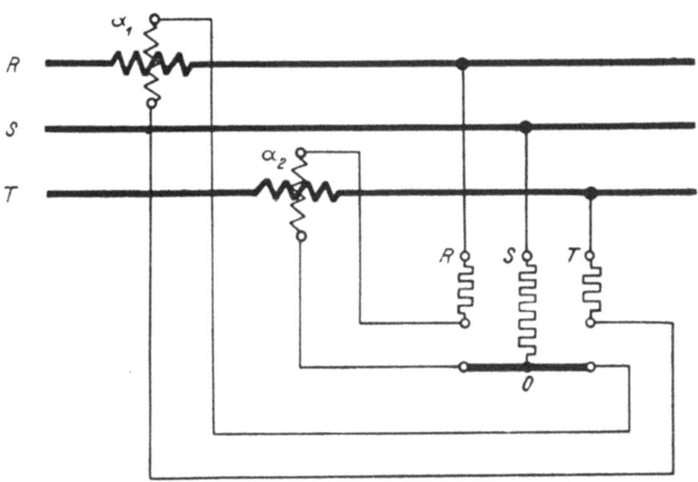

Blindleistung.

Bild 172 und 173. Prinzipschaltungen der Zwei-Leistungsmesser-Methode für Wirk- und Blindleistung. Das obere Schaltbild entspricht den beiden oberen, das untere den beiden unteren Diagrammen auf Seite 182. Im unteren Schaltbild werden an Stelle der verketteten Spannungen die den Diagrammen entsprechenden Sternspannungen gemessen.

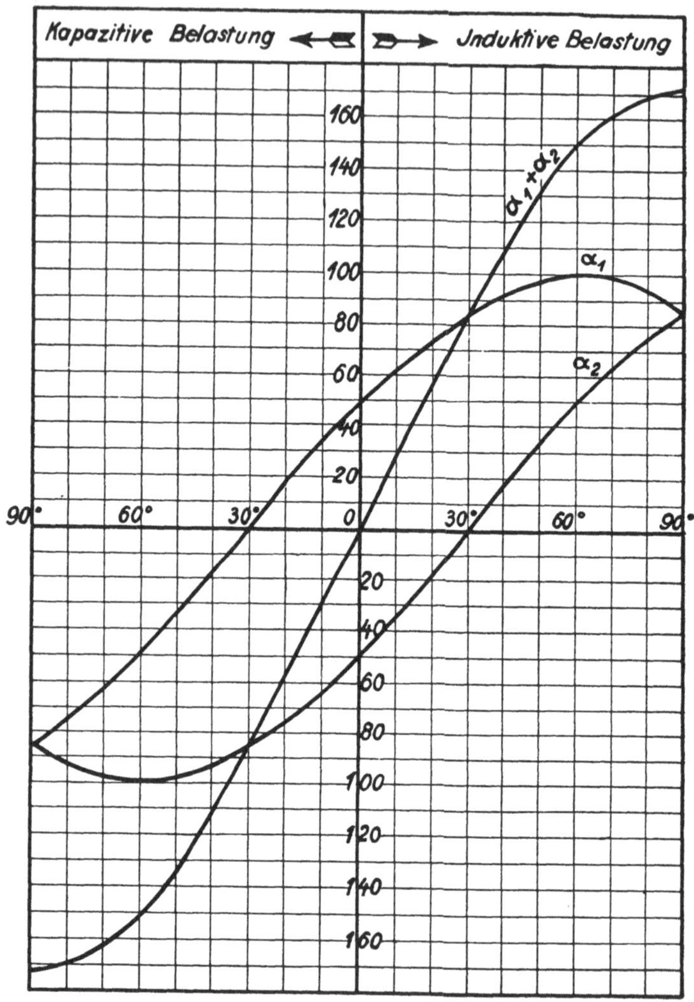

Bild 174. Schaulinien der Blindleistungsmessung nach der Zwei-Leistungsmesser-Methode. Die Schaulinien zeigen die Änderung der beiden, in Prozenten des Vollausschlages gemessenen Zeigerausschläge α_1 und α_2 als Funktion des Phasenverschiebungswinkels φ. Die Summe der beiden Ausschläge gibt die Summenkurve $\alpha_1 + \alpha_2$.

Spannung eine Sternspannung, also eine zu kleine Spannung erhält. Im zweiten Leistungsmesser fließt bei der Wirkleistungsmessung der Strom J_3 und es wird die verkettete Spannung E_{3-2} gemessen. Zur Blindleistungsmessung geht man von dem Vektor E_{3-2} wieder um 90° zurück, wie es in dem darunterliegenden Bild gezeigt ist. Man stößt dann auf den Vektor E_1, also wiederum auf eine Sternspannung. Die aus diesen Diagrammen folgenden Schaltungen sind in den Bildern auf S. 183 angegeben. Das obere Bild zeigt die normale Wirkleistungsmessung, das untere die Blindleistungsmessung. Die den Vektoren $-E_3$ und E_1 entsprechenden Sternspannungen werden hierbei durch einen Nullpunktwiderstand erzeugt. Entsprechend dem negativen Vektor $-E_3$ ist der Spannungskreis des oberen Leistungsmessers mit vertauschten Polen an die T-Phase des Nullpunktwiderstandes angeschlossen. Der Spannungskreis des zweiten Leistungsmessers liegt dagegen ohne Polvertauschung in der R-Phase. Bei normaler Bemessung des Nullpunktwiderstandes wäre das Meßergebnis mit $\sqrt{3}$ zu multiplizieren, da an Stelle der verketteten Spannungen nur Sternspannungen gemessen werden. Man kann es jedoch durch entsprechende andere Bemessung der Widerstände erreichen, daß die Leistungsmesser ohne Umrechnung die Blindleistung anzeigen (vgl. S. 191).

Bei einer derartig ausgeführten Schaltung muß man sich darüber klar sein, daß in dem Leistungsmesser zwischen der Feldspule und der Spannungsspule Potentialdifferenzen auftreten müssen, da eben bei der Messung eine andere Spannung als sonst üblich benutzt wird. Bei der vorliegenden Schaltung ist diese Potentialdifferenz gleich der Sternspannung. Damit in den Leistungsmessern hierbei keine Störungen entstehen, wird man die Schaltung höchstens für Spannungen bis etwa 150 Volt anwenden und bei höheren Spannungen zu Spannungswandlern übergehen.

Der Richtungssinn und die Größenverhältnisse der beiden Leistungsmesser-Ausschläge α_1 und α_2 gehen aus dem Kurvenbild auf S. 184 hervor, das aus den Kurven auf S. 168 durch Verschiebung um 90° entstanden ist. Bei induktiver Phasenverschiebung zwischen Null und 30° ist demnach der Ausschlag α_1 positiv und α_2 negativ, während zwischen 30 und 90° beide Ausschläge positiv sind. Die Gesamtleistung ist bei induktiver Belastung von 0 bis 90° Phasenverschiebung positiv. Bei kapazitiver Phasenverschiebung

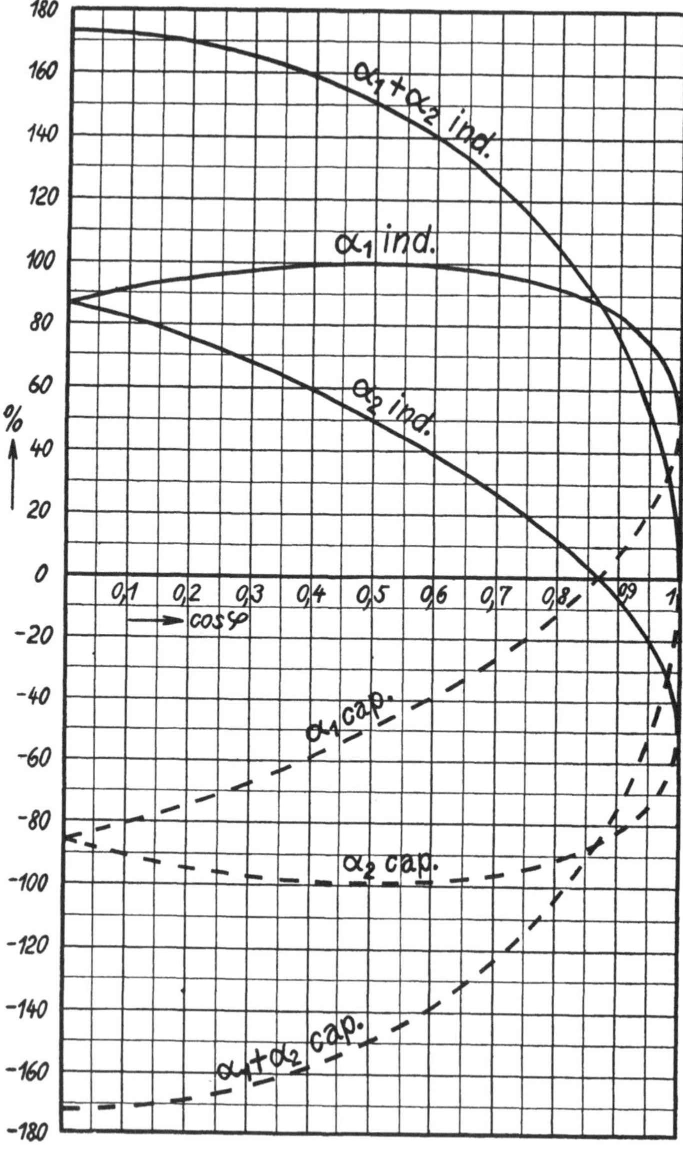

Bild 175. Schaulinien der Blindleistungsmessung nach der Zwei-Leistungsmesser-Methode in Abhängigkeit vom Leistungsfaktor cos φ.

ist α_1 zwischen Null und $30°$ positiv und α_2 negativ. Zwischen 30 und $90°$ sind α_1 und α_2 negativ. Die Gesamtleistung bei kapazitiver Phasenverschiebung ist jedoch von 0 bis $90°$ negativ. Auf S. 186 sind die Kurven nochmals als Funktion des Leistungsfaktors $\cos \varphi$ dargestellt. Diese Kurven sind für den praktischen Gebrauch angenehmer, da hierbei der Übergang vom Leistungsfaktor zum Winkel erspart wird. Die ausgezogenen Teile gelten für induktive, die gestrichelten für kapazitive Belastung. Alle Kurven sind hierbei Ellipsen.

Bei der Messung selbst ergeben sich die Vorzeichen ebenso wie bei der Wirkleistungsmessung aus der Stellung der beiden Spannungswender. Sind beide Spannungswender in gleicher Stellung, so sind die Ausschläge zu addieren, sind sie in verschiedener Stellung, so sind sie voneinander abzuziehen. Im Gegensatz zur Wirkleistungsmessung muß man jedoch hier darauf achten, daß die Gesamtleistung bei induktiver Phasenverschiebung positiv und bei kapazitiver Phasenverschiebung negativ einzusetzen ist.

2. Drei-Leistungsmesser-Methode mit Widerstandsschaltung.

Bei dieser Schaltung werden ebenfalls im Drehstromsystem vorhandene, um $90°$ zurückliegende Spannungen benutzt. Die Richtung und die Größenverhältnisse dieser Spannungen sind aus den Diagrammen auf S. 188 ersichtlich. Die oberen drei Bilder gelten für die Wirkleistung. Im ersten Leistungsmesser wird die aus dem Strom J_1 und der Sternspannung E_1 resultierende Leistung gemessen. Geht man von der Spannung E_1 um $90°$ zurück, so stößt man auf die verkettete Spannung E_{2-3}, wie es in dem darunterliegenden Bild gezeigt ist. Die bei der Blindleistung gemessene Spannung ist demgemäß zu groß, da an Stelle einer Sternspannung eine verkettete Spannung gemessen wird. Für den zweiten Leistungsmesser, der bei der Wirkleistungsmessung den Strom J_2 und die Sternspannung E_2 mißt, kommt man bei der Blindleistungsmessung auf die um $90°$ zurückliegende verkettete Spannung E_{3-1}. Bei dem dritten Leistungsmesser kommt man analog auf die verkettete Spannung E_{1-2}. Da man bei allen drei Messungen an Stelle der Sternspannungen verkettete Spannungen mißt, sind die von den Leistungsmessern angezeigten Beträge bei Verwendung normaler Vorwiderstände durch $\sqrt{3}$ zu

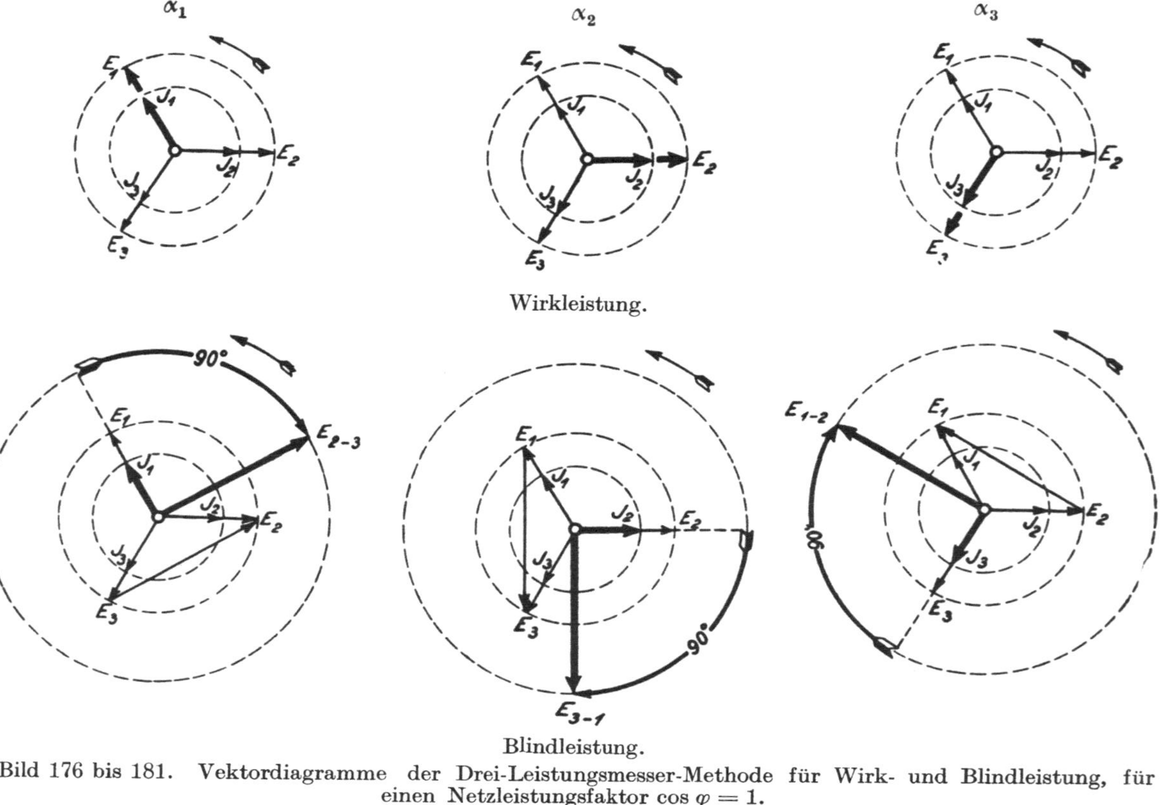

Bild 176 bis 181. Vektordiagramme der Drei-Leistungsmesser-Methode für Wirk- und Blindleistung, für einen Netzleistungsfaktor $\cos \varphi = 1$.

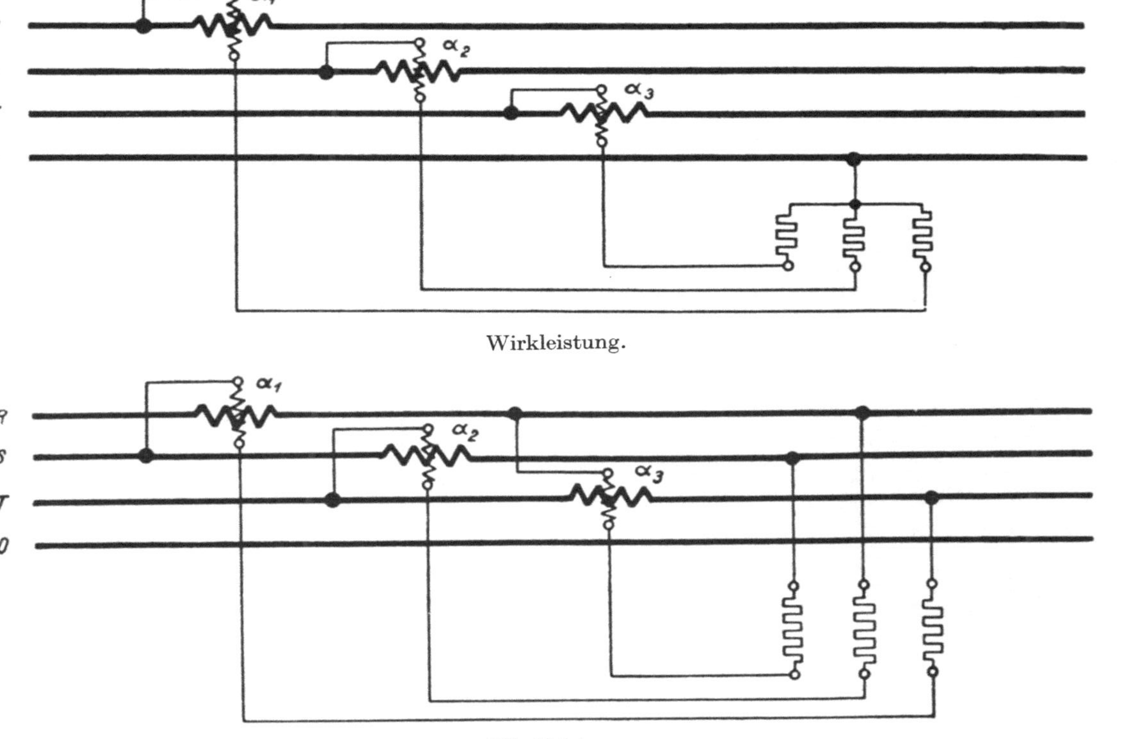

Bild 182 und 183. Prinzipschaltungen der Drei-Leistungsmesser-Methode für Wirk- und Blindleistung, entsprechend den nebenstehenden Diagrammen.

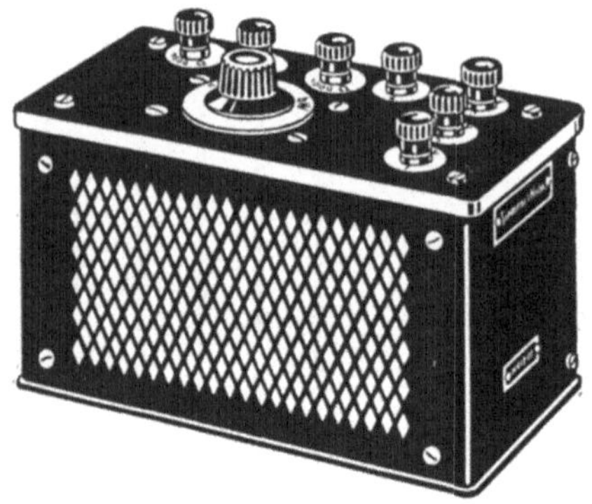

Bild 184. Äußere Ansicht eines umschaltbaren Vorwiderstandes für Wirk- und Blindleistungsmessung nach der Zwei-Leistungsmesser-Methode. Der Widerstand ist zum Anschluß an zwei Leistungsmesser der Prüffeldtype bestimmt.

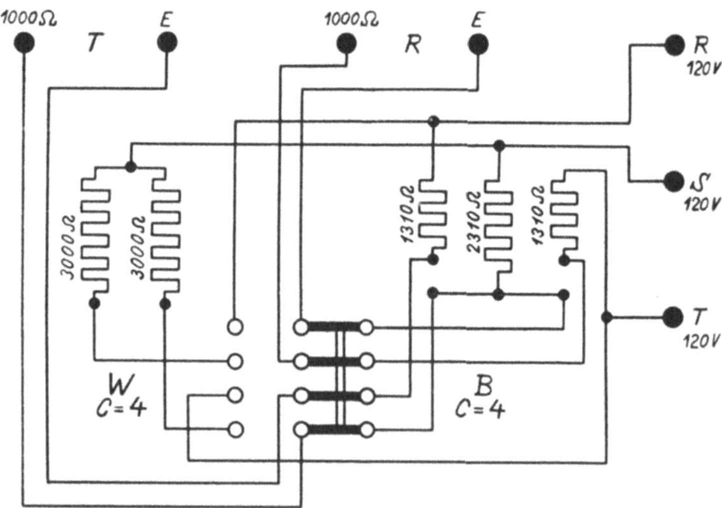

Bild 185. Innere Schaltung des obigen umschaltbaren Vorwiderstandes. In der linken Schaltstellung wird die Wirkleistung, in der rechten die Blindleistung gemessen.

dividieren. Man kann naturgemäß auch hier durch entsprechende andere Bemessung der Widerstände jede Rechnung vermeiden (vgl. S. 194).

Die den Diagrammen entsprechenden Schaltungen für Wirk- und Blindleistung sind auf S. 189 angegeben. In den Leistungsmessern tritt hierbei zwischen den Feldspulen und den Spannungsspulen die volle verkettete Spannung auf. Die Schaltung ist daher nur für Spannungen bis etwa 120 Volt ausführbar, da sonst die Potentialdifferenzen in den Leistungsmessern unzulässig groß werden. Für höhere Spannungen sind Spannungswandler zu verwenden.

Der Richtungssinn der Zeigerausschläge ist bei allen drei Leistungsmessern der gleiche. Die gesamte Blindleistung ergibt sich also ebenso wie bei der Wirkleistung in jedem Falle aus der Summe der drei Zeigerausschläge.

3. Umschaltbare Vorwiderstände für Wirk- und Blindleistung.

In den neuen umschaltbaren Vorwiderständen für Wirk- und Blindleistung sind die für beide Messungen erforderlichen Vorwiderstände eingebaut und derart mit einem Schalter verbunden, daß man ohne Änderung der Außenschaltung unmittelbar von der Wirkleistungsmessung zur Blindleistungsmessung übergehen kann. Die Widerstände sind so bemessen, daß die Widerstandskonstanten für beide Messungen gleich groß sind. Da nur Ohmsche Widerstände benutzt werden, sind auch die Blindleistungsmessungen von der jeweiligen Frequenz unabhängig.

Bild 184 zeigt die äußere Ausführung und Bild 185 die Innenschaltung eines derartigen umschaltbaren Vorwiderstandes für die Zwei-Leistungsmesser-Methode zum Anschluß an zwei Leistungsmesser der Prüffeldtype. Die Schaltung entspricht den beiden Schaltbildern auf S. 183. Steht der Umschalter auf W, so wird die Wirkleistung, steht er auf B, so wird die Blindleistung gemessen. Damit die Widerstandskonstante für die Blindleistung ebenso groß wird wie die für die Wirkleistung, sind die in Sternschaltung liegenden Blindlastwiderstände so bemessen, daß der Strom im Spannungskreis der Leistungsmesser der gleiche ist wie bei den an der verketteten Spannung liegenden Wirklastwiderständen. Die hieraus folgenden Widerstandswerte sind im Schaltbild ein-

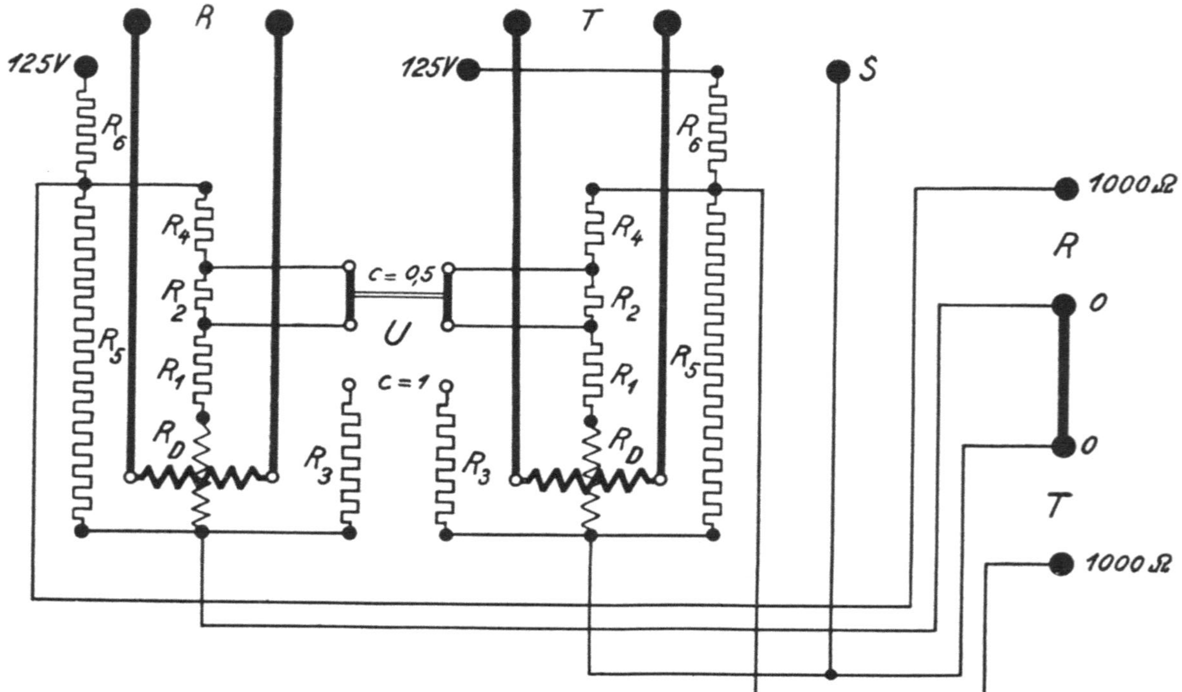

Bild 186. Innere Schaltung eines tragbaren Drehstrom-Betriebsleistungsmessers für Wirk- und Blindleistung.

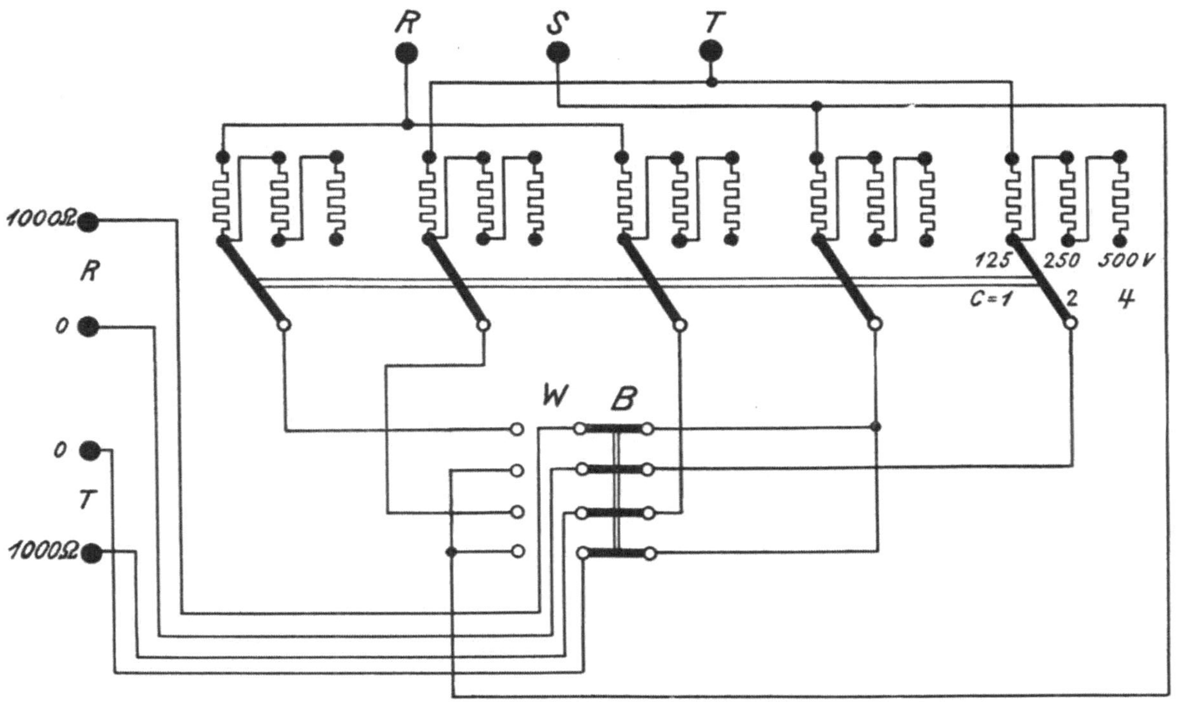

Bild 187. Innenschaltung des umschaltbaren Wirk- und Blindlastwiderstandes mit drei Nennspannungen; passend zum tragbaren Drehstrom-Betriebsleistungsmesser.

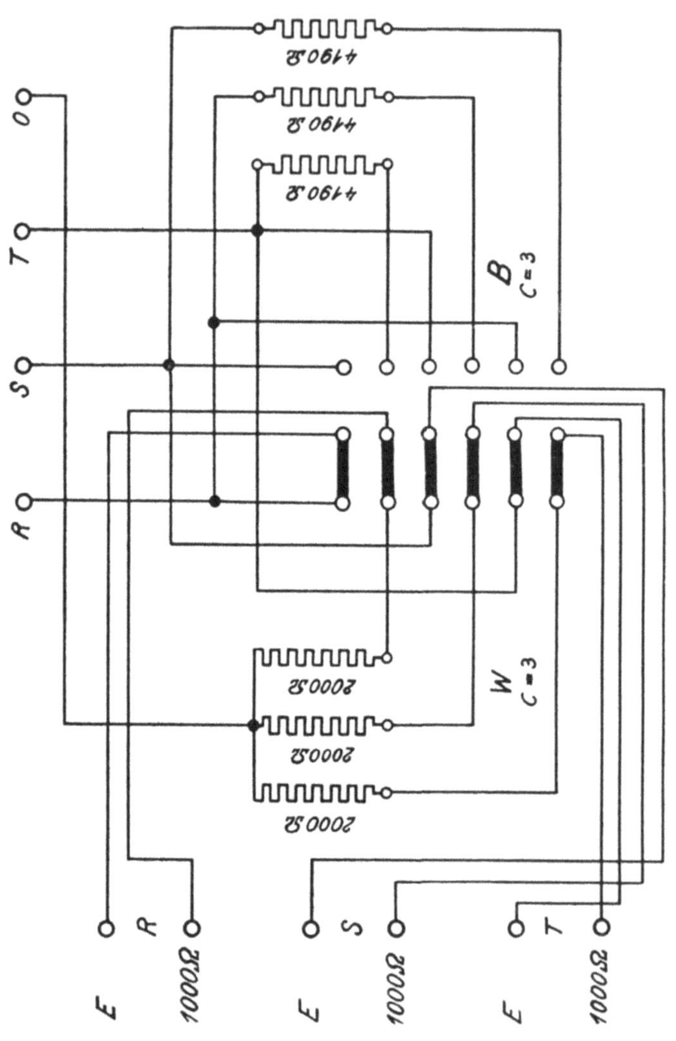

Bild 188. Innenschaltung eines umschaltbaren Wirk- und Blindlastwiderstandes nach der Drei-Leistungsmesser-Methode.

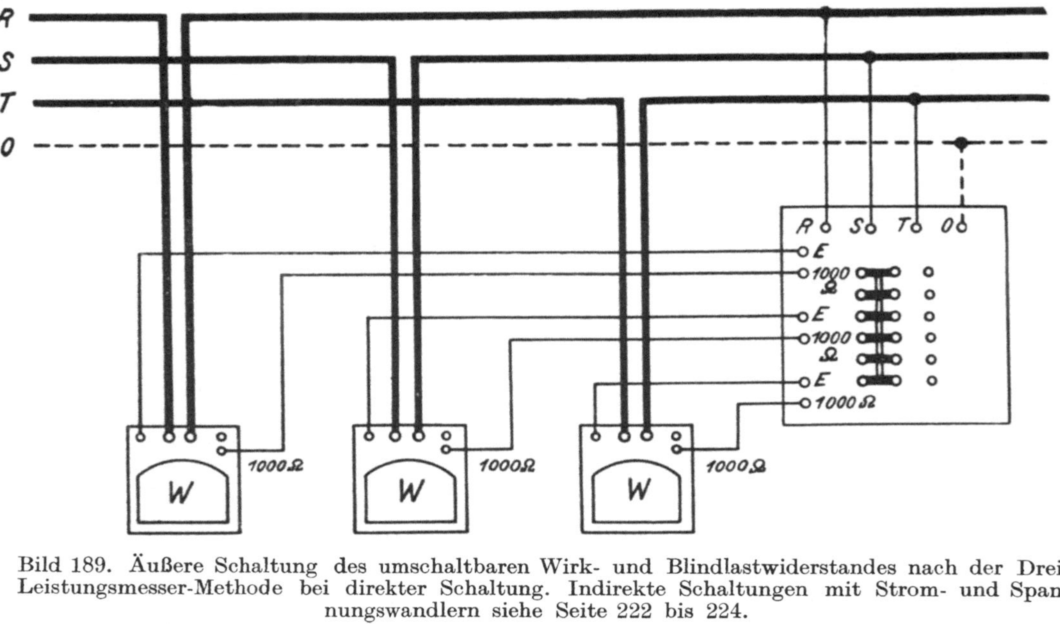

Bild 189. Äußere Schaltung des umschaltbaren Wirk- und Blindlastwiderstandes nach der Drei-Leistungsmesser-Methode bei direkter Schaltung. Indirekte Schaltungen mit Strom- und Spannungswandlern siehe Seite 222 bis 224.

getragen. Die Nennspannung des Widerstandes beträgt 120 V, die Widerstandskonstante $C = 4$. Bei der Herstellung der Meßschaltung ist darauf zu achten, daß die Feldspulen und die Spannungsspulen der Leistungsmesser an gleichbezeichnete Phasen angeschlossen werden. Die Phasenfolge beeinflußt die Messung nicht. Es genügt daher, vor dem Aufbau der Meßschaltung die Bezeichnung der Phasen ohne Rücksicht auf die wirkliche Phasenfolge willkürlich festzulegen. Bei der Ausführung der Messung ist noch zu beachten, daß für die Blindleistungsmessung die drei Spannungen des Drehstrom-Systems annähernd gleich groß sein müssen. Diese Bedingung ist jedoch bei Motoren stets, bei Generatoren in den weitaus meisten Fällen erfüllt.

Bild 187 zeigt die Innenschaltung eines ebenfalls für die Zwei-Leistungsmesser-Methode bestimmten umschaltbaren Vorwiderstandes zum Anschluß an einen Drehstrom-Betriebs-Leistungsmesser mit zwei mechanisch gekuppelten Meßwerken. Die Widerstände sind hierbei entsprechend der auf S. 192 abgebildeten Innenschaltung des Drehstrom-Leistungsmessers auf die andere Seite der Drehspulen gelegt worden. Die hierdurch im Leistungsmesser verursachten Potentialdifferenzen sind beim eisengeschlossenen Meßwerk ohne weiteres zulässig. Der Widerstand für den Betriebs-Leistungsmesser ist im Gegensatz zu dem vorbeschriebenen für die drei Nennspannungen 125, 250, 500 Volt umschaltbar ausgeführt. Die Widerstandskonstante beträgt bei der Nennspannung 125 Volt $C = 1$, bei 250 Volt $C = 2$ und bei 500 Volt $C = 4$. Beim Anschluß des Instrumentes an den Vorwiderstand sind nur die in Bild 186 an der rechten Seite gezeichneten Klemmenpaare 0 und 1000 Ohm zu benutzen, wobei die Lasche zwischen den Nullklemmen zu entfernen ist. Auch hierbei ist darauf zu achten, daß stets gleichbezeichnete Klemmen verbunden werden. Hinsichtlich der Phasenfolge gilt das im vorigen Abschnitt Gesagte. Der im Instrument befindliche Meßbereichumschalter U kann auch bei Anschluß des umschaltbaren Vorwiderstandes benutzt werden, so daß die beiden elektrischen Empfindlichkeiten des Leistungsmessers voll ausgenutzt werden können.

Bild 188 zeigt die Innenschaltung eines zur Zeit noch nicht ausgeführten umschaltbaren Vorwiderstandes für die Drei-Leistungsmesser-Methode zum Anschluß an drei Leistungsmesser der Prüffeldtype. Die Schaltung für die beiden Schaltstellungen des Widerstandes entspricht den beiden auf S. 189 angegebenen Schaltbildern. Die Widerstandskonstanten sind auch hier für die Wirk- und Blindleistungsmessung gleich groß. Dementsprechend sind die Widerstände so bemessen, daß der Strom im Spannungskreis des Leistungsmessers bei beiden Schaltstellungen der gleiche ist. Im Schaltbild sind die Widerstandswerte für eine Nennspannung 90 Volt eingezeichnet. Die Widerstandskonstante beträgt hierbei $C = 3$. Der Widerstand für die Drei-Leistungsmesser-Methode hat vor dem anfangs beschriebenen Widerstand für die Zwei-Leistungsmesser-Methode den Vorteil, daß auch die Blindleistungsmessung von der Gleichheit der drei Netzspannungen unabhängig ist. Die Summe der Zeigerausschläge der drei Leistungsmesser gibt also auch bei ungleichen Spannungen die gesamte Wirk- und die gesamte Blindleistung an. Bild 189 zeigt den Anschluß des Widerstandes an die Meßschaltung.

4. Wirk- und Blindlastschreiber mit 90°-Schaltung.

Neuerdings wird ein Wirk- und Blindlastschreiber gebaut, der auf demselben Papierstreifen nebeneinander die Wirk- und Blindleistung aufzeichnet. Der Apparat enthält zwei mechanisch gekuppelte, eisengeschlossene elektrodynamische Meßwerke. Bild 190 zeigt die Schaltung des Apparates. Bei der Wirkleistungsmessung, die der linken Stellung des Umschalters entspricht, ist die Schaltung die gleiche wie bei dem auf S. 192 beschriebenen tragbaren Drehstrom-Betriebs-Leistungsmesser. Vor den Drehspulen liegen hierbei die beiden Ohmschen Vorwiderstände R_3 und R_4. In der rechten Stellung des Umschalters wird die Blindleistung gemessen. Die Spannungsspulen liegen hierbei in einer 90°-Schaltung, durch die der in ihnen fließende Strom um 90° gegen die angeschlossene Spannung zurückgeschoben wird. Die Spannungsspule S_1 liegt in Reihe mit der Drosselspule D_1'. Parallel zu dieser Reihenschaltung liegt der Ohmsche Widerstand R_1. In Reihe zu dieser Parallelschaltung ist die Drosselspule D_1'' angeschlossen, so daß die bekannte Hummelschaltung entsteht. In analoger Weise ist die Spannungsspule S_2 mit dem Widerstand R_2 und den Drosselspulen D_2' und D_2'' zu einer 90°-Schaltung verbunden.

Der vierpolige Umschalter wird bei dem ausgeführten Apparat durch zwei Federsätze gebildet, die durch einen Bimetallschalter wechselweise eingeschaltet werden. Um die Wirk- und Blindlei-

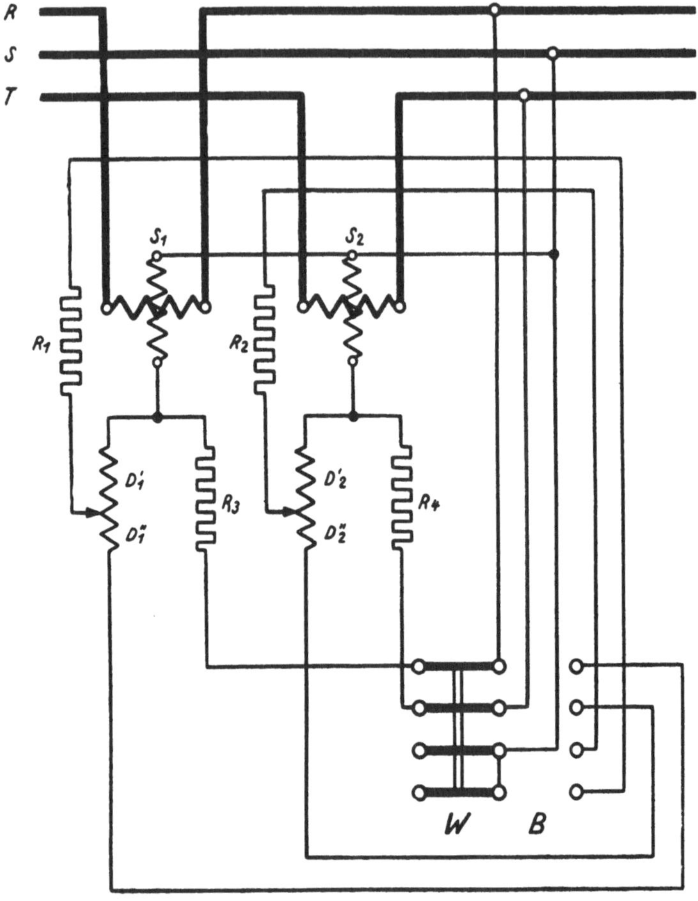

Bild 190. Innere Schaltung eines Wirk- und Blindlastschreibers mit 90°-Schaltung. Die linke Schaltstellung entspricht der Wirk-, die rechte der Blindleistungsmessung. Der Umschalter wird von einem Bimetallschalter derart betätigt, daß die Wirkleistung 4 und die Blindleistung 2 Minuten eingeschaltet bleibt. Die Strichlänge der Wirkleistungskurve ist daher doppelt so groß als die der Blindleistungskurve.

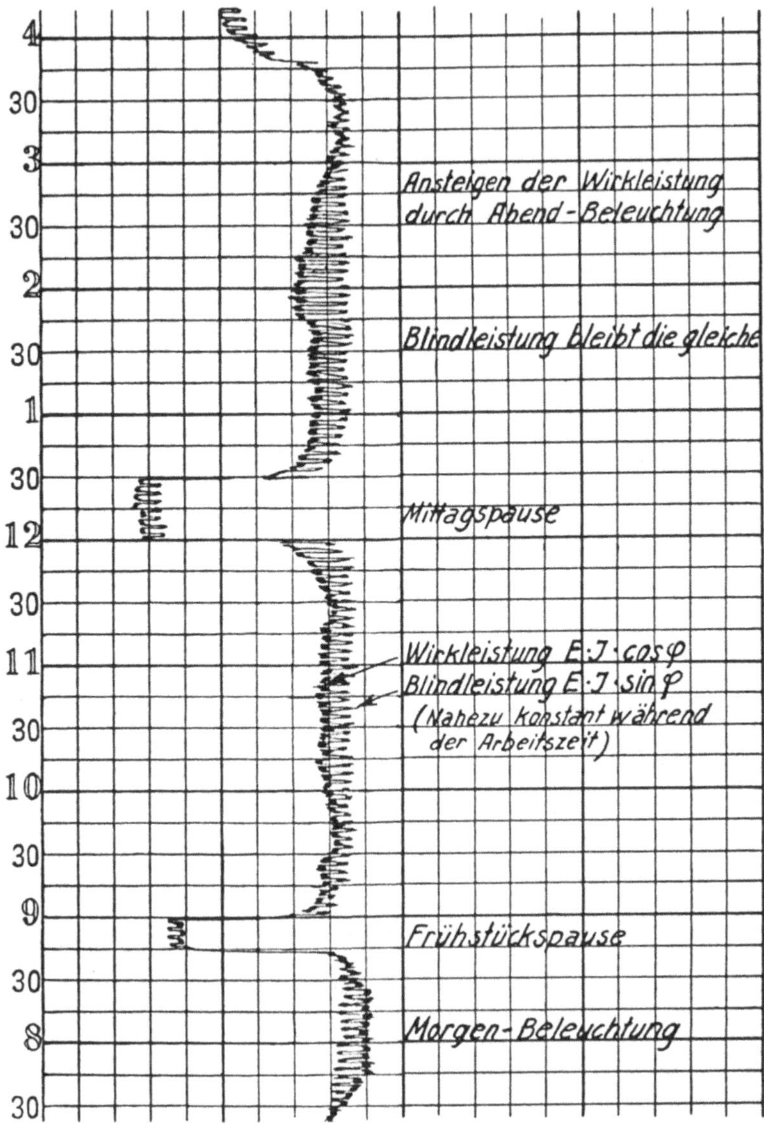

Bild 191. Registrierkurve eines selbsttätig umschaltenden Wirk- und Blindlastschreibers.

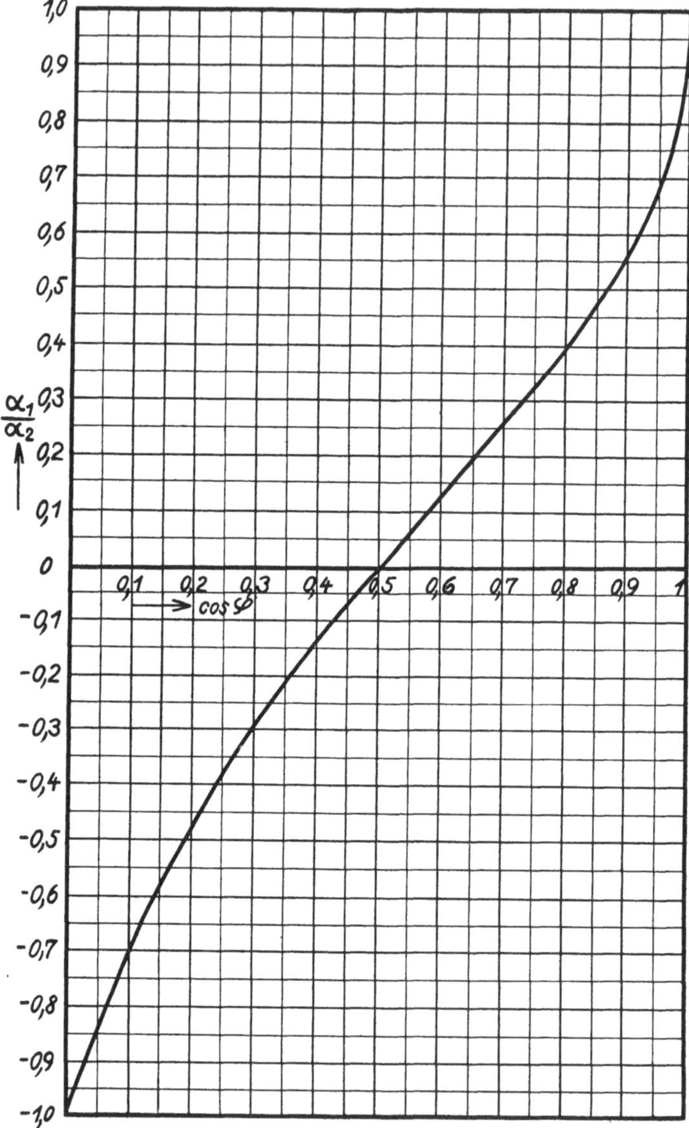

Bild 192. Bestimmung des Leistungsfaktors aus dem Verhältnis $\alpha_1 : \alpha_2$ der Zeigerausschläge bei der Zwei-Leistungsmesser-Methode.

stungskurve voneinander unterscheiden zu können, ist die Umschaltvorrichtung so ausgebildet, daß das Meßwerk 4 Minuten lang auf die Wirkleistung und 2 Minuten lang auf Blindleistung umgeschaltet wird. Die Strichlängen der Wirkleistungskurven sind also doppelt so lang wie die der Blindleistungskurven. Bild 191 zeigt ein derartiges Kurvenbild, das etwa einem normalen Fabrikbetrieb entspricht.

N. Bestimmung des mittleren Leistungsfaktors bei Drehstrom.

Bei Drehstrommessungen interessiert im allgemeinen nicht der Leistungsfaktor der einzelnen Phasen, sondern der mittlere Leistungsfaktor des ganzen Drehstrom-Systems, denn dieser wird den Lieferungsverträgen von Maschinen und elektrischen Apparaten stets zugrunde gelegt. Man muß sich hierbei darüber klar sein, daß es sich bei einem derartigen mittleren Leistungsfaktor, der von der Art der Belastung und außerdem noch von der Kurvenform abhängt, nicht mehr um eine Winkelfunktion, sondern lediglich um einen Zahlenfaktor handelt. Man definiert ganz allgemein

$$\cos \varphi = \frac{\text{Wirkleistung}}{\text{Scheinleistung}},$$

also für Drehstrom

$$\cos \varphi = \frac{N}{\sqrt{3} \cdot E_{\text{mittel}} \cdot J_{\text{mittel}}}.$$

Zur Bestimmung dieses mittleren Leistungsfaktors muß man demgemäß außer der Leistung noch die Ströme und Spannungen messen. Streng genommen sind hierzu drei Strommesser und drei Spannungsmesser erforderlich. Da man bei der am meisten angewandten Zwei-Leistungsmesser-Methode jedoch meist nur zwei Satz Instrumente hat, begnügt man sich in den meisten Fällen mit der Messung nur zweier Ströme und zweier Spannungen. Sind die beiden gemessenen Ströme annähernd gleich groß, so muß bei reiner Motorenbelastung auch der dritte Strom annähernd die gleiche Größe haben. Das gleiche gilt analog für die Spannungen. Treten erhebliche Verschiedenheiten der gemessenen Ströme und Spannungen auf, so ist es empfehlenswert, mittels der auf S. 171 angegebenen Schaltmethode auch den dritten Strom und

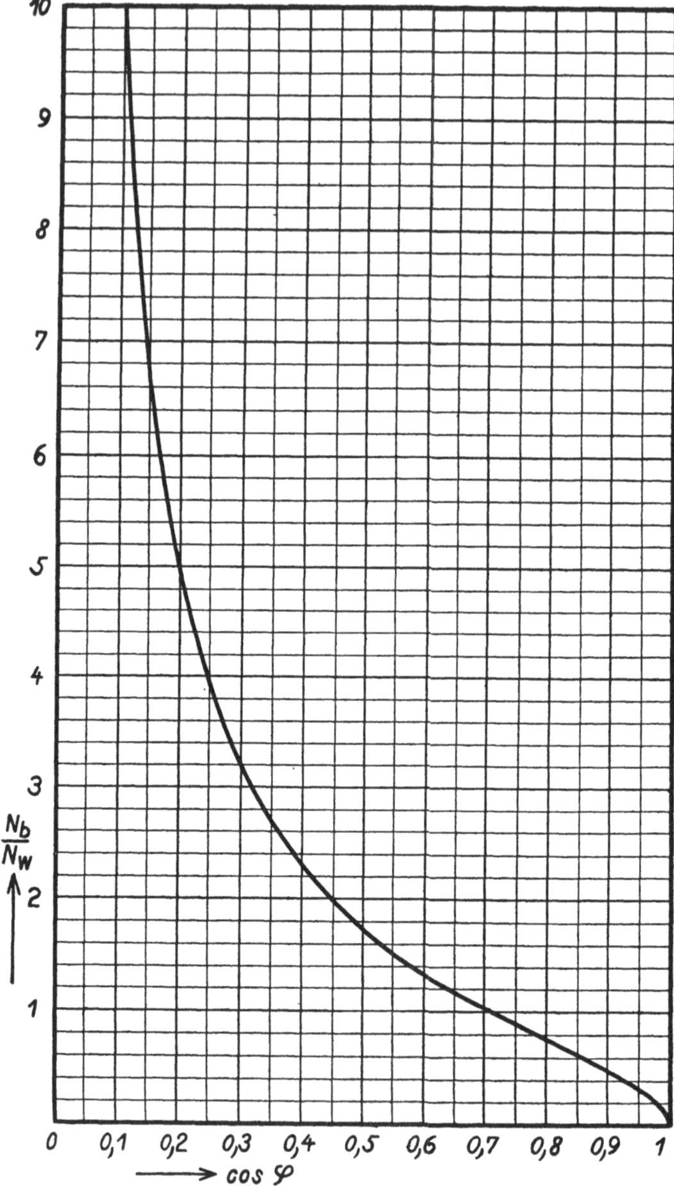

Bild 193. Bestimmung des Leistungsfaktors aus dem Verhältnis Blindleistung N_b zu Wirkleistung N_w.

die dritte Spannung zu messen. Auch hierbei sind, wie dort gezeigt wird, nur zwei Satz Instrumente erforderlich.

Man kann jedoch den Leistungsfaktor auch ohne Strom- und Spannungsmessung unmittelbar aus den beiden Zeigerausschlägen der Leistungsmesser bei der Zwei-Leistungsmesser-Methode bestimmen. Bedeutet α_1 den kleineren und α_2 den größeren Zeigerausschlag, so gilt die Beziehung

$$\operatorname{tg}\varphi = \sqrt{3}\cdot\frac{\alpha_2-\alpha_1}{\alpha_1+\alpha_2}.$$

Es entspricht demgemäß jedem Leistungsfaktor ein bestimmtes Verhältnis der beiden Ausschläge $\alpha_1:\alpha_2$. Trägt man das Verhältnis der Zeigerausschläge als Funktion des Leistungsfaktors $\cos\varphi$ auf, so erhält man das Kurvenbild auf S. 200. Man kann aus diesem Kurvenbild ohne jede Rechnung aus dem Verhältnis der Zeigerausschläge den zugehörigen Leistungsfaktor $\cos\varphi$ entnehmen. Man muß sich jedoch hierbei darüber klar sein, daß diese Kurve nur für Drehstrom gleicher Belastung und für reinen Sinusstrom gilt, also im allgemeinen nur Annäherungswerte gibt.

Die exakteste Methode zur Bestimmung des mittleren Leistungsfaktors ist die Bestimmung aus Blindleistung und Wirkleistung

$$\operatorname{tg}\varphi = \frac{\text{Blindleistung}}{\text{Wirkleistung}}.$$

Die hierzu erforderliche Blindleistungsmessung läßt sich ohne weiteres mit den auf S. 191 beschriebenen umschaltbaren Vorwiderständen für Wirk- und Blindleistung ausführen. Um bei der Auswertung jede Rechnung zu ersparen, ist auf S. 202 das Verhältnis der Blindleistung N_b zur Wirkleistung N_w als Funktion des Leistungsfaktors $\cos\varphi$ aufgetragen. Man kann aus diesem Kurvenbild ohne weiteres zu jedem Verhältnis $N_b:N_w$ den zugehörigen Leistungsfaktor entnehmen.

Handelt es sich nur darum, qualitativ festzustellen, ob eine Phasenverschiebung vorhanden ist und in welchem Sinne sie wirkt (z. B. bei Synchronmotoren), so schaltet man die Feldspule des Leistungsmessers in die eine Phase des Drehstrom-Systems und legt den Spannungskreis an die beiden anderen Phasen (vgl. Bild 194). Da dann die gemessene Spannung um 90° gegen den Strom verschoben ist, gibt der Leistungsmesser bei einem Netzleistungsfaktor $\cos\varphi = 1$ keinen und bei $\cos\varphi = 0$ den Höchstausschlag. Der Leistungsmesser arbeitet also wie ein Blindleistungsmesser. Je nach dem Sinne der im Netz wirkenden Phasenverschiebung schlägt der Zeiger des Instrumentes nach rechts oder nach links aus. Welche von beiden Ausschlagsrichtungen einer kapazitiven bzw. induktiven Phasenverschiebung entspricht, muß man allerdings hierbei experimentell ermitteln, da dies von

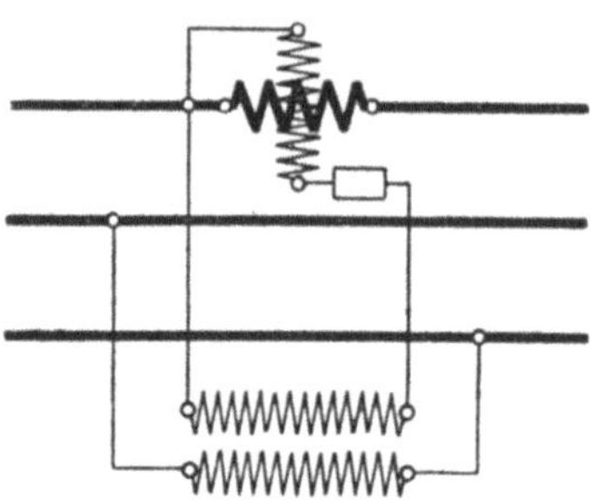

Bild 194. Schaltung zum Bestimmen des
Richtungssinnes der Phasenverschiebung.

der jeweiligen Phasenfolge abhängt. Bei der Ausführung der Schaltung muß man beachten, daß hierbei zwischen der Feldspule und der Spannungsspule des Leistungsmessers die volle Spannung auftritt. Man muß daher bei Spannungen über 100 Volt einen Spannungswandler benutzen, wie auch im Schaltbild angegeben ist.

O. Vollständige Drehstrom-Meßschaltungen.

1. Besonderheiten der Drehstromschaltungen.

Bei dem Aufbau der Drehstrom-Meßschaltungen sind die Schaltregeln für Leistungsmesser auf S. 139 und die für Meßwandler auf S. 143, sowie die Angaben über die Aufstellung und Isolierung der Instrumente (vgl. S. 262 und 263) in der gleichen Weise zu berücksichtigen, wie dies bei den Einphasen-Schaltungen bereits gezeigt wurde. Die Phasenfolge des Drehstromes kann unberücksichtigt bleiben, da die Messung von ihr unabhängig ist.

Bezüglich der Schaltregel 1 für Leistungsmesser ergeben sich bei Drehstrom einige Besonderheiten, auf die hier etwas ausführlicher eingegangen werden soll. Um die auftretenden Verhältnisse zu verstehen, muß man sich vergegenwärtigen, daß die drehbare Spannungsspule bei allen Leistungsmessern an der linken Spannungsklemme liegt, und daß demgemäß die Vorwiderstände vor der rechten Spannungsklemme liegen. Aus diesem Grunde werden auch etwaige äußere Vorwiderstände stets an die rechte Spannungsklemme angeschlossen. Infolge dieser Innenschaltung des Leistungsmessers ist es bei den direkten und halbindirekten Messungen stets möglich, Potentialdifferenzen zwischen der Feldspule und der Spannungsspule des Leistungsmessers zu vermeiden. Man braucht nur die linke Spannungsklemme mit einer der beiden Stromklemmen zu verbinden. Anders liegt es dagegen bei den indirekten Schaltungen nach der Zwei- und Drei-Leistungsmesser-Methode. Hier werden die Sekundärseiten der Strom- und Spannungswandler geerdet, also auf das gleiche Potential gebracht. Bei den Spannungswandlern geht man in der Weise vor, daß man den gemeinsamen Punkt der Spannungswandler-Schaltung erdet, also bei der Zwei-Leistungsmesser-Methode den an der mittleren Leitung liegenden und bei der Drei-Leistungsmesser-Methode den an der Nulleitung liegenden v-Punkt der Wandler. Durch diese vorgeschriebenen Erdungen erhält aber die rechte Spannungsklemme der Leistungsmesser das Potential der Feldspulen. Zwischen den Feldspulen und ihren zugehörigen Spannungsspulen tritt daher entsprechend den vor der rechten Spannungsklemme liegenden eingebauten Vorwiderständen eine Potentialdifferenz von etwa 100 Volt auf. Diese Potentialdifferenz ist zwar an sich noch zulässig, aber immerhin muß man sich darüber klar sein, daß sie vorhanden ist. Zur Vermeidung der Potentialdifferenzen gibt es an sich zwei Möglichkeiten. Die eine wäre die, daß man die Spannungswandler-Schaltung auflöst. Dies ist aber in den meisten Fällen nicht zulässig, da die Schaltung der Spannungswandler durch die für Schaltanlagen geltenden Normen festgelegt ist. Die andere Möglichkeit wäre, in ähnlicher Weise wie dies bei den Drehstrom-Eichschaltungen auf S. 250 gezeigt ist, die Vorwiderstände auf die linke Seite der Leistungsmesser zu legen. Dies würde jedoch bedingen, daß man an Stelle der eingebauten äußere Vorwiderstände verwendet, die man je nach den Erfordernissen der Schaltung rechts oder links anschließt.

2. Meßschaltungen für die Zwei-Leistungsmesser-Methode.

Die Bilder 195 bis 202 zeigen die Meßschaltungen für direkte, halbindirekte und indirekte Messungen. Bei den Schaltungen mit Stromumschalter ist zu beachten, daß die beiden Messungen, die bei den vollständigen Schaltungen gleichzeitig ausgeführt werden, nacheinander erfolgen. Man muß daher stets durch eine Kontrollmessung feststellen, ob sich die Belastung in der Zeit zwischen den beiden Messungen geändert hat. Bild 201 zeigt eine indirekte Schaltung zur Messung des dritten Stromes und der dritten Spannung (vgl. S. 171). Die Schaltung bietet den Vorteil, daß man mit zwei Instrumentsätzen alle drei Ströme und alle drei Spannungen messen kann. Bild 202 zeigt eine Schaltung mit dem umschaltbaren Vorwiderstand für Wirk- und Blindleistung (vgl. S. 191). Bei dieser Schaltung ist vorausgesetzt, daß die drei Spannungen des Drehstromsystems annähernd gleich groß sind, eine Bedingung, die bei Motoren immer und bei Generatoren in den weitaus meisten Fällen erfüllt ist. Die Schaltung ermöglicht die exakte Bestimmung des Leistungsfaktors aus Wirk- und Blindleistung (vgl. die Kurventafel auf S. 202).

3. Meßschaltungen für die Drei-Leistungsmesser-Methode.

Die Bilder 203 bis 211 zeigen die Schaltmöglichkeiten der Drei-Leistungsmesser-Methode für Vierleiter-Drehstrom für direkte, halbindirekte und indirekte Messungen. Bei diesen Schaltungen ist zu beachten, daß die Vorwiderstände der Instrumente bzw. die Spannungswandler für die Sternspannung $E_s = E : \sqrt{3}$ zu bemessen sind. Die vollständigen Schaltungen ohne Stromumschalter können auch dann benutzt werden, wenn der Nulleiter nicht vorhanden ist. Die Widerstände bzw. Spannungswandler werden dann zu einem künstlichen Nullpunkt zusammengeführt. Man muß hierbei jedoch beachten, daß die Angaben der drei Instrumentsätze dann nicht mehr den Einzelleistungen der drei Phasen entsprechen, sondern lediglich als Summe die Gesamtleistung geben. Bei den Schaltungen mit nur einem Instrumentsatz sind stets zwei Stromumschalter erforderlich, durch die die Instrumente nacheinander in die drei Phasen eingeschaltet werden. Da sich die Belastung während der drei nacheinander ausgeführten Messungen erheblich ändern kann, ist bei der Anwendung dieser Umschaltung einige Vorsicht geboten. Man wird daher diese Schaltungen im allgemeinen nur dann anwenden, wenn das Hauptgewicht auf die Beobachtung der drei Einzelleistungen gelegt wird und die Gesamtleistung erst in zweiter Linie in Frage kommt.

Die Bilder 209 bis 211 zeigen Schaltungen mit dem umschaltbaren Vorwiderstand für Wirk- und Blindleistung, vgl. S. 196. Die Bilder 209 und 210 sind für Dreileiter-Drehstrom bestimmt und daher mit zwei in V-Schaltung liegenden Spannungswandlern versehen, die hierbei naturgemäß für die volle verkettete Spannung zu bemessen sind. Die Schaltungen bieten gegenüber den Blindlast-Schaltungen für die Zwei-Leistungsmesser-Methode den Vorteil, daß sie unabhängig von der Größe der Einzelspannungen sind und daher in jedem Falle richtige Meßresultate ergeben. Der Nachteil des größeren Instrumentbedarfes wird durch die Sparschaltung Bild 210 ausgeglichen (vgl. S. 171). Bild 211 zeigt eine Schaltung für Vierleiter-Drehstrom.

4. Meßschaltungen für die Ein-Leistungsmesser-Methode.

Bei den Ein-Leistungsmesser-Methoden, also bei den Messungen mit Nullpunktwiderständen und Spannungsumschalter treten die bei der indirekten Messung nach der Zwei- und Drei-Leistungsmesser-Methode unvermeidlichen Potentialdifferenzen nicht auf. Dies ist dadurch erreicht, daß der Stromwandler in die Leitung gelegt ist, die dem v-Punkt der Spannungswandler-Schaltung entspricht. Die Erdleitung verbindet dann auf der Sekundärseite die gleichen Punkte, die auf der Primärseite verbunden sind und ändert daher auch nicht die bei den direkten und halbindirekten Messungen auftretenden Potentialverhältnisse.

Die Bilder 212 bis 214 zeigen die Schaltungen mit Nullpunktwiderstand. Die Phase II des Nullpunktwiderstandes ist hierbei stets diejenige Phase, die 1000 Ohm weniger enthält als die beiden anderen Phasen. Sie ist an den Klemmen der Widerstände rot gekennzeichnet. Bei der indirekten Messung ist ein Spezialwiderstand für 90 Volt verkettete Spannung zu verwenden.

Die Bilder 215 bis 217 zeigen die Schaltungen für die Spannungsumschalter-Methode. Als Spannungsumschalter kann hierbei jeder beliebige Schalter verwendet werden. Da die beiden, zur Bestimmung der Drehstromleistung erforderlichen Messungen hierbei nacheinander ausgeführt werden, ist außer der gleichen Verteilung der Belastung auf die drei Phasen auch noch vorauszusetzen, daß sich die Belastung in der Zeit zwischen beiden Messungen nicht erheblich ändert. Die Schaltung ist daher im wesentlichen als Behelfsschaltung für die Fälle aufzufassen, in denen man mit den geringstmöglichen Mitteln eine Messung ausführen muß.

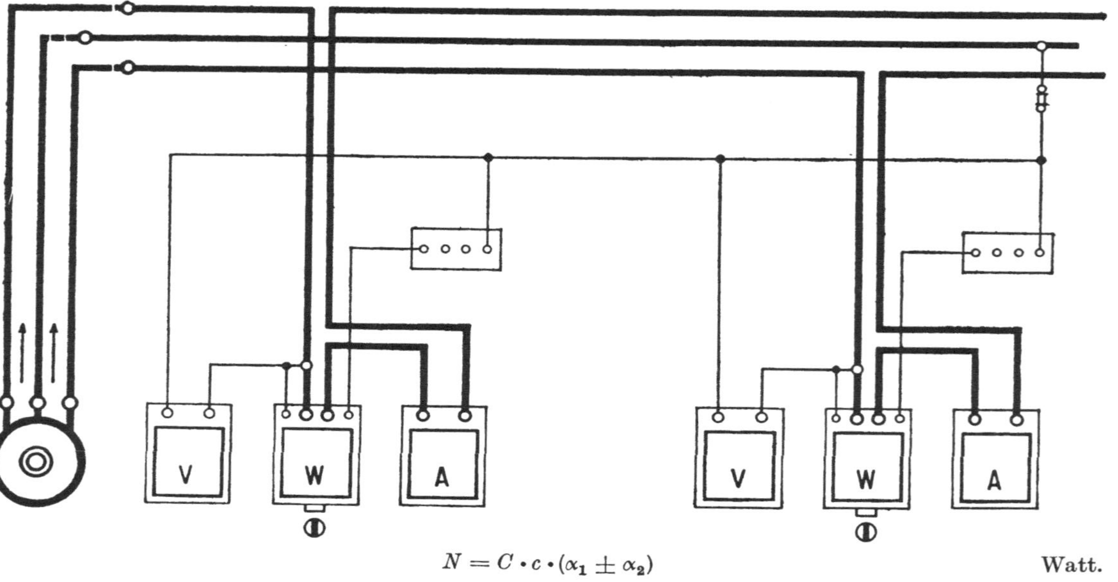

$$N = C \cdot c \cdot (\alpha_1 \pm \alpha_2)$$

Watt.

Die Zeigeranschläge sind zu addieren, wenn die beiden Spannungswender in gleicher Stellung stehen, sie sind voneinander zu subtrahieren, wenn die beiden Spannungswender in verschiedener Stellung stehen.

Bild 195. Zwei-Leistungsmesser-Methode. Direkte Schaltung.

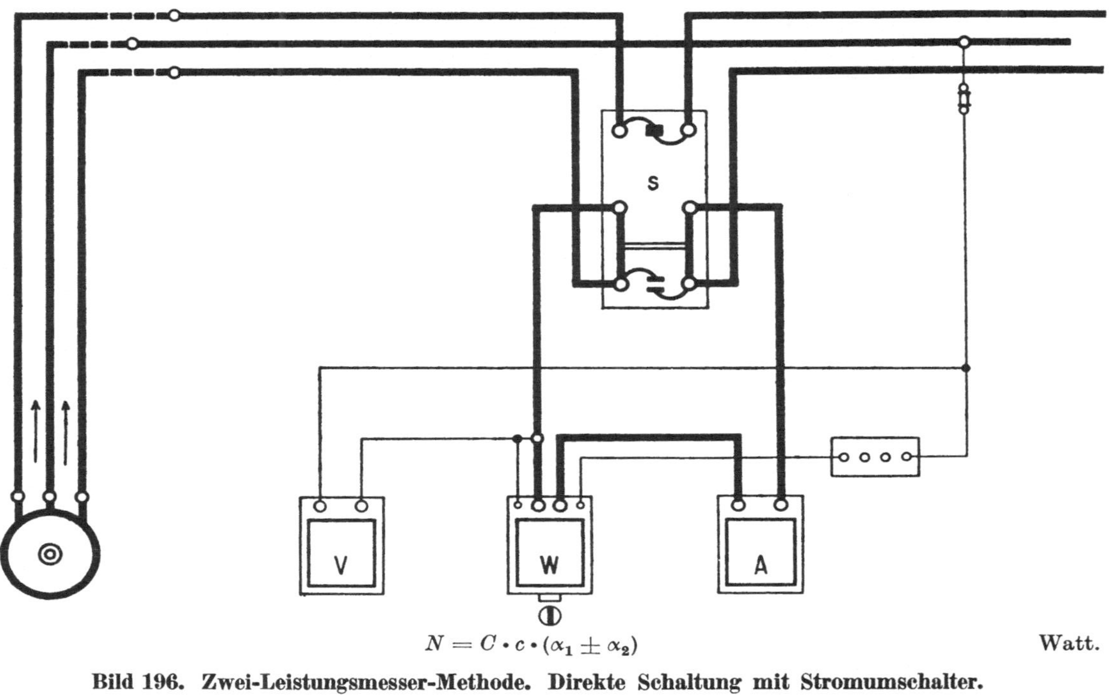

Bild 196. Zwei-Leistungsmesser-Methode. Direkte Schaltung mit Stromumschalter.

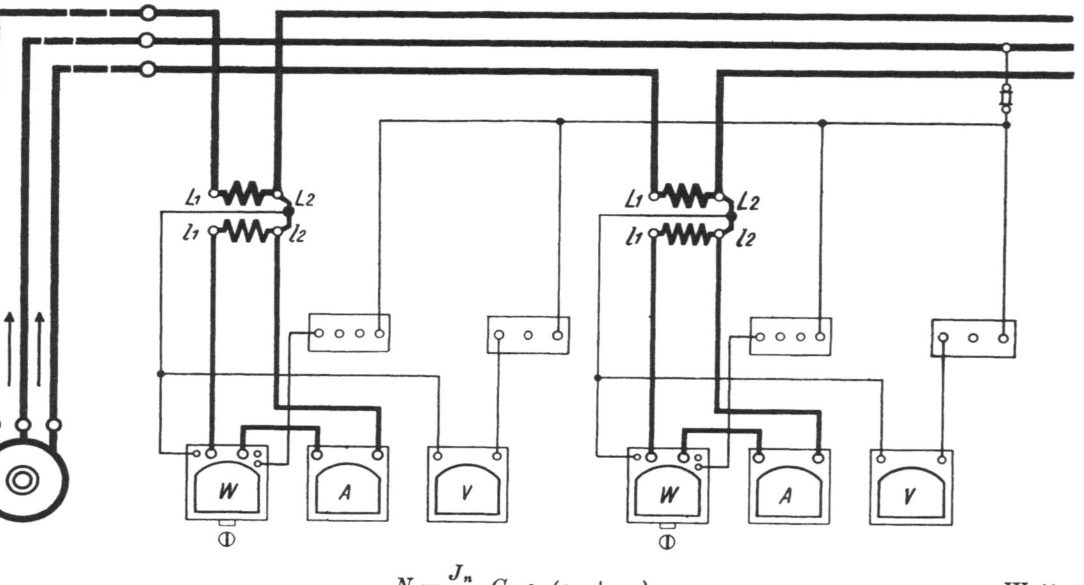

$$N = \frac{J_n}{5} \cdot C \cdot c \cdot (\alpha_1 \pm \alpha_2) \qquad \text{Watt.}$$

Bei gleichstehenden Spannungswendern sind die Zeigerausschläge zu addieren, bei ungleich stehenden zu subtrahieren.

Bild 197. Zwei-Leistungsmesser-Methode. Halbindirekte Schaltung.

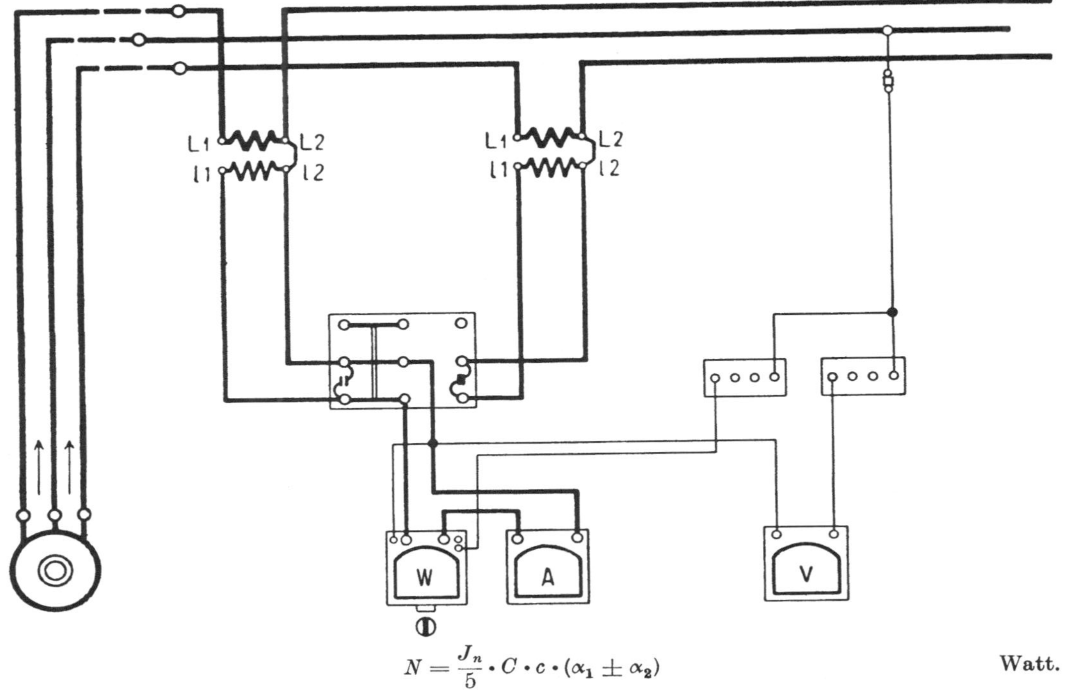

$$N = \frac{J_n}{5} \cdot C \cdot c \cdot (\alpha_1 \pm \alpha_2) \qquad \text{Watt.}$$

Bild 198. Zwei-Leistungsmesser-Methode. Halbindirekte Schaltung mit Stromumschalter auf der Sekundärseite.

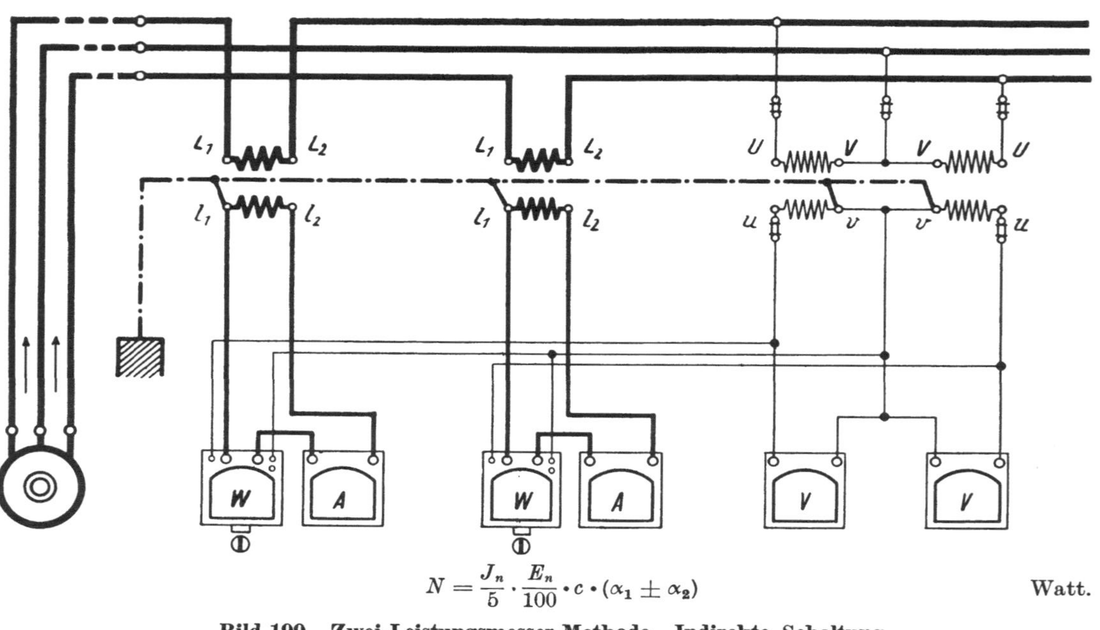

$$N = \frac{J_n}{5} \cdot \frac{E_n}{100} \cdot c \cdot (\alpha_1 \pm \alpha_2)$$ Watt.

Bild 199. Zwei-Leistungsmesser-Methode. Indirekte Schaltung.

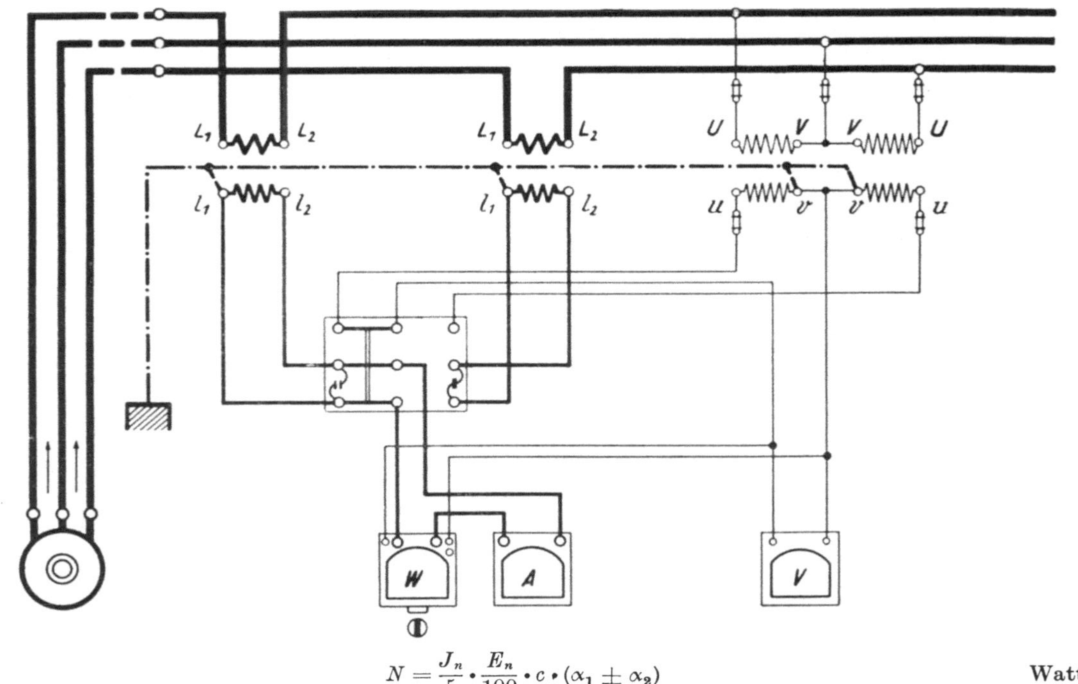

$$N = \frac{J_n}{5} \cdot \frac{E_n}{100} \cdot c \cdot (\alpha_1 \pm \alpha_2) \qquad \text{Watt.}$$

Bild 200. Zwei Leistungsmesser-Methode. Indirekte Schaltung mit Stromumschalter auf der Sekundärseite.

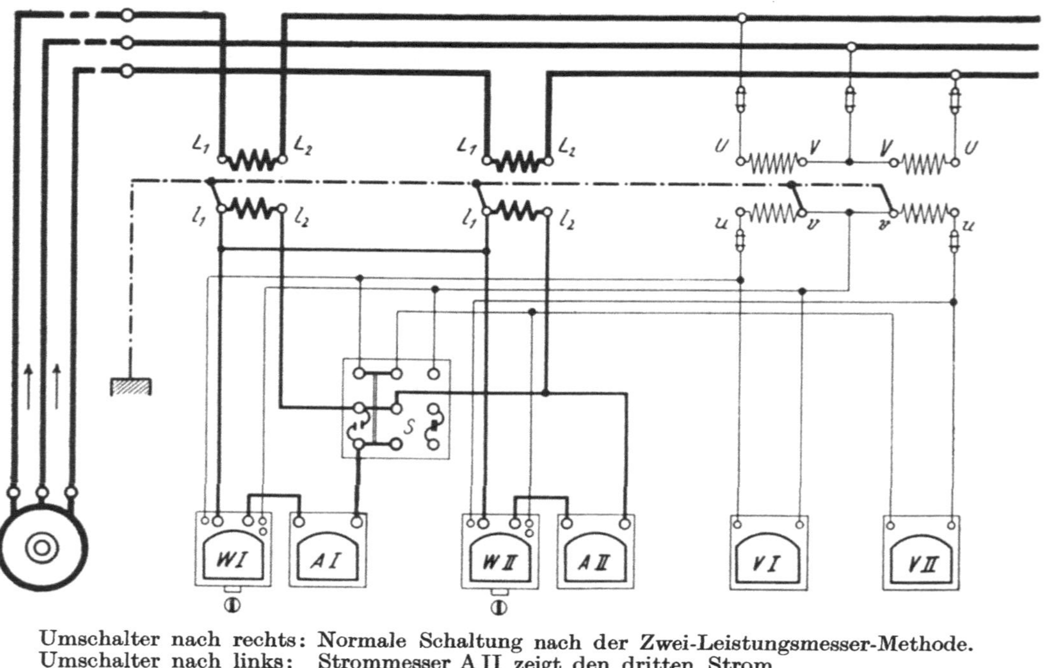

Umschalter nach rechts: Normale Schaltung nach der Zwei-Leistungsmesser-Methode.
Umschalter nach links: Strommesser A II zeigt den dritten Strom,
Spannungsmesser V II zeigt die dritte Spannung.

Bild 201. Zwei-Leistungsmesser-Methode. Indirekte Schaltung mit Stromumschalter zum Messen des dritten Stromes und der dritten Spannung.

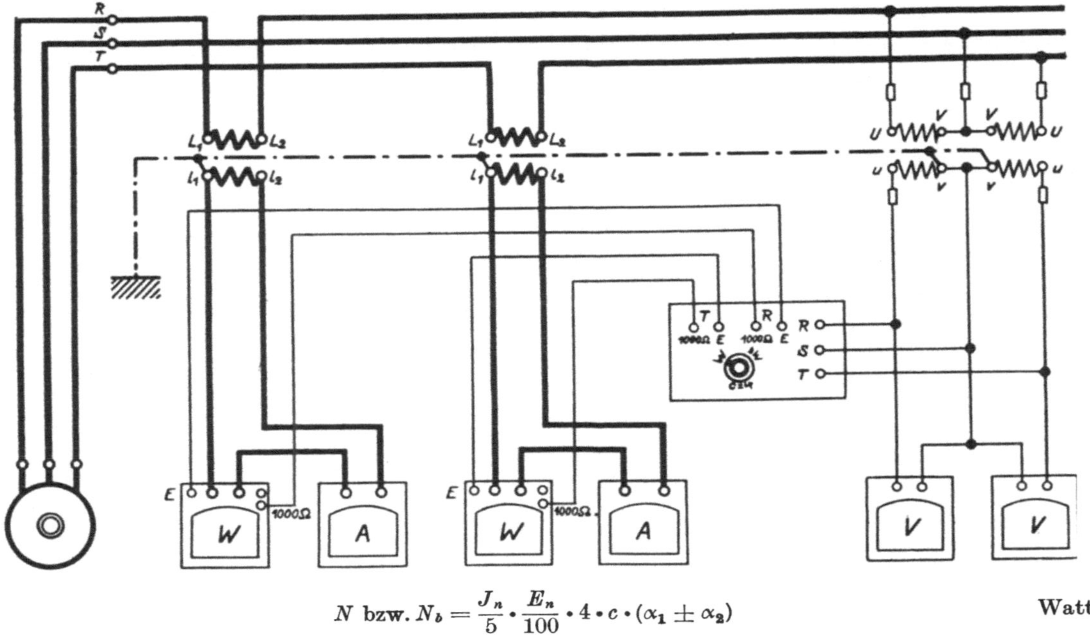

$$N \text{ bzw. } N_b = \frac{J_n}{5} \cdot \frac{E_n}{100} \cdot 4 \cdot c \cdot (\alpha_1 \pm \alpha_2) \quad \text{Watt.}$$

Bild 202. Zwei-Leistungsmesser-Methode. Indirekte Schaltung mit umschaltbarem Vorwiderstand für Wirk- und Blindleistung.

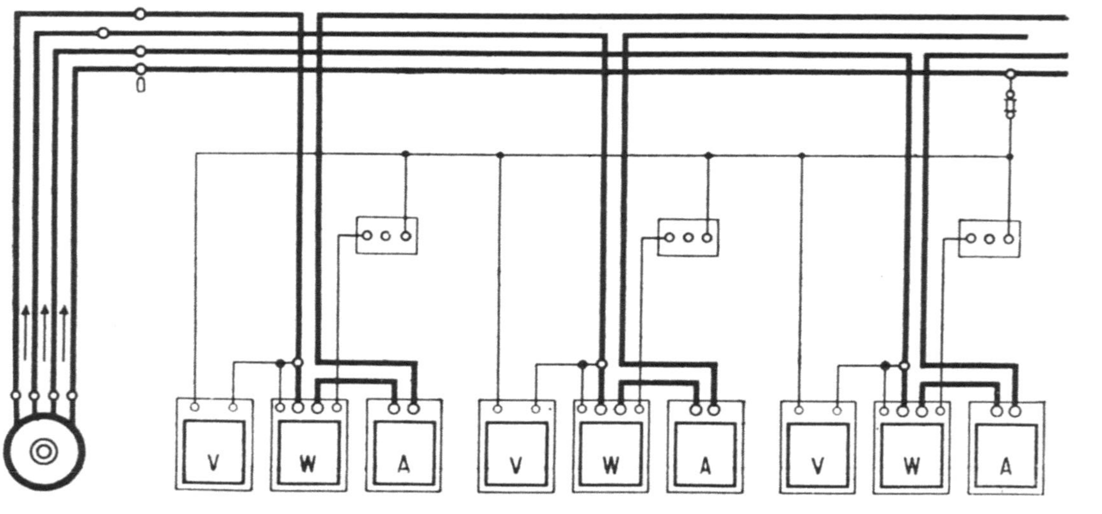

$$N = C \cdot c \cdot (\alpha_1 + \alpha_2 + \alpha_3) \qquad \text{Watt.}$$

Die Spannungskreise der Instrumente müssen für die Sternspannung $E_s = E : \sqrt{3}$ bemessen werden.

Bild 203. Drei-Leistungsmesser-Methode. Direkte Schaltung für Vierleiter-Drehstrom.

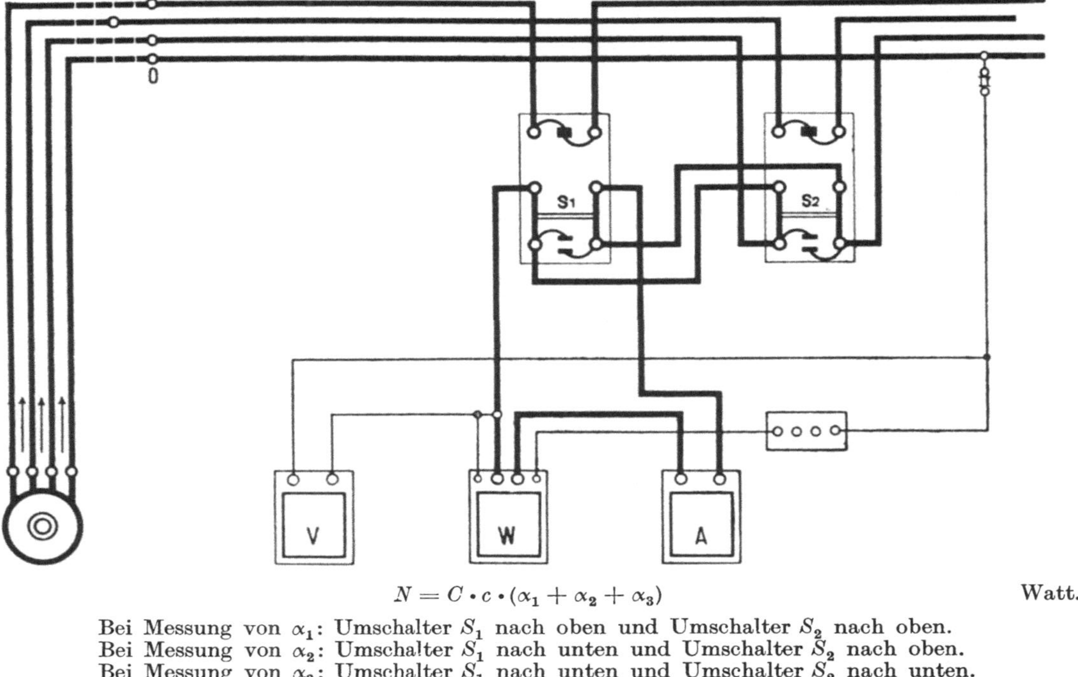

$$N = C \cdot c \cdot (\alpha_1 + \alpha_2 + \alpha_3) \qquad \text{Watt.}$$

Bei Messung von α_1: Umschalter S_1 nach oben und Umschalter S_2 nach oben.
Bei Messung von α_2: Umschalter S_1 nach unten und Umschalter S_2 nach oben.
Bei Messung von α_3: Umschalter S_1 nach unten und Umschalter S_2 nach unten.

Bild 204. Drei-Leistungsmesser-Methode. Direkte Schaltung mit zwei Stromumschaltern, für Vierleiter-Drehstrom.

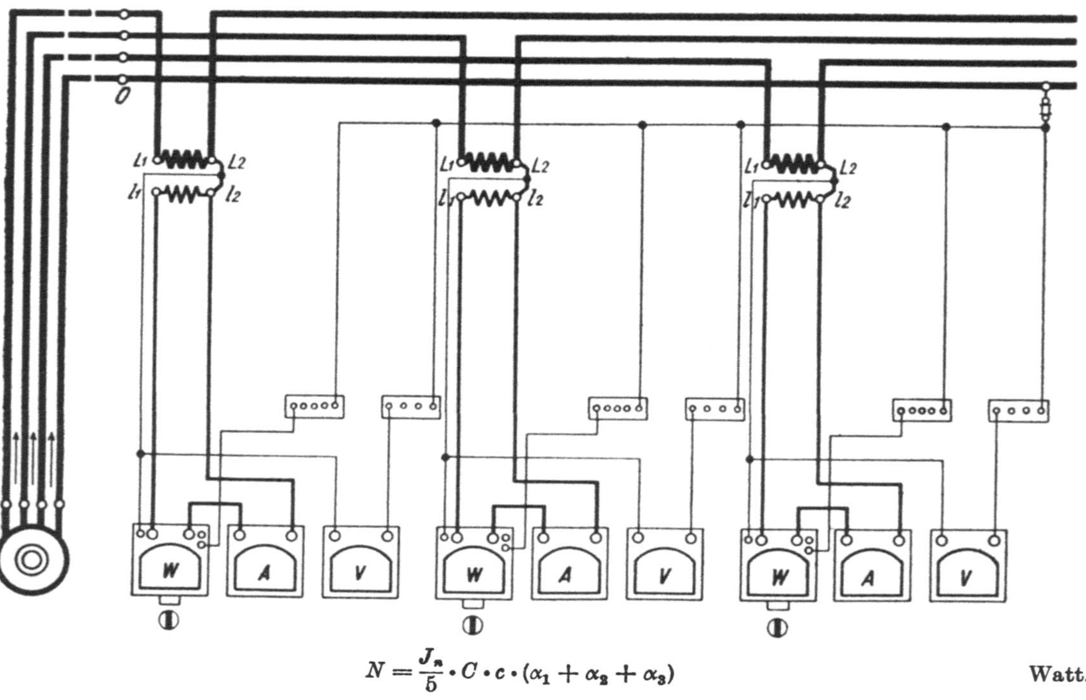

$$N = \frac{J_n}{5} \cdot C \cdot c \cdot (\alpha_1 + \alpha_2 + \alpha_3) \quad \text{Watt.}$$

Bild 205. Drei-Leistungsmesser-Methode. Halbindirekte Schaltung für Vierleiter-Drehstrom.

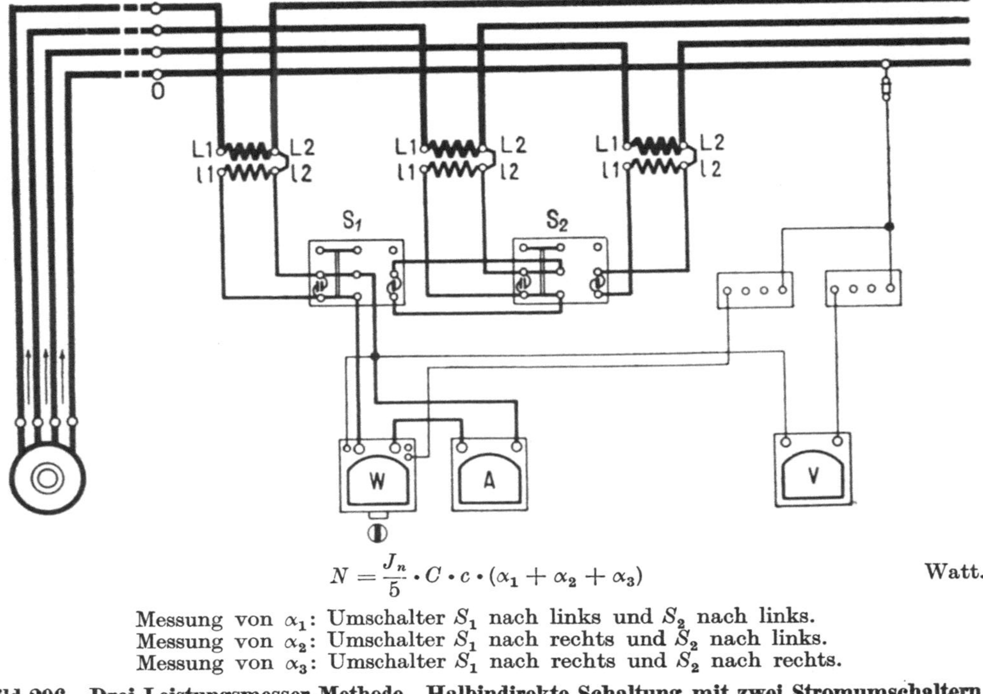

$$N = \frac{J_n}{5} \cdot C \cdot c \cdot (\alpha_1 + \alpha_2 + \alpha_3)$$ Watt.

Messung von α_1: Umschalter S_1 nach links und S_2 nach links.
Messung von α_2: Umschalter S_1 nach rechts und S_2 nach links.
Messung von α_3: Umschalter S_1 nach rechts und S_2 nach rechts.

Bild 206. Drei-Leistungsmesser-Methode. Halbindirekte Schaltung mit zwei Stromumschaltern, für Vierleiter-Drehstrom.

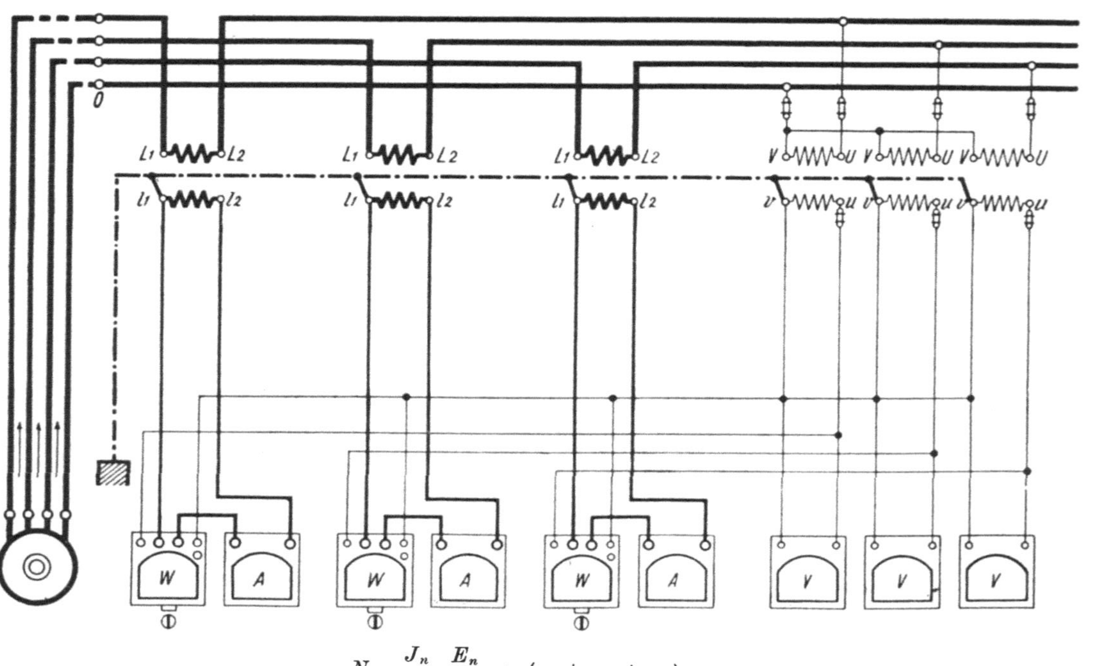

$$N = \frac{J_n}{5} \cdot \frac{E_n}{100} \cdot c \cdot (\alpha_1 + \alpha_2 + \alpha_3) \qquad \text{Watt.}$$

Bild 207. Drei-Leistungsmesser-Methode. Indirekte Schaltung für Vierleiter-Drehstrom.

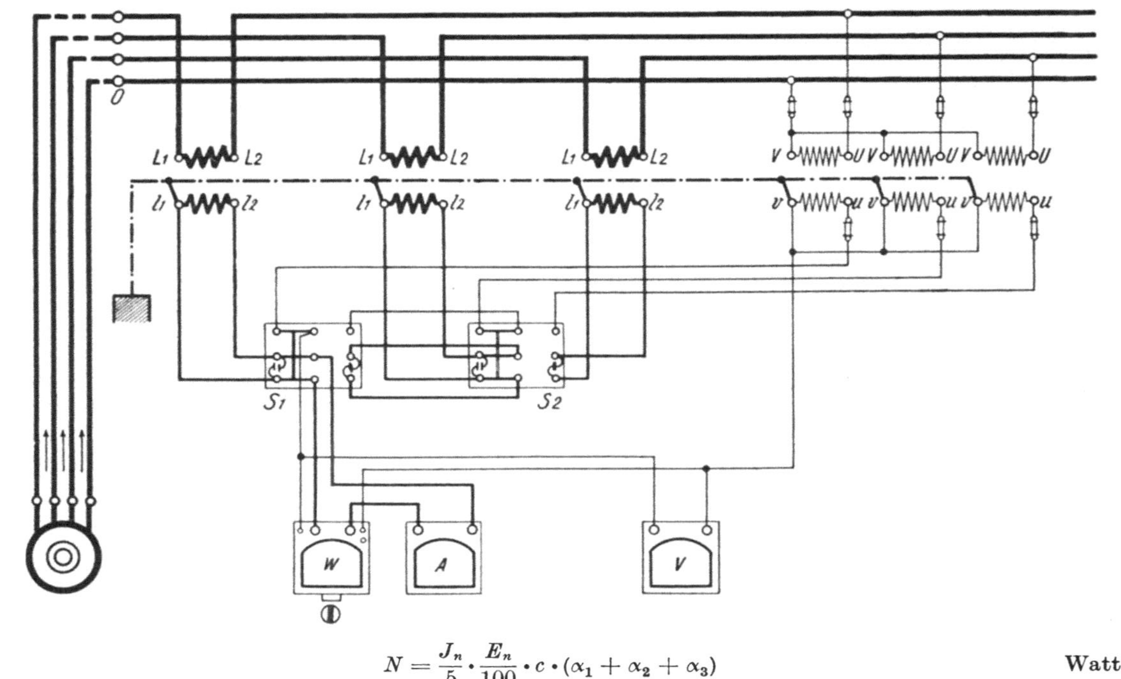

$$N = \frac{J_n}{5} \cdot \frac{E_n}{100} \cdot c \cdot (\alpha_1 + \alpha_2 + \alpha_3)$$ Watt.

Bild 208.   Drei-Leistungsmesser-Methode. Indirekte Schaltung für Vierleiter-Drehstrom mit zwei Stromumschaltern.

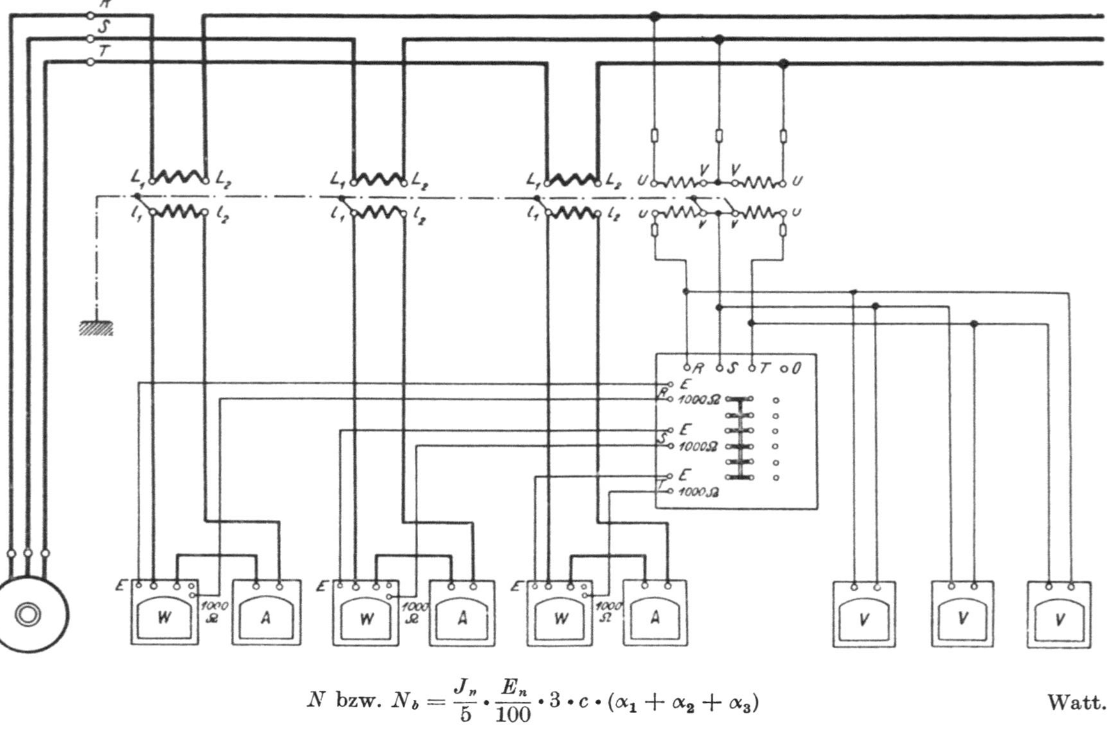

$$N \text{ bzw. } N_b = \frac{J_n}{5} \cdot \frac{E_n}{100} \cdot 3 \cdot c \cdot (\alpha_1 + \alpha_2 + \alpha_3) \quad \text{Watt.}$$

Bild 209. Drei-Leistungsmesser-Methode. Indirekte Schaltung für Dreileiter-Drehstrom, für Wirk- und Blindlast.

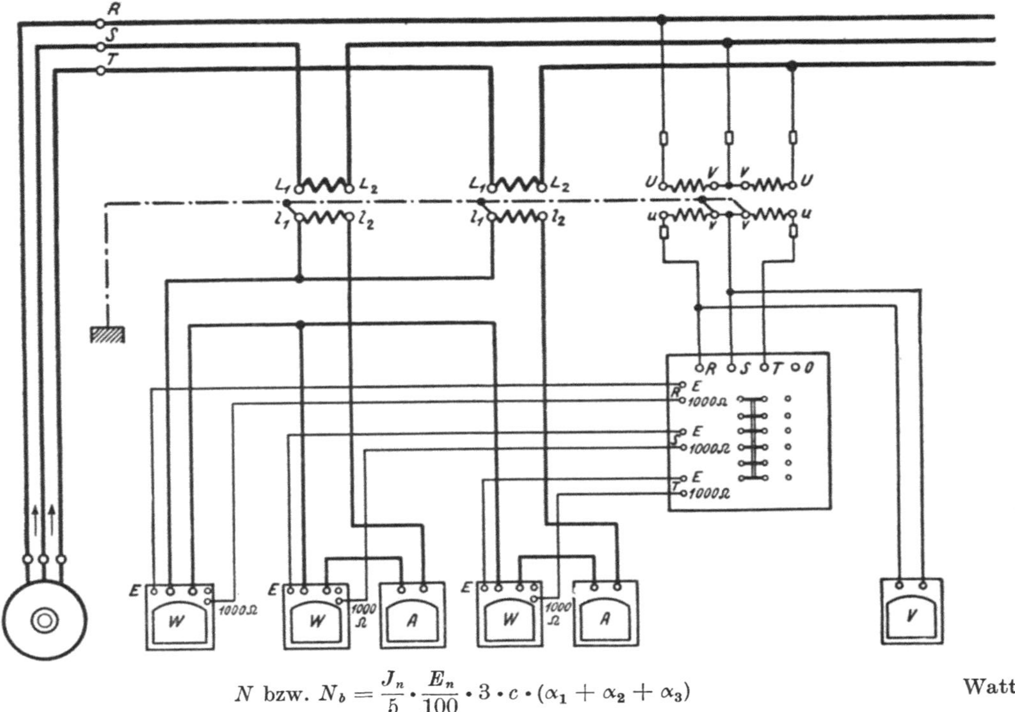

$$N \text{ bzw. } N_b = \frac{J_n}{5} \cdot \frac{E_n}{100} \cdot 3 \cdot c \cdot (\alpha_1 + \alpha_2 + \alpha_3) \qquad \text{Watt.}$$

Bild 210. Drei-Leistungsmesser-Methode. Indirekte Sparschaltung für Dreileiter-Drehstrom, für Wirk- und Blindleistung.

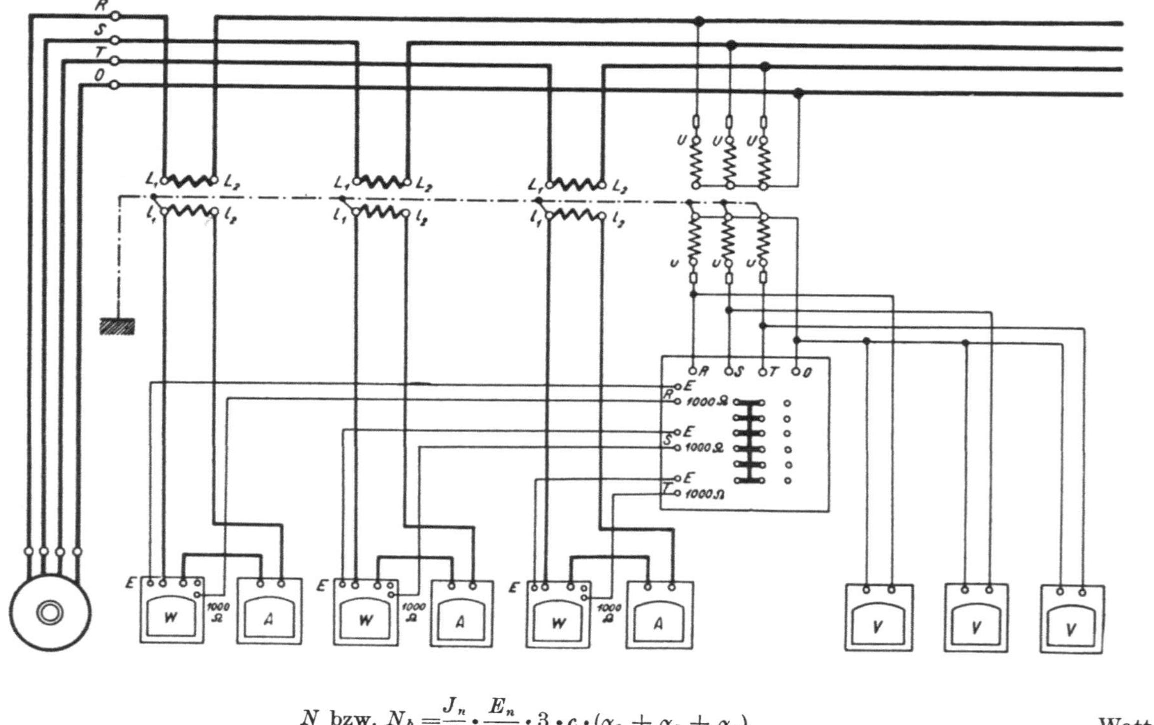

$$N \text{ bzw. } N_b = \frac{J_n}{5} \cdot \frac{E_n}{100} \cdot 3 \cdot c \cdot (\alpha_1 + \alpha_2 + \alpha_3) \quad \text{Watt.}$$

Bild 211. Drei-Leistungsmesser-Methode. Indirekte Schaltung für Vierleiter-Drehstrom, für Wirk- u. Blindleistung.

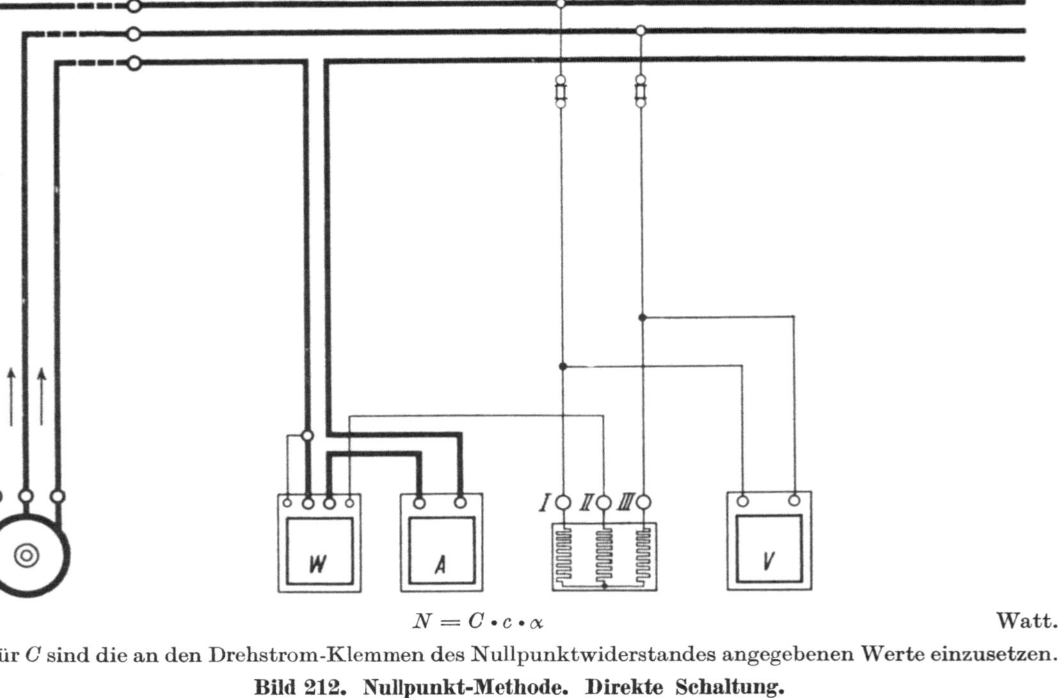

$$N = C \cdot c \cdot \alpha \qquad \text{Watt.}$$

Für C sind die an den Drehstrom-Klemmen des Nullpunktwiderstandes angegebenen Werte einzusetzen.

Bild 212. Nullpunkt-Methode. Direkte Schaltung.

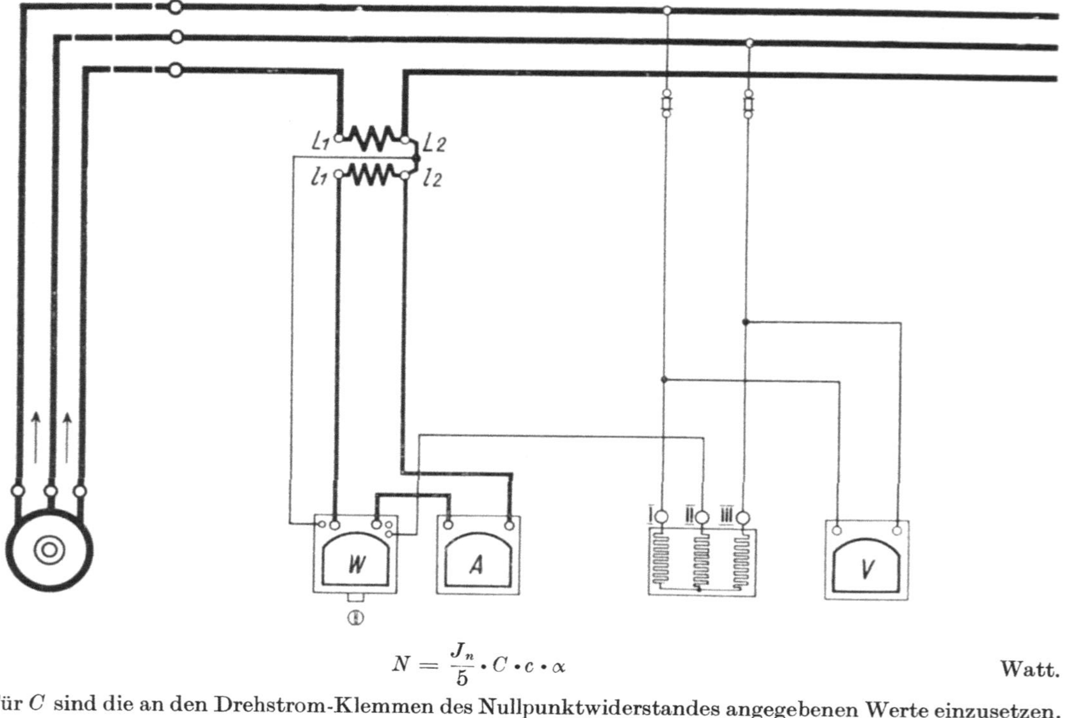

$$N = \frac{J_n}{5} \cdot C \cdot c \cdot \alpha \qquad \text{Watt.}$$

Für C sind die an den Drehstrom-Klemmen des Nullpunktwiderstandes angegebenen Werte einzusetzen.

Bild 213. Nullpunkt-Methode. Halbindirekte Schaltung.

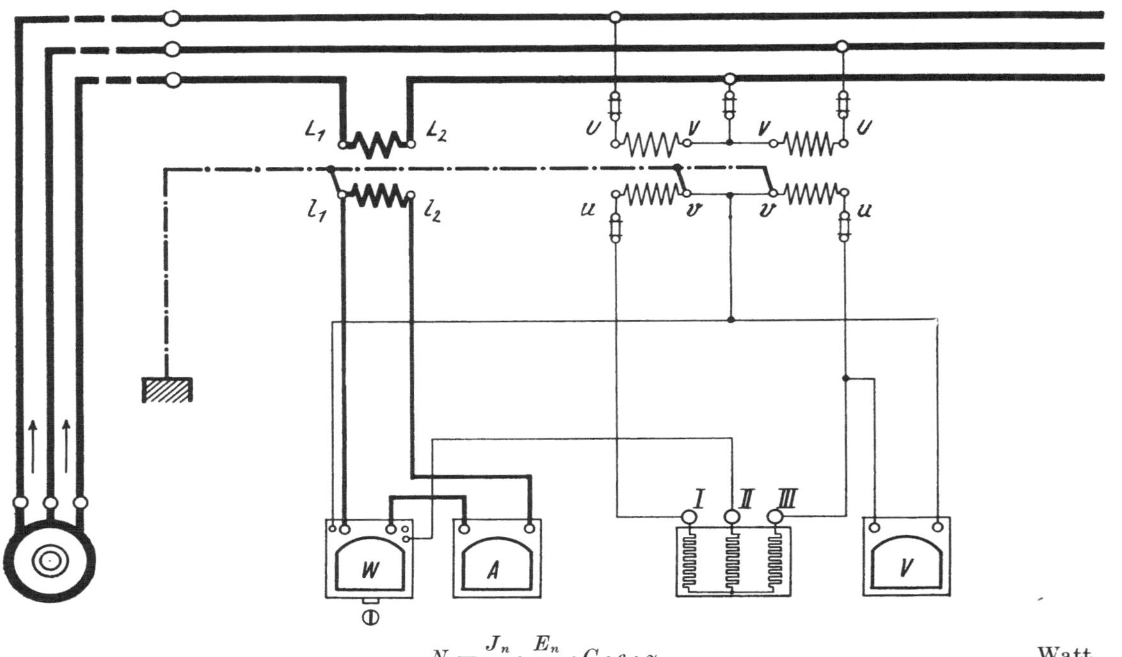

$$N = \frac{J_n}{5} \cdot \frac{E_n}{100} \cdot C \cdot c \cdot \alpha \qquad \text{Watt.}$$

Für C sind die an den Drehstrom-Klemmen des Nullpunktwiderstandes angegebenen Werte einzusetzen.

Bild 214. Nullpunkt-Methode. Indirekte Schaltung mit Nullpunktwiderstand auf der Sekundärseite.

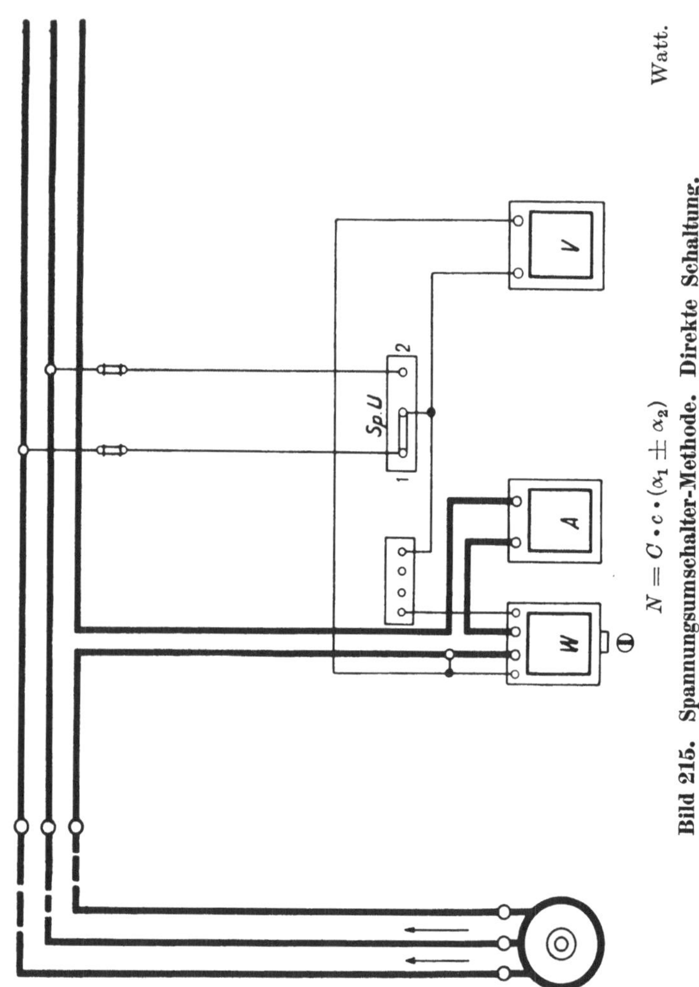

$$N = C \cdot c \cdot (\alpha_1 \pm \alpha_2)$$
Watt.

Bild 215. Spannungsumschalter-Methode. Direkte Schaltung.

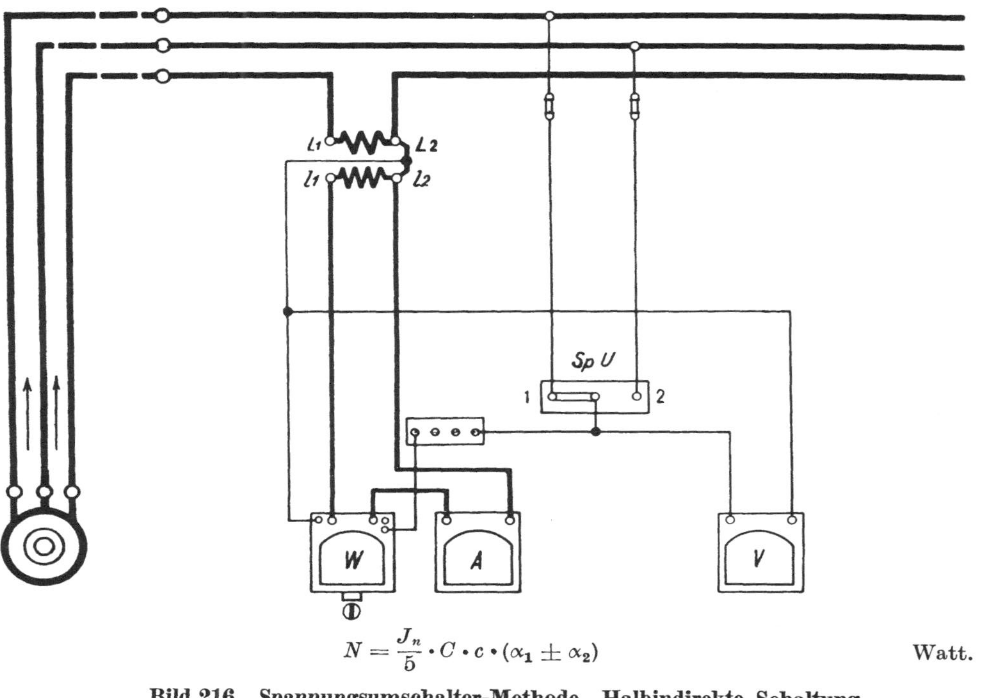

$$N = \frac{J_n}{5} \cdot C \cdot c \cdot (\alpha_1 \pm \alpha_2)$$

Watt.

Bild 216. Spannungsumschalter-Methode. Halbindirekte Schaltung.

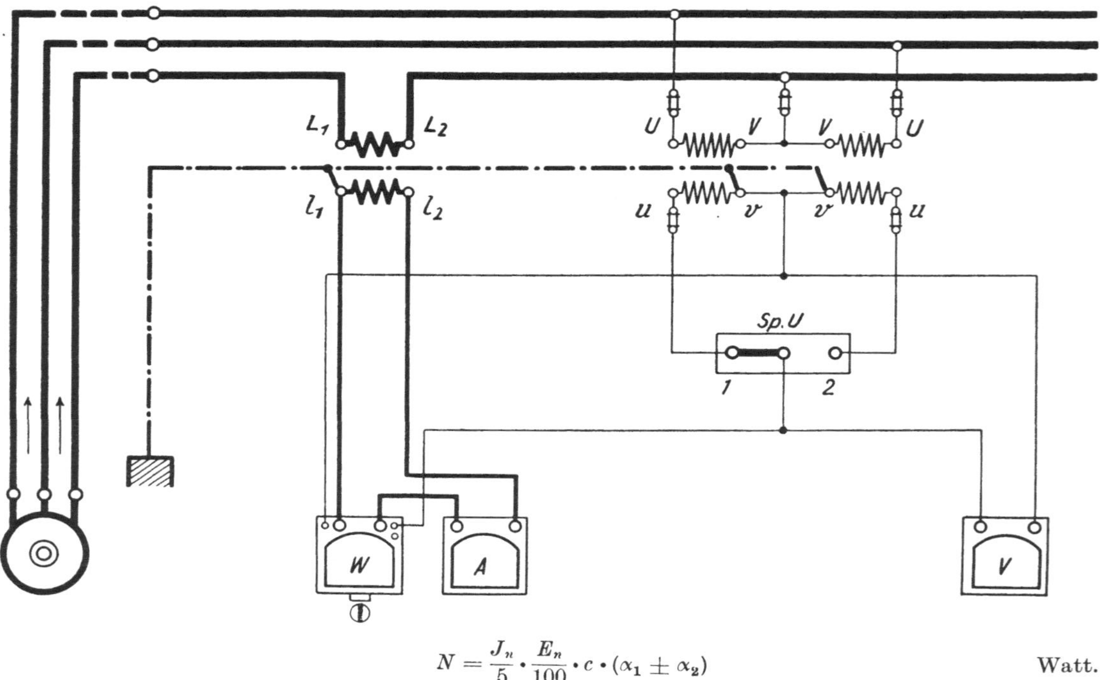

$$N = \frac{J_n}{5} \cdot \frac{E_n}{100} \cdot c \cdot (\alpha_1 \pm \alpha_2) \quad \text{Watt.}$$

Bild 217. **Spannungsumschalter-Methode. Indirekte Schaltung mit Spannungsumschalter auf der Sekundärseite.**

P. Meßschaltungen zur Bestimmung der Leerlaufverluste von Kabeln.

Der auf S. 21 beschriebene Spezial-Leistungsmesser wird vorzugsweise von Kabelfabriken zur Bestimmung der in Hochspannungskabeln auftretenden dielektrischen Verluste benutzt. Das Instrument für die Nennströme 1 und 2 Ampere reicht, wie vielfache Versuche gezeigt haben, für normale Kabellängen von 750 m recht gut aus. Bei kürzeren Kabellängen empfiehlt es sich, mehrere gleichlange, gleichartige Kabelstücke parallel zu schalten. Für die Prüfung bereits verlegter längerer Kabelstrecken oder Netze kommt der Leistungsmesser für 12,5 und 25 Ampere zur Anwendung. Die Meßschaltung wird, je nachdem ob es sich um die Untersuchung einer normalen, auf eine Kabeltrommel aufgewickelten Fabrikationslänge oder um die Prüfung eines verlegten Kabels handelt, nach dem Schaltbild auf S. 232 oder 233 aufgebaut. Wichtig ist hierbei, daß man die Verbindungen nach Erde genau in der angegebenen Weise ausführt. Bei der Schaltung auf S. 232 wird durch die Erdleitung einerseits die Niederspannungswicklung des Spannungswandlers mit dem an den Feldspulen liegenden Hochspannungspol verbunden, so daß im Leistungsmesser gefährliche Potentialdifferenzen vermieden werden; andererseits aber werden durch den Anschluß an Erde die Gefahren der Hochspannungsmessung beseitigt. Die Erdung ist auch deswegen erforderlich, weil die Sekundärwicklung des Spannungswandlers gegen Gehäuse nicht für die in Frage kommenden hohen Spannungen isoliert werden kann. Für die Messung ergibt sich hieraus die Bedingung, daß der eine Pol des zu untersuchenden Kabels gegen Erde entsprechend dem Spannungsabfall in den Meßinstrumenten für eine Spannung von etwa 6 bis 8 Volt isoliert werden muß. Die Erfüllung dieser Bedingung macht praktisch keine Schwierigkeiten, da die Kabel normal auf Kabeltrommeln untersucht werden, so daß die Außenseite des Kabels durch die hölzerne Kabeltrommel genügend isoliert wird. Bei der Untersuchung eines bereits verlegten Kabels kann diese Bedingung naturgemäß nicht erfüllt werden. Die Schaltung ist daher in diesem Falle nach dem Schaltbild auf S. 233 auszuführen. Da die Erdleitung hierbei hinter den Meßinstrumenten angeschlossen ist, ist bei der Messung einige Vorsicht geboten.

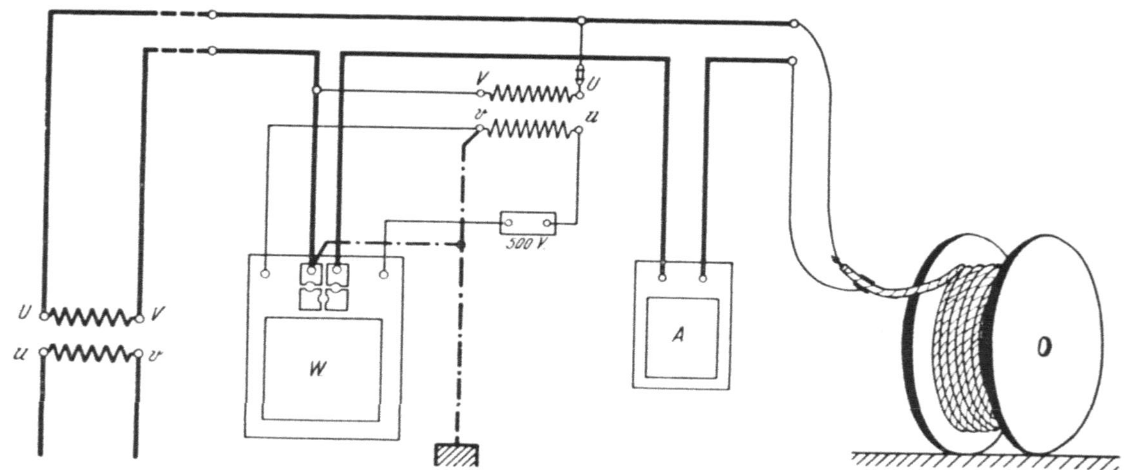

Bild 218. Messung der dielektrischen Verluste in Hochspannungskabeln. Untersuchung normaler Fabrikationslängen auf Kabeltrommel mit dem astatischen Spezial-Leistungsmesser.

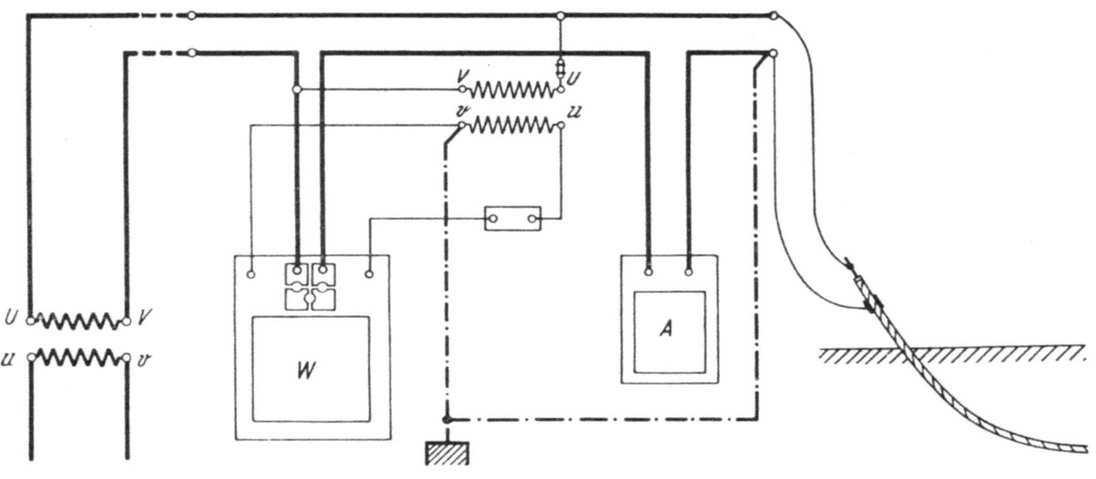

Bild 219. Messung der dielektrischen Verluste in Hochspannungskabeln. Untersuchung bereits verlegter Kabelstrecken mit dem astatischen Spezial-Leistungsmesser.

Q. Wechselstrom-Eichschaltungen.
1. Allgemeine technische Gesichtspunkte.

Beim Eichen der Elektrizitätszähler in ortsfesten Prüfeinrichtungen trennt man die Stromspulen der Zähler von dem zugehörigen Spannungskreis. Demgemäß besteht eine Eichschaltung aus zwei voneinander getrennten Zweigen, dem Eichstromkreis und dem Eichspannungskreis. Der Eichstromkreis dient zur Speisung der Stromspulen der zu eichenden Meßgeräte und ist daher für die Entnahme größerer Ströme bei kleinen Spannungen eingerichtet. Der Eichspannungskreis dient zum Anschluß der Spannungsspulen und ist demgemäß für die Entnahme höherer Spannungen bei sehr kleinen Strömen bemessen. Diese Trennung der Stromkreise bietet zunächst den Vorteil, daß der Energieverbrauch für die Eichung ganz wesentlich herabgesetzt wird. Ein weiterer Vorzug liegt darin, daß es hierbei möglich ist, die Ströme unabhängig von den Spannungen und die Spannungen unabhängig von den Strömen zu regeln. Außerdem gibt diese Schaltungsart noch die Möglichkeit, auf einfachste Weise jede beliebige Phasenverschiebung zwischen dem Stromkreis und dem Spannungskreis zu erzeugen.

Zum Speisen der Spannungskreise der zu eichenden Zähler wird meist die vorhandene Netzspannung benutzt. Die Stromspulen werden dagegen an eine niedrigere Spannung angeschlossen, die meist durch Transformierung der Netzspannung erzeugt wird. Sind die Schwankungen der Netzspannung und der Frequenz sehr erheblich, so ist es vorteilhaft, einen besonderen Eichumformer aufzustellen, wie er auf S. 241 beschrieben ist.

Dem äußeren Aufbau nach besteht jede Eicheinrichtung aus zwei Teilen, der Bedienungsschalttafel und dem eigentlichen Eichplatz. Auf der Bedienungsschalttafel sind alle erforderlichen Schalter und Apparate sowie die zum Einstellen der Ströme und Spannungen notwendigen Meßinstrumente in übersichtlicher Weise angeordnet. Der Eichplatz enthält im wesentlichen nur die Befestigungsschienen für die zu eichenden Zähler und die erforderlichen Anschlußklemmen. Auf dem Tisch vor dem Eichplatz werden die für die Eichung erforderlichen Normalinstrumente aufgestellt. Die Zählerprüfeinrichtungen werden freistehend oder als Wandstation ausgeführt.

2. Regelung des Stromes.

Die Regelvorrichtungen für den Eichstromkreis müssen so beschaffen sein, daß sie ohne Unterbrechung des Stromes eine allmähliche Änderung von Null bis zum Höchstwert gestatten. Wird der Eichstromkreis durch transformierten Netzstrom gespeist, so baut man den Stromregler auf der Primärseite der Transformatoren ein. Man vermeidet auf diese Weise, daß im Stromregler große Stromstärken auftreten. Die auf der Primärseite zur Verfügung stehende höhere Spannung führt dann ohne weiteres dazu, die Stromregler als Spannungsteiler auszuführen, wie es Bild 220 zeigt. Hierbei ist a ein grobgeteilter und b ein

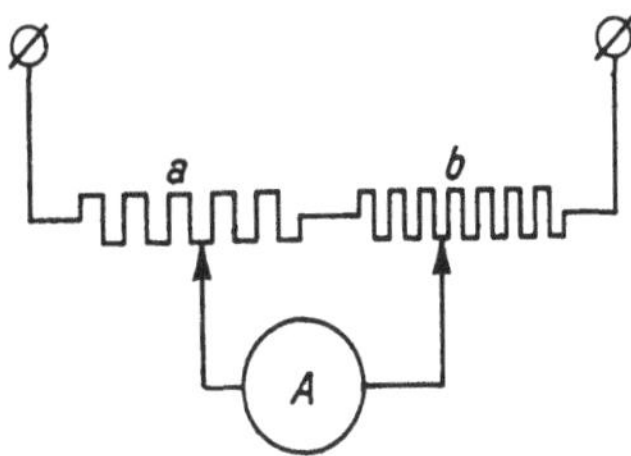

Bild 220. Spannungsteiler mit Grob- und Feinregelung.

feingeteilter Widerstand. Die Widerstände sind so bemessen, daß der Gesamtwiderstand b gleich einer Stufe des Widerstandes a ist. Ein solcher Spannungsteiler gestattet zwar eine sehr feine Einstellung, hat jedoch den Nachteil, daß er stets eine wesentlich größere Leistung verbraucht, als er abgeben kann. Einesteils ist die an den Enden des Spannungsteilers liegende Spannung meist ein Vielfaches der an den regelbaren Kontakten abgenommenen Spannung, andernteils aber muß der vom Spannungsteiler aufgenommene Gesamtstrom erheblich (etwa 30%) größer sein als der abgenommene Strom, da sonst der Spannungsteiler schlecht regelt. Man kann diesen Energieverlust im Spannungsteiler verkleinern, wenn man an Stelle des Spannungsteiler-Widerstandes einen Spannungsteiler-Transformator, einen sog. Regeltransformator, verwendet. Dieser wird meist als Spartransformator mit nur einer vielfach unterteilten Wicklung ausgeführt, so daß man beliebig viele Windungen für die sekundäre Abzweigung benutzen kann. Die Schaltung ist im Prinzip die gleiche wie bei Bild 220; nur sind an die Stelle der beiden Ohmschen Widerstände die Windungs-

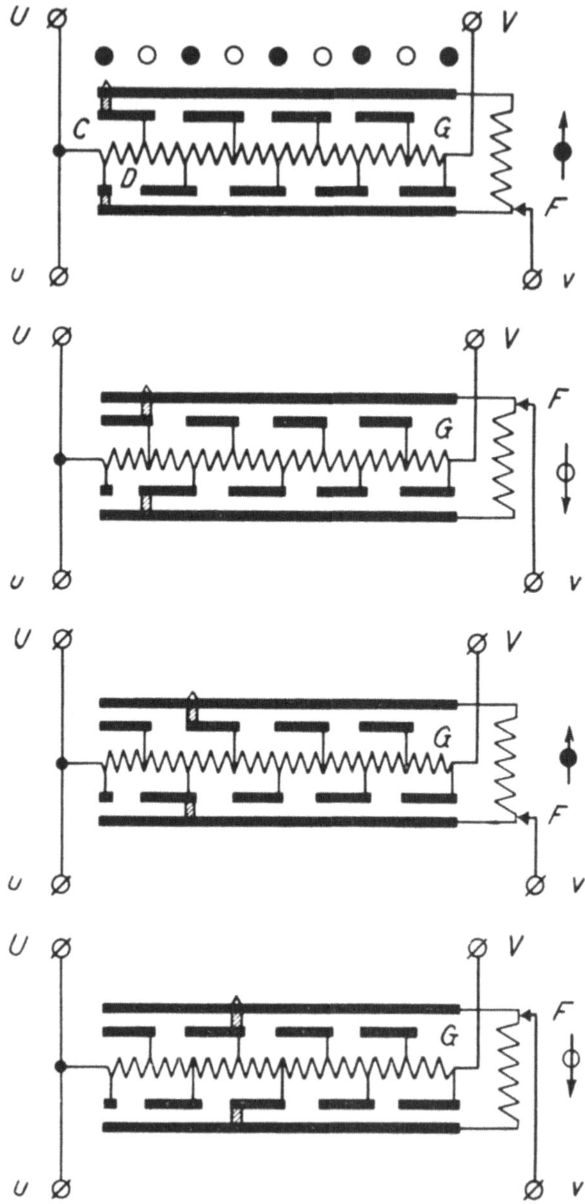

Bild 221 bis 224.
Schaltweise des Regeltransformators für stetige Regelung.

gruppen einer Transformatorwicklung getreten. Um bei diesen Regeltransformatoren zu vermeiden, daß vor dem Weiterschalten der Grobreglung stets die Feinreglung zurückgeschaltet werden muß, wendet S. & H. neuerdings die auf S. 236 dargestellte Schaltweise an. Hierbei ist G eine für die Grobreglung mehrfach unterteilte Wicklung eines Spartransformators und F ein nach Art eines Schiebewiderstandes gebauter induktiver Feinregler. Durch die eigenartige Anordnung der Kontaktstücke C und D ist es erreicht, daß die Zuschaltung neuer Windungsgruppen wechselweise an der oberen und unteren Stromschiene erfolgt. Dementsprechend kehrt sich der Regelsinn des Feinreglers F bei jeder nächstfolgenden Regelstufe des Grobreglers um. Bei der in Bild 221 dargestellten Schaltstellung wächst der Strom durch Aufwärtsbewegung des Feinreglers F an und erreicht den Höchstwert dieser Schaltstufe in der oberen Endstellung. In Bild 222 ist der Grobregler eine Stellung weitergerückt, so daß zwei Windungsgruppen eingeschaltet sind. Der Strom in dem angeschlossenen Meßinstrument wird jedoch hierdurch zunächst nicht geändert. Er wird vielmehr erst durch Abwärtsbewegung des Feinreglers bis zum Höchstwert dieser zweiten Stufe gesteigert. In Bild 223 ist der Grobregler auf die dritte Schaltstellung weitergerückt. Die Vergrößerung des Stromes erfolgt hier wieder durch Aufwärtsbewegung des Feinreglerkontaktes. In Bild 224 endlich ist der Grobregler noch eine Stufe weitergeschaltet. Die Feinreglung erfolgt hierbei wieder durch Abwärtsbewegung des Feinreglerkontaktes. Die Zusammengehörigkeit des Regelsinns des Feinreglers mit der jeweiligen Stellung des Grobreglers wird hierbei, wie auch in den Skizzen angedeutet, durch Kennmarken angezeigt, so daß man niemals im Zweifel sein kann, in welchem Sinne man zu regeln hat. Um den mit der Eichschaltung einstellbaren Höchststrom ohne Energievergeudung beliebig vergrößern zu können, schließt man hinter dem Stromregler einen Stromtransformator zur Erzeugung größerer Stromstärken bei entsprechend kleiner Spannung an. Zur Messung des Eichstromes benutzt man einfache Schalttafelinstrumente mit Dreheisen-Meßwerk, die in die Eicheinrichtung eingebaut werden. Die Meßgenauigkeit dieser einfachen Instrumente reicht hier vollkommen aus, da die Strommessung bei Wechselstrom nur als Nebenumstand der eigentlichen Leistungsmessung zu betrachten ist. Da man für die verschiedenen, zum Teil weit auseinanderliegenden Meßbereiche nicht mit einem Instrument auskommt, benutzt man bei den einfacheren Eicheinrichtungen mehrere Instrumente mit verschiedenen Meßbereichen, die sich wahlweise in den Stromkreis einschalten lassen. Bei den Eicheinrichtungen mit dreiphasigem Stromkreis erhält man bei dieser Schaltweise jedoch reichlich viel Instrumente auf der Bedienungsschalttafel. Um dies zu vermeiden, verwendet man hierbei einen auf der Primärseite umschaltbaren Stromwandler

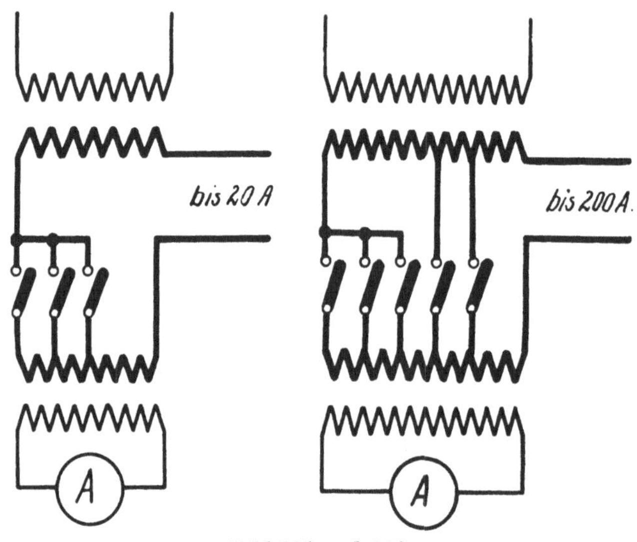

Bild 225 und 226.
Primär umschaltbarer Stromwandler zum Messen des Eichstromes.

und kommt auf diese Weise mit nur einem Strommesser für jede Phase aus. Die Art dieser Umschaltung ist in den Bildern 225 und 226 dargestellt, die die Verbindung des zur Erzeugung der Ströme dienenden Stromtransformators mit dem zur Messung dienenden umschaltbaren Stromwandler zeigt. Bei den kleinsten Strömen ist die gesamte Primärwicklung des Stromwandlers eingeschaltet, bei wachsenden Strömen wird die Windungszahl stufenweise verkleinert, bis schließlich bei den größten Strömen nur noch einige dickdrähtige Windungen eingeschaltet sind. Der zu diesem Stromwandler gehörige Strommesser ist mit verschiedenen Skalen versehen, so daß man die jeweiligen Stromstärken stets ohne Umrechnung ablesen kann.

3. Regelung der Spannung.

Bei der Regelung des Eichspannungskreises handelt es sich im wesentlichen um die genaue Einstellung der normalen Spannung für die zu eichenden Meßgeräte. Um in jedem Falle eine möglichst weitgehende Regelung der Spannung zu ermöglichen, schaltet man auch die Spannungsregler meist nach dem Prinzip des Spannungsteilers. Bei den Drehstrom-Einrichtungen schaltet man die Widerstände in Sternschaltung zusammen, wie Bild 227 zeigt. Man erhält auf diese Weise auch den Nullpunkt des Spannungssystems,

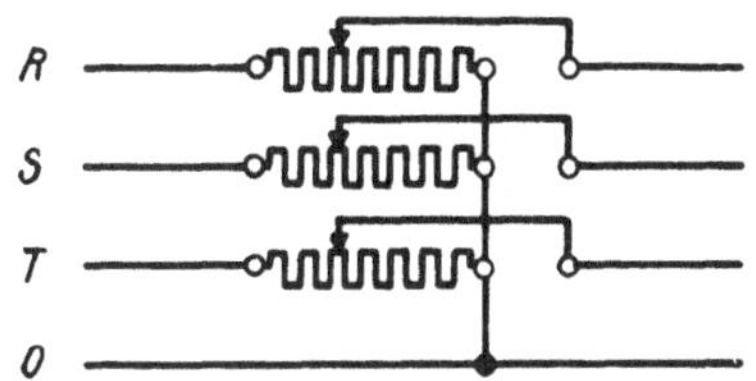

Bild 227. Spannungsregler für Drehstrom.

der für die Eichung der an der Sternspannung liegenden Zähler für Vierleiter-Drehstrom erforderlich ist. Damit sich der Nullpunkt der Widerstände beim Regeln nicht verschiebt, verbindet man ihn, wenn angängig, mit dem Nullpunkt des Spannungserzeugers.

Soll eine Eichschaltung mehrere Spannungsmeßbereiche erhalten, die höher liegen als die zur Verfügung stehende Netzspannung, so benutzt man besondere Spannungstransformatoren. Diese werden als Spartransformatoren mit nur einer, mit mehreren Abzweigungen versehenen Wicklung ausgeführt und im Stern zusammengeschaltet. Um zu vermeiden, daß der zur Feineinstellung dienende Ohmsche Spannungsregler höhere Spannungen führt, schaltet man diesen Transformator erst hinter den Regler in den Spannungskreis ein, so daß der Regler auf der Unterspannungsseite liegt.

Zur Messung der Eichspannung verwendet man ebenfalls einfache Schalttafel-Instrumente mit Dreheisen-Meßwerk. Die hiermit erreichbare Meßgenauigkeit reicht vollkommen aus, da auch die Spannungsmessungen nur als Nebenumstände der Leistungsmessung zu betrachten sind. Um die verschiedenen Eichspannungen mit ein und demselben Instrument ohne Umschaltung

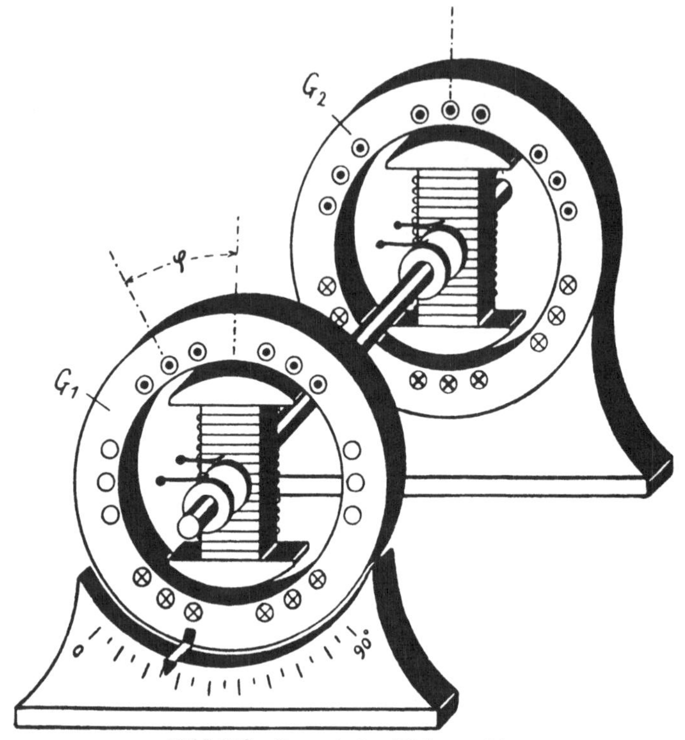

Bild 228. Bauart der Eichmaschine.

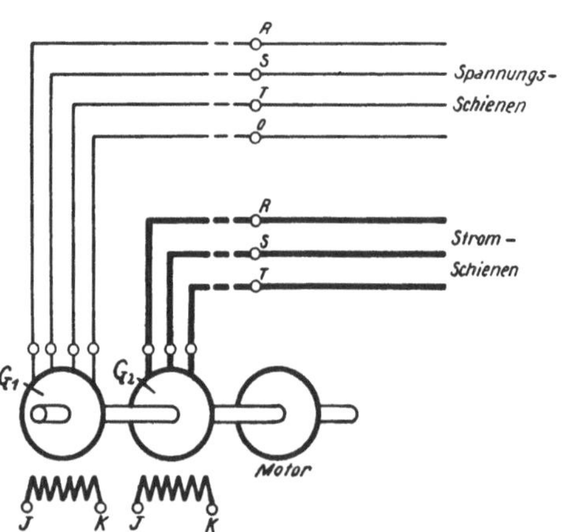

Bild 229. Anschluß der Eichmaschine.

Eichmaschine mit drehbarem Ständer zum Regeln der Phasenverschiebung.

des Meßbereichs messen zu können, erhalten diese Spannungsmesser an Stelle eines unveränderlichen Manganinwiderstandes
einen stark veränderlichen Vorwiderstand. Man benutzt hierzu eine
Metallfaden-Glühlampe. Da der Widerstand der Metallfadenlampe
im kalten Zustande nur etwa ein Zehntel so groß ist wie im
warmen Zustande, nimmt das Instrument bei kleinen Spannungen
einen verhältnismäßig großen Strom auf. Die Skala wird daher
am Anfang weit auseinandergezogen. Mit wachsender Spannung
steigt die Temperatur des Glühfadens und damit sein Widerstand.
Der Instrumentstrom wächst infolgedessen nicht mehr proportional
mit der Spannung. Die Skalenteile werden daher gegen das Ende
der Skala immer enger. Die auf diese Weise erreichte Skalenteilung
reicht für die Normalspannungen 120, 220, 380 und 500 Volt aus.
Um hierbei die Reihenschaltung mehrerer Vorschaltlampen zu
vermeiden, wird noch ein Spannungswandler benutzt, der die
Spannung am Meßinstrument auf 8 Volt herabsetzt. Da der Glühfaden der Vorschaltlampe für diese kleinen Spannungen wesentlich
stärker ist, wird hierdurch gleichzeitig die Gefahr des Durchbrennens der Glühlampe auf ein Mindestmaß herabgesetzt.
Etwaige Veränderungen der Glühlampe, die Veränderungen der
Instrumentangaben zur Folge haben würden, sind nicht zu befürchten, da die Vorschaltlampe nur mit 80% ihrer Nennspannung belastet wird. Der Skalencharakter des Instruments wird
durch den zwischengeschalteten Transformator nicht geändert.

4. Regelung der Phasenverschiebung.

Die Einstellung der Phasenverschiebung in den zu prüfenden
Meßgeräten erfolgt dadurch, daß man die im Eichstromkreis und
Eichspannungskreis wirkenden Elektromotorischen Kräfte gegeneinander verschiebt. Dies ist in einfachster Weise durch Verwendung einer sogenannten Eichmaschine möglich. Eine solche Maschine besteht im wesentlichen aus zwei auf der gleichen Achse
sitzenden Drehstrom-Generatoren, von denen der eine den Stromkreis und der andere den Spannungskreis speist. Das Ständergehäuse
einer dieser beiden Maschinen ist hierbei drehbar angeordnet
und kann durch ein Handrad oder einen kleinen Regelmotor
beliebig verstellt werden. Durch die Drehung des Ständergehäuses wird die Wicklung des einen Generators gegen die des
anderen Generators verschoben. Entsprechend der räumlichen

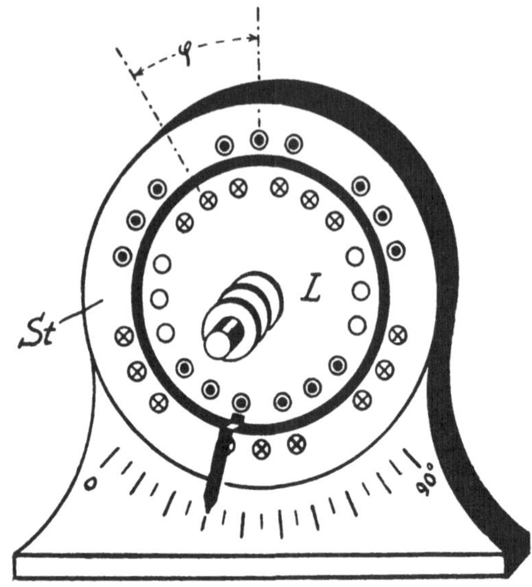

Bild 230. Bauart des Phasentransformators. Der mechanische Aufbau gleicht dem eines Drehstrommotors. Die Ständerwicklung *St* dient als Primärwicklung, während die drehbare Läuferwicklung *L* als Sekundärwicklung benutzt wird. Der Läufer wird in der gewünschten Stellung durch eine Einstellvorrichtung festgehalten. Seine Verschiebung gegen den Ständer wird an der Skala abgelesen.

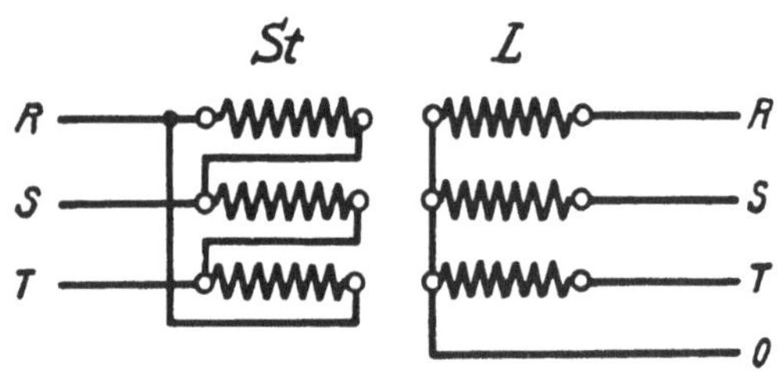

Bild 231. Schaltung des Phasentransformators. Die Enden der Primärwicklung und der Sekundärwicklung sind zu den Anschlußklemmen herausgeführt, so daß die Schaltung nach Bedarf geändert werden kann.

Phasentransformator mit drehbarem Läufer zum Regeln der Phasenverschiebung.

Verschiebung sind dann auch die in diesen Wicklungen induzierten Elektromotorischen Kräfte zeitlich gegeneinander verschoben. Die räumliche Verschiebung der Ständergehäuse ist daher unmittelbar ein Maß für die elektrische Phasenverschiebung der in beiden Maschinen erzeugten Elektromotorischen Kräfte. Bild 228 zeigt die schematische Darstellung einer solchen Doppelmaschine. Der Ständer G_1 der vorderen Maschine ist drehbar, seine Verschiebung gegen den feststehenden Ständer G_2 der hinteren Maschine kann an der Skala unmittelbar abgelesen werden. Bild 229 zeigt den Anschluß der Maschine an die Eichschaltung. Um eine möglichst gute Regelung der Frequenz zu erreichen, wird als Antriebsmotor stets ein auf der gleichen Achse sitzender Gleichstrom-Nebenschlußmotor benutzt.

Soll der Eichstrom einem vorhandenen Drehstromnetz entnommen werden, so kann man die Phasenverschiebung auch durch einen sogenannten Phasentransformator einstellen. Dieser ist im wesentlichen wie ein Drehstrommotor gebaut und besteht demgemäß aus einem feststehenden Ständer mit einer Drehstromwicklung und einem ebenfalls mit einer dreiphasigen Wicklung versehenen Läufer. Der Läufer ist jedoch nicht wie beim Drehstrommotor, frei beweglich, sondern wird durch eine Einstellvorrichtung, die eine beliebige gegenseitige Verstellung der beiden Wicklungen ermöglicht, festgehalten. Wird die Ständerwicklung an ein Drehstromnetz angeschlossen, so entsteht in ihr ein Drehfeld, das in der Läuferwicklung einen Drehstrom gleicher Frequenz induziert. Die Phasenverschiebung der induzierten Spannung gegen die Netzspannung hängt von der jeweiligen Stellung des Läufers ab. Wird der Läufer entgegen der Drehfeldrichtung verstellt, so werden seine Drähte früher von dem umlaufenden Drehfeld geschnitten als vorher, d. h. die induzierte Spannung eilt vor der Primärspannung voraus. Wird andererseits der Läufer im Sinne des Drehfeldes verstellt, so werden seine Drähte später von dem Drehfeld geschnitten als die Primärleiter. Die induzierte Elektromotorische Kraft bleibt also in diesem Falle zeitlich hinter der Primärspannung zurück. In Bild 230 auf S. 242 ist der Phasentransformator schematisch dargestellt. Die Wicklung ist hierbei der Einfachheit halber zweipolig gezeichnet. Die räumliche Verschiebung des Läufers ist dann gleich der zeitlichen Verschiebung, also gleich dem Phasenwinkel φ. Der Phasentrans-

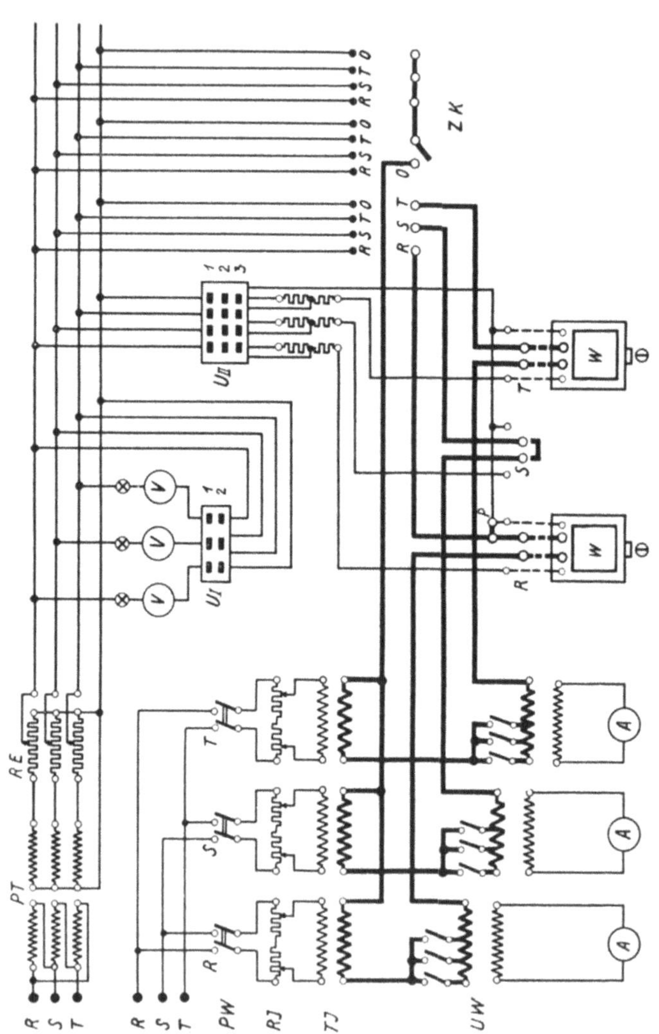

Bild 232. Drehstrom-Eichschaltung mit dreiphasigem Eichstromkreis.

formator wird mit senkrechter Achse ausgeführt. Die Wicklung ist vierpolig, so daß die Phasenverschiebung doppelt so groß wie der räumliche Verdrehungswinkel wird. Die Skala des Phasentransformators umfaßt demgemäß nur 180 Winkelgrade. Bild 231 zeigt die normale Schaltung. Die Primärwicklung ist im Dreieck, die Sekundärwicklung in Sternschaltung mit herausgeführtem Nullpunkt geschaltet. Um auch andere beliebige Schaltungen ausführen zu können, wird der Phasentransformator stets mit sechs Primär- und sechs Sekundärklemmen ausgeführt. Er wird normal für Leistungen bis 2,5 Kilowatt hergestellt, kann aber auch für größere Leistungen gebaut werden.

5. Drehstrom-Eichschaltung mit dreiphasigem Eichstromkreis.

Eine vollständige Drehstrom-Eichschaltung mit dreiphasig ausgebautem Stromkreis ist auf S. 244 dargestellt. Hierbei ist der einfachste Fall zugrunde gelegt, daß die Eichschaltung an ein vorhandenes Drehstromnetz angeschlossen wird. Die Anschlüsse für den Eichstromkreis und für den Eichspannungskreis liegen also parallel im Netz.

Der Eichstromkreis besteht aus drei Stromzweigen, die mittels dreier Phasenwählerschalter PW wahlweise einzeln oder gemeinsam eingeschaltet werden können. Zur Stromreglung dienen drei Stromregler RJ, die, wie vorher beschrieben, als Ohmsche Regler oder als Regeltransformatoren ausgebildet sind. An die Stromregler sind zur Erhöhung der Stromstärke drei Stromtransformatoren TJ angeschlossen.

Die Sekundärkreise der Stromtransformatoren sind in Sternschaltung verbunden. Der eine Sternpunkt liegt an den Transformatoren selbst, während der andere durch die drei am Ende der Schaltung liegenden, miteinander verbundenen Zähleranschlußklemmen gegeben ist. Zur Messung des Eichstromes dienen drei umschaltbare Stromwandler UW (vgl. S. 238). Die Leistung wird im vorliegenden Falle durch zwei, entsprechend der Zwei-Leistungsmesser-Methode geschaltete Präzisions-Leistungsmesser gemessen. Die hierbei freibleibenden Anschlußklemmen S werden zweckmäßig durch eine Lasche kurzgeschlossen, so daß alle drei Phasen des Stromkreises geschlossen sind. Beim Eichen von Zählern mit drei Meßwerken für Vierleiter-Drehstrom schließt man drei

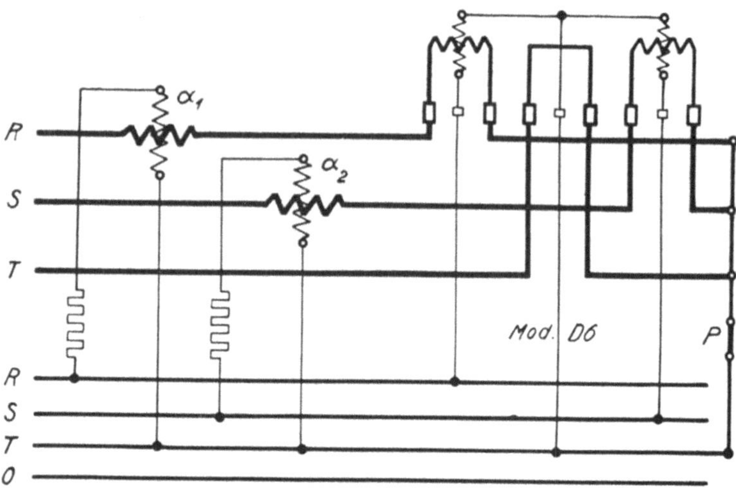

Bild 233. Eichschaltung für Wirkleistungszähler.

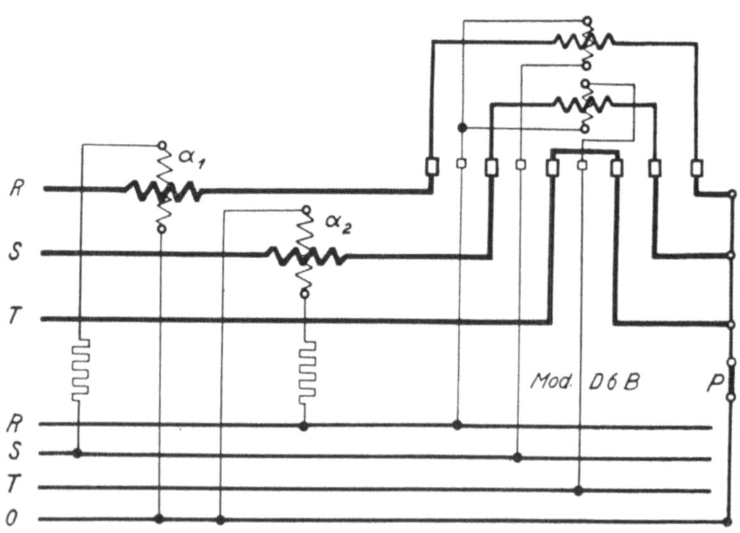

Bild 234. Eichschaltung für Blindleistungszähler.

**Zählereichung nach der Zwei-Leistungsmesser-Methode. Stromspulen in R
und S entsprechend der Stellung 1 des Umschalters U II.**

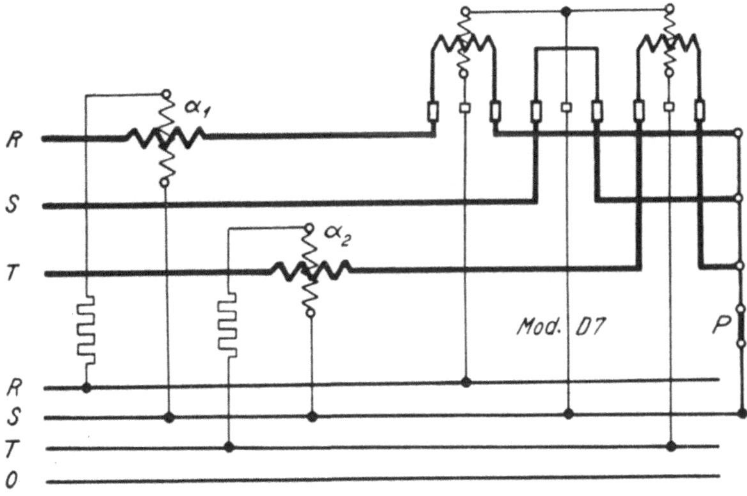

Bild 235. Eichschaltung für Wirkleistungszähler.

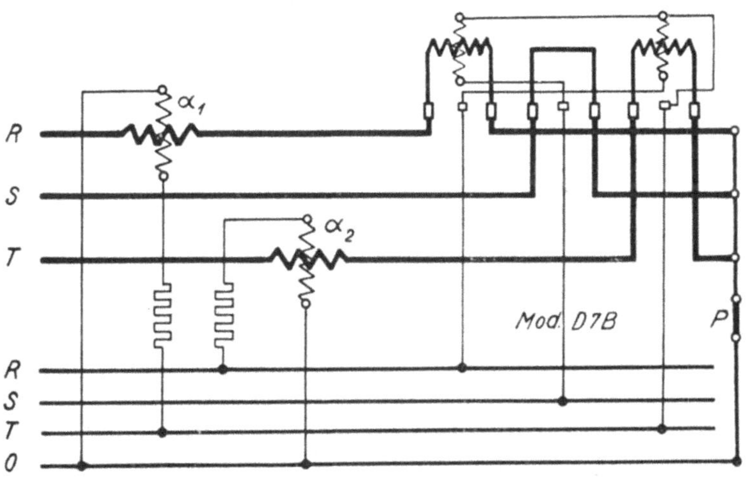

Bild 236. Eichschaltung für Blindleistungszähler.

**Zählereichung nach der Zwei-Leistungsmesser-Methode. Stromspulen in
R und T entsprechend der Stellung 2 des Umschalters U II.**

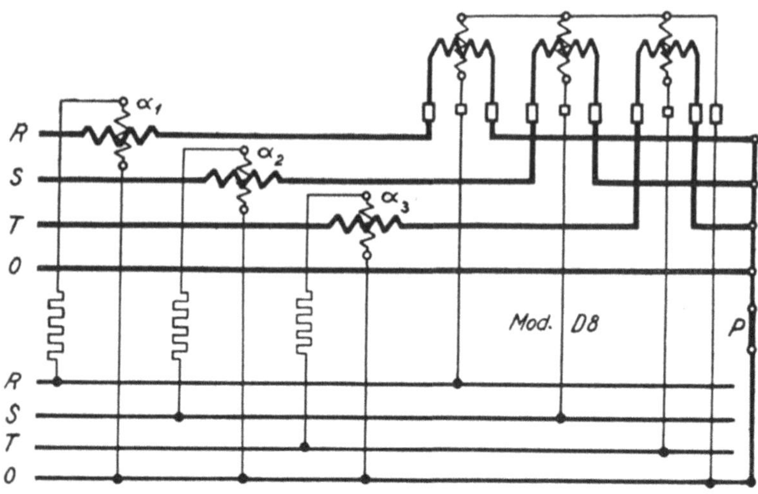

Bild 237. Eichschaltung für Wirkleistungszähler.

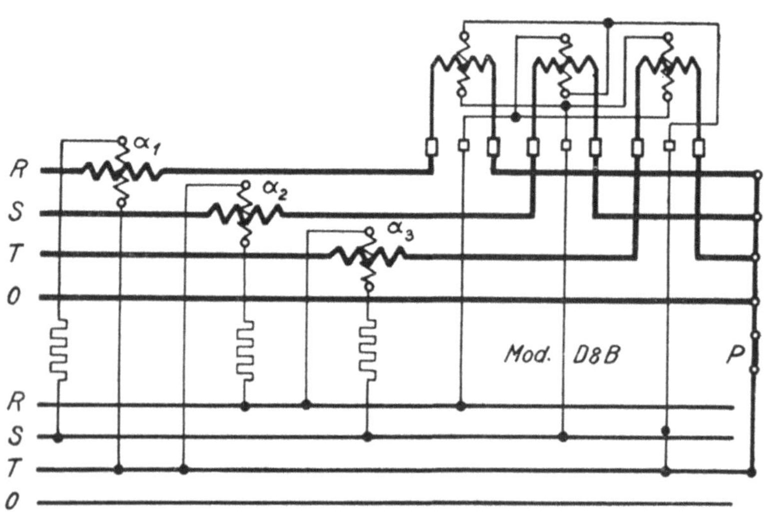

Bild 238. Eichschaltung für Blindleistungszähler.

Zählereichung nach der Drei-Leistungsmesser-Methode entsprechend der Stellung 3 des Umschalters U II.

Leistungsmesser an. Der hierzu erforderliche Nulleiter wird durch Einlegen der bei den Zähleranschlußklemmen eingezeichneten Verbindungslasche eingeschaltet. Der in der Eicheinrichtung eingebaute Nulleiter ermöglicht es, die drei Eichstromkreise unabhängig voneinander einzuschalten und zu regeln. Man benutzt ihn daher zweckmäßig auch bei Dreileiter-Drehstrom, um die drei Ströme unabhängig voneinander auf den gleichen Wert einzustellen. Nach erfolgter Einstellung schaltet man ihn dann wieder aus, ohne daß hierdurch die Stromverteilung geändert wird.

Der Eichspannungskreis ist ebenfalls dreiphasig ausgebaut. Zur Regelung der Phasenverschiebung dient der beschriebene Phasentransformator PT. Die Einstellung der jeweiligen Spannung erfolgt durch den Ohmschen Spannungsregler RE. Zur Herstellung mehrerer Spannungsmeßbereiche wird ein besonderer Spannungstransformator benutzt, der hinter dem Spannungsregler einzuschalten ist. Die erzeugte Spannung wird durch drei Spannungsmesser gemessen, die durch den Umschalter U_I umgeschaltet werden können. In Schaltstellung 1 werden die drei verketteten Spannungen RS, ST und TR, in Schaltstellung 2 die drei Sternspannungen RO, SO und TO gemessen. Die Vorwiderstände für die Leistungsmesser werden durch den Umschalter U_{II} geschaltet. Die Schaltstellungen 1 und 2 dienen für die Zwei-Leistungsmesser-Methode. Liegen die Feldspulen der Leistungsmesser in den Phasen R und S, so wird Stellung 1 des Umschalters benutzt, durch die die zugehörigen Spannungen RT und ST eingeschaltet werden (vgl. Bild 233). Liegen dagegen die Feldspulen der Leistungsmesser in R und T, so wird die Stellung 2 benutzt, die die Spannungen RS und TS einschaltet (vgl. Bild 235). Stellung 3 des Umschalters dient für die Drei-Leistungsmesser-Methode und gibt die drei Spannungen RO, SO und TO (vgl. Bild 237). Gleichzeitig mit dieser Umschaltung wird auch die Nennspannung der Leistungsmesser entsprechend verkleinert. Bei Eicheinrichtungen mit mehreren Spannungsmeßbereichen kommt noch ein weiterer Spannungsumschalter hinzu, durch den die auf S. 239 angegebenen Umschaltungen des Spannungstransformators vorgenommen werden. Auch hierbei wird gleichzeitig mit der Umschaltung von der niederen auf die hohe Spannung die Nennspannung der Leistungsmesser erhöht, so daß eine Beschädigung der Instrumente durch falsche Schaltung nicht vorkommen kann.

Bei den neuen Eicheinrichtungen für Wirk- und Blindleistungsmessung enthält der Umschalter U_{II} zwei Vorwählerstellungen für Wirk- und Blindleistung und sechs Hauptstellungen. Die diesen Schaltstellungen entsprechenden zusätzlichen Schaltungen für Blindleistung sind in den Schaltbildern 234, 236 und 238 angegeben, die nach den Angaben auf S. 181 und 187 ohne weiteres verständlich sind.

Um zu vermeiden, daß zwischen den Feldspulen und den Spannungsspulen der Leistungsmesser schädliche Potentialdifferenzen entstehen, die die Angaben der Leistungsmesser beeinflussen und die Meßwerke unter Umständen gefährden können, muß stets für einen Potentialausgleich zwischen dem Eichstromkreis und dem Eichspannungskreis gesorgt werden. Dieser kann jedoch nicht in der sonst bei Leistungsmessungen üblichen Weise hergestellt werden, daß man etwa an allen Leistungsmessern eine Spannungsklemme mit einer Stromklemme verbindet. Da bei der Eichschaltung alle Feldspulen der Leistungsmesser annähernd auf dem gleichen Potential liegen, würde dies einen Kurzschluß des Eichspannungskreises über den Eichstromkreis bedeuten. Der Umstand, daß alle Feldspulen der Leistungsmesser auf dem gleichen Potential liegen, führte den Verfasser dazu, bei den Eichschaltungen auch sämtliche Spannungsspulen auf ebendasselbe gleiche Potential zu bringen. Dies ist ohne weiteres möglich, da bei allen Leistungsmesser-Schaltungen ein Punkt des Spannungskreises für alle Leistungsmesser gemeinsam ist, nämlich bei der Zwei-Leistungsmesser-Methode die Leitung, in der keine Feldspule liegt, und bei der Drei-Leistungsmesser-Methode der Nullleiter. Man braucht nur die Vorwiderstände, die sonst immer in diesen Leitungen liegen, herauszunehmen und auf der anderen Seite anzuschließen. Dann liegen alle Spannungsspulen unmittelbar an der für alle Spannungskreise gemeinsamen Leitung. Man braucht dann diese Leitung nur noch mit einem Punkte des Eichstromkreises zu verbinden. In den Schaltbildern ist dies durch die Verbindung P geschehen.

6. Drehstrom-Eichschaltung mit einphasigem Eichstromkreis.

Um an Kosten für die Eicheinrichtung zu sparen, wird der Eichstromkreis in manchen Fällen nur einphasig ausgeführt. Diese

Schaltweise hat jedoch den Nachteil, daß sie nicht gestattet, die Zähler betriebsmäßig laufen zu lassen. Man kann mit ihr vielmehr nur die einzelnen Meßwerke der Zähler einzeln und zu zweien in Reihenschaltung prüfen. Da hierbei die Ströme in den beiden Meßwerken anstatt um 120° um 180° verschoben sind, laufen die Zähler nicht mit der vollen Drehzahl, was namentlich bei der Prüfung neuer Zählersysteme leicht zu Unsicherheiten Anlaß geben kann. Auch wird die Bedienung der Anlage durch die vielfachen Umschaltungen schwieriger. Die Schaltung einer derartigen Einrichtung ist in Bild 239 dargestellt. Auch hierbei ist wieder angenommen, daß der Eichstromkreis und der Eichspannungskreis an ein vorhandenes Drehstromnetz angeschlossen sind.

Der Eichstromkreis ist bis zum Phasenwählerschalter PW mehrphasig ausgeführt, so daß man durch Einstellung der beiden Phasenwählerhebel jede beliebige Netzphase herausgreifen kann. An den Phasenwähler ist der Stromregler RJ und an diesen wieder der Stromtransformator TJ angeschlossen. Zur Strommessung dienen entweder drei wahlweise einschaltbare Strommesser mit verschiedenen Meßbereichen, oder man verwendet einen Strommesser mit einem umschaltbaren Stromwandler. An sich ist für den einphasigen Eichstromkreis nur jeweils ein Leistungsmesser erforderlich. Im vorliegenden Schaltbild sind jedoch zwei Leistungsmesser mit verschiedenen Meßbereichen angeschlossen, die durch einen Meßbereichwähler MW je nach Bedarf wahlweise eingeschaltet werden können. Hinter den Leistungsmessern liegt noch ein Stromspulenwähler SW. Dieser ermöglicht es, die einzelnen Stromspulen der Zähler wahlweise einzuschalten. Bei Schaltstellung 1 und 6 ist die Stromspule R, bei 2 und 6 die Spule S und bei 3 und 6 die Spule T eingeschaltet. Bei Stellung 1 und 5 liegen die Stromspulen R und S, bei 2 und 4 die Spulen S und T und endlich bei 1 und 4 die Spulen R und T in Reihe.

Der zugehörige Eichspannungskreis wird stets dreiphasig ausgeführt. Hinter dem Phasentransformator PT liegt wieder ein Ohmscher Spannungsregler RE zur Einstellung der Eichspannung. Auch hierbei können durch einen Spannungstransformator mehrere Spannungsmeßbereiche erzielt werden. Die Spannungen werden mit drei Spannungsmessern gemessen, die durch den Umschalter U_I bedient werden. In Stellung 1 dieses Umschalters werden die verketteten Spannungen RS, ST und TR, in Stellung 2 die

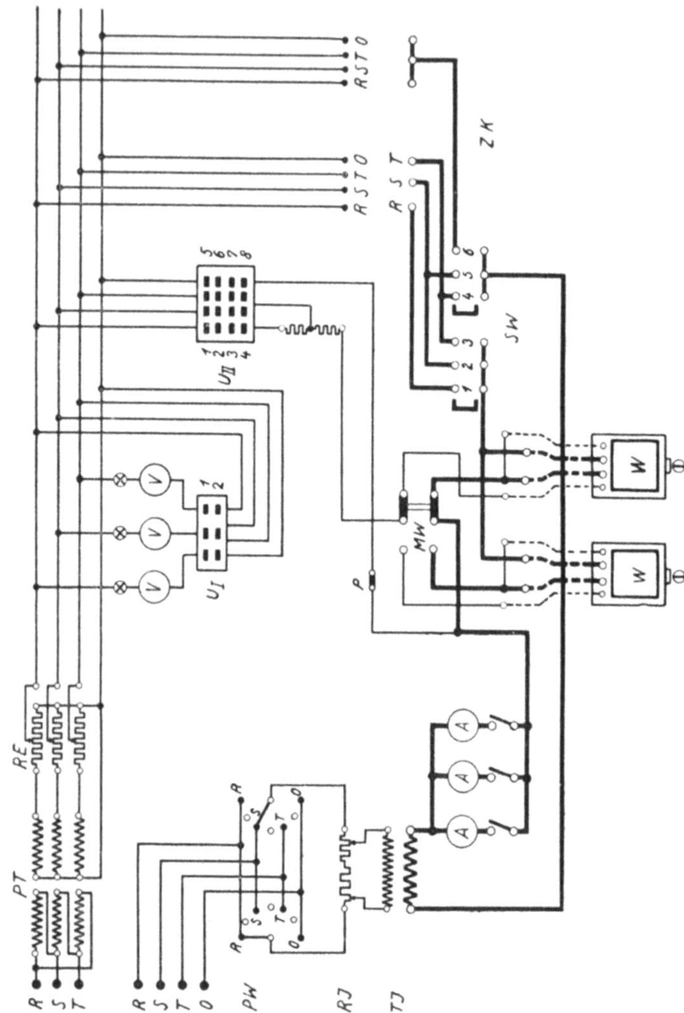

Bild 239. Drehstrom-Eichschaltung mit einphasigem Eichstromkreis.

Sternspannungen RO, SO und TO gemessen. Der Vorwiderstand für den Leistungsmesser wird durch den Umschalter U_{II} umgeschaltet, der 8 Schaltstellungen besitzt. Die Stellungen 1 bis 4 sind für Messungen nach der Zwei-Leistungsmesser-Methode bestimmt. Liegen die Stromspulen der zu eichenden Zähler betriebsmäßig in den Phasen R und S, so sind bei der Einzelprüfung der Meßwerke die zugehörigen Spannungen RT und ST zu wählen, die durch die Schaltstellungen 1 und 2 gegeben werden. Bei der Reihenschaltung beider Meßwerke ist dann die Summenspannung RS zu wählen, die durch Stellung 3 gegeben wird. Liegen andererseits die Stromspulen der Zähler in den Phasen R und T (vgl. Bild 235), so sind bei den Einzelmessungen die den Stellungen 3 und 4 entsprechenden Spannungen RS und TS und bei der Reihenschaltung die der Stellung 1 entsprechende Spannung RT als Summenspannung zu wählen. Die auf der rechten Seite befindlichen Schaltstellungen 5, 6 und 8 sind für die Drei-Leistungsmesser-Methode, also für Vierleiter-Drehstrom, bestimmt (vgl. Bild 237). Beim Übergang auf diese Stellungen wird gleichzeitig der Vorwiderstand des Leistungsmessers entsprechend der kleineren Sternspannung verkleinert. Bei der Einzelprüfung der drei in den Phasen R, S und T liegenden Meßwerke sind die den Stellungen 5, 6 und 8 entsprechenden Spannungen RO, SO, TO zu wählen. Stellung 7 ist hierbei eine Leerstellung. Bei der paarweisen Reihenschaltung der Stromspulen R und S, S und T, R und T sind als Summenspannungen wieder die verketteten Spannungen RS, ST und RT zu wählen, die den Stellungen 3, 2 und 1 entsprechen. In jedem Falle ergibt der Umschalter die Spannungen in richtigem Sinne, so daß keinesfalls Vertauschungen der Leitungsanschlüsse vorzunehmen sind.

Der Potentialausgleich bereitet beim einphasigen Eichstromkreis keine Schwierigkeiten, da hierbei jeweils nur ein Leistungsmesser eingeschaltet ist. Es genügt daher, wenn man an diesem Leistungsmesser eine Stromklemme und eine Spannungsklemme miteinander verbindet, wie dies von den normalen Leistungsmessungen her allgemein bekannt ist. Im Interesse eines gleichmäßigen Aufbaues aller Meßschaltungen für Zählereichungen ist jedoch bei der vorliegenden Schaltung insofern eine Umkehrung vorgenommen, als hier der Vorwiderstand genau wie bei der dreiphasigen Schaltung an die linke Spannungsklemme angeschlossen ist.

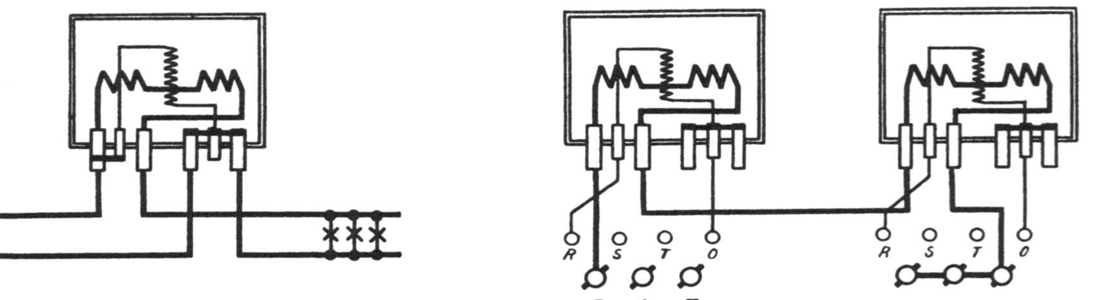

Bild 240 und 241. Betriebs- und Eichschaltung eines Einphasen-Lichtzählers zum Anschluß an ein Vierleiter-Drehstromnetz.

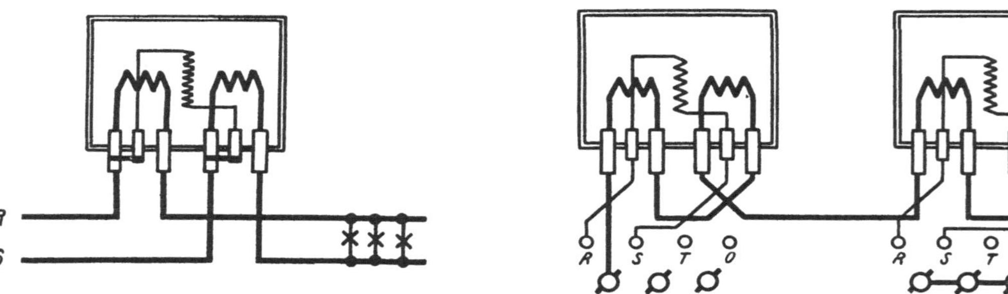

Bild 242 und 243. Betriebs- und Eichschaltung eines Einphasen-Lichtzählers zum Anschluß an Drehstrom-Dreileiternetze.

7. Anschluß der verschiedenen Zählertypen an die Eicheinrichtung.

Der Anschluß der zu eichenden Zähler an die Prüfeinrichtung muß so vorgenommen werden, daß im Meßwerk des Zählers dieselben Strom- und Spannungsverhältnisse herrschen wie im normalen Betriebe. Man muß daher beim Anschließen stets von der normalen Betriebsschaltung des Zählers ausgehen und so schalten, daß die Stromspulen und die Spannungsspulen im gleichen Sinne wie bei dieser vom Strom durchflossen werden. Die Verbindungslaschen, die die Spannungsspulen mit den Stromspulen betriebsmäßig verbinden, sind bei der Eichschaltung in jedem Falle zu entfernen.

In Bild 240 und 241 sind die Schaltungen für einen Einphasen-Lichtzähler zum Anschluß an Drehstrom-Vierleitersysteme dargestellt. Wie Bild 240 zeigt, liegt der Zähler während des normalen Betriebes zwischen einem Netzleiter und dem Nulleiter. Bei der in Bild 241 angegebenen Eichschaltung liegen die Stromspulen zweier zu eichenden Zähler in Reihenschaltung. Die Stromrückleitung erfolgt durch den Nulleiter der Eicheinrichtung. Die Spannungsspulen der Zähler liegen parallel an gleichnamigen Sternspannungen.

Bild 242 und 243 zeigen die Verhältnisse für einen Einphasen-Lichtzähler zum Anschluß an Drehstrom-Dreileiternetze. Bei diesem Zähler sind die Stromspulen betriebsmäßig zweipolig geschaltet, liegen also in der Hin- und Rückleitung. Die Eichschaltung kann jedoch trotzdem einpolig ausgeführt werden, wie Bild 243 zeigt. Man braucht hierbei nur darauf zu achten, daß die Stromspulen im gleichen Sinne vom Strome durchflossen werden wie bei der betriebsmäßigen Schaltung. Man muß daher bei der Eichschaltung die zweiten Stromspulen mit vertauschten Polen anschließen. Die Spannungskreise liegen wieder parallel, aber diesmal an der verketteten Spannung. Die Phasengleichheit zwischen Strom und Spannung muß deshalb in diesem Falle erst durch Verstellen des Phasenreglers eingestellt werden.

Die Bilder 244 und 245 zeigen einen Drehstrom-Lichtzähler für Vierleiter-Drehstrom, wie er für größere Lichtanlagen benutzt wird. In Bild 244 ist die normale Betriebsschaltung angegeben, während Bild 245 die Eichschaltung darstellt. Bei dieser liegen alle gleichnamigen Stromspulen in Reihe zwischen den gleichnamigen Stromklemmen. Als Rückleitung dient der Nulleiter

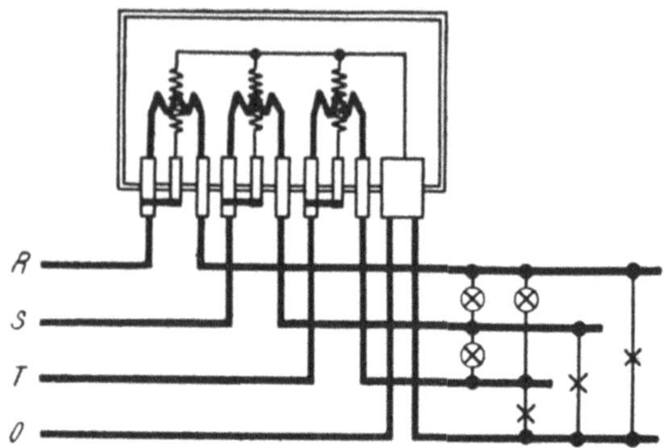

Bild 244. Betriebsschaltung.

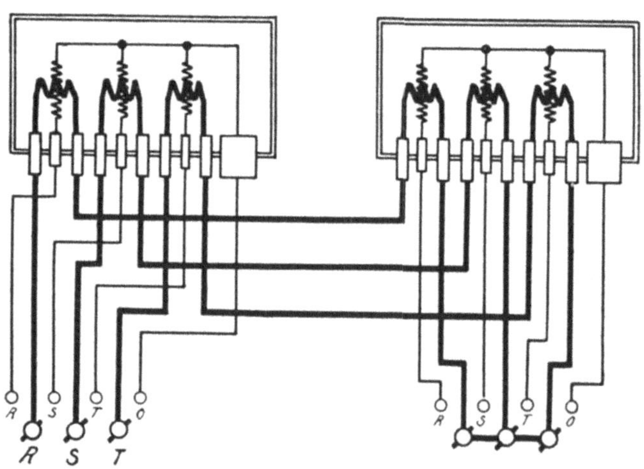

Bild 245. Eichschaltung.

Schaltungen eines Drehstrom-Lichtzählers zum Anschluß an ein Vierleiter-Drehstromnetz.

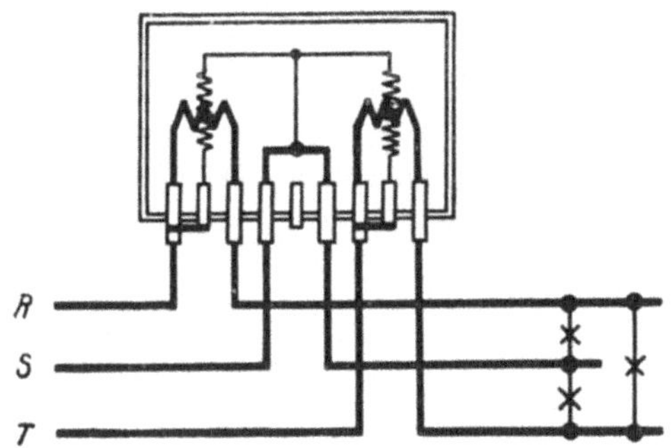

Bild 246. Betriebsschaltung.

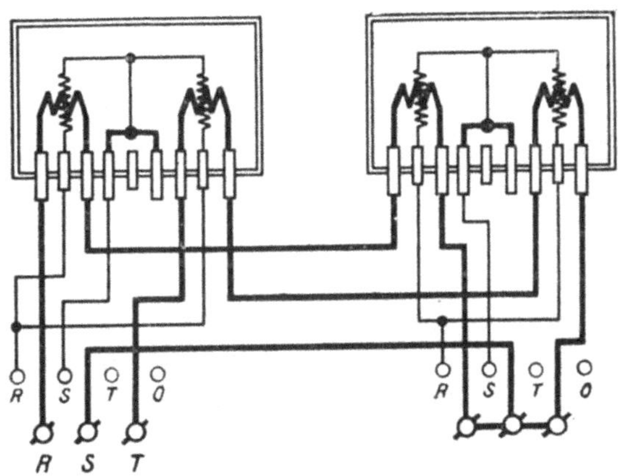

Bild 247. Eichschaltung.

Schaltungen eines Drehstrom-Kraftzählers zum Anschluß an ein Drehstrom-Dreileiternetz.

der Eicheinrichtung. Alle Spannungskreise liegen parallel an gleichnamigen Spannungsklemmen.

Die Bilder 246 und 247 zeigen die Schaltungen eines Drehstrom-Kraftzählers für Dreileiter-Drehstrom. Der Zähler ist wie üblich nach der Zwei-Leistungsmesser-Methode geschaltet. Bei der Eichschaltung muß die dritte Leitung, die nicht durch den Zähler geführt ist, durch Verbindung der freien Stromklemmen hergestellt werden.

8. Berechnung der Fehler eines Zählers.

Die von einem Zähler angezeigte elektrische Arbeit ergibt sich aus der Beziehung

$$A = \frac{1}{U} \cdot u \qquad\qquad \text{kWh}$$

wobei U die auf dem Zählerschild angegebene Anzahl der Ankerumdrehungen pro Kilowattstunde und u die abgelesene Anzahl der Ankerumdrehungen ist.

Der wirkliche Wert der gemessenen Arbeit beträgt dagegen

$$A_1 = \frac{1}{U_1} \cdot u.$$

Der Wert der Konstanten U_1 wird durch die elektrische Prüfung des Zählers ermittelt, indem man eine bestimmte Belastung einstellt und die Umdrehungszahl des Ankers während einer bestimmten Zeit zählt. Bedeutet:

$N =$ an dem zur Nachprüfung benutzten Leistungsmesser abgelesene Leistung in Watt,

$u_1 =$ abgezählte Umdrehungen des Zählerankers,

$t_1 =$ an der Stoppuhr abgelesene Zeit in Sekunden (mindestens 60 sec.),

so wird

$$U_1 = \frac{u_1 \cdot 1000 \cdot 3600}{N \cdot t_1}$$

Der Fehler des Zählers in Prozenten der wirklichen Arbeit beträgt dann

$$F = \frac{A - A_1}{A_1} \cdot 100 = \frac{\dfrac{1}{U} - \dfrac{1}{U_1}}{\dfrac{1}{U_1}} \cdot 100 = \frac{U_1 - U}{U}\ 100\,\%.$$

Definitionen und Regeln.

Meßwerksymbole:

Da man an einem fertigen Meßinstrument nicht ohne weiteres erkennen kann, was es für ein Meßwerk enthält, sind nach den Regeln des Verbandes deutscher Elektrotechniker auf jedem Instrument kleine charakteristische Bildchen angebracht. Die verschiedenen Bilder und ihre Bedeutung sind auf S. 266 angegeben.

Lagezeichen:

Die Gebrauchslage eines Meßinstrumentes wird, je nachdem ob es in senkrechter oder in waagerechter Lage benutzt werden soll, durch einen senkrechten oder waagerechten Strich bezeichnet. Bei Instrumenten, die in schräger Lage benutzt werden sollen, ist ein Winkelzeichen angebracht, in dem gegebenenfalls der Neigungswinkel gegen die Horizontale eingeschrieben ist.

Stromartzeichen:

Die Stromart eines Instrumentes wird für Gleichstrom durch ein Gleichheitszeichen, für Wechselstrom durch Sinuswellen gekennzeichnet (s. Tabelle auf S. 266).

Meßgröße:

Die Meßgröße ist die Größe, zu deren Messung das Meßinstrument bestimmt ist, also bei Strommessern der Strom, bei Spannungsmessern die Spannung, bei Leistungsmessern die Leistung.

Anzeigebereich:

Der Anzeigebereich eines Meßinstrumentes ist der Bereich, in dessen Grenzen die Meßgröße ohne Rücksicht auf die Genauigkeit angezeigt wird.

Meßbereich:

Der Meßbereich eines Instrumentes ist der Teil des Anzeigebereiches, in dem die Bestimmungen über Genauigkeit eingehalten werden. Bei den in diesem Buch beschriebenen Instrumenten mit gleichmäßig oder annähernd gleichmäßig geteilter Skala umfaßt der Meßbereich den ganzen Anzeigebereich vom Anfang bis zum Ende der Skala. Bei Instrumenten mit besonders ungleichmäßiger Skalenteilung braucht der Meßbereich nur einen gekennzeichneten Teil des Anzeigebereiches zu umfassen.

17*

Nennstrom:

Bei Leistungsmessern, Leistungsfaktormessern, Nebenwiderständen und Stromwandlern wird der auf dem Meßgerät angegebene Strom als Nennstrom bezeichnet. Die frühere Bezeichnung „Strommeßbereich" wird bei diesen Meßgeräten nicht mehr angewandt. Einesteils messen die Leistungsmesser und Leistungsfaktormesser nicht den Strom, sondern die Leistung und den Leistungsfaktor, andernteils aber sind die Nebenwiderstände und Stromwandler nur Hilfsmittel für die Strommessung, die erst durch das angeschlossene Meßinstrument erfolgt.

Nennspannung:

Bei Leistungsmessern, Leistungsfaktormessern, Vorwiderständen und Spannungswandlern wird die auf dem Meßgerät angegebene Spannung als Nennspannung bezeichnet. Die frühere Bezeichnung „Spannungsmeßbereich" wird bei diesen Meßgeräten nicht mehr angewandt. Einesteils messen die Leistungsmesser und Leistungsfaktormesser nicht die Spannung, sondern die Leistung und den Leistungsfaktor, andernteils aber sind die Vorwiderstände und Spannungswandler nur Hilfsmittel für die Spannungsmessung, die erst durch das angeschlossene Meßinstrument erfolgt. Der Bereich zwischen der niedrigsten und der höchsten Spannung, bei der die vorgeschriebene Genauigkeit eingehalten wird, heißt der Nennspannungsbereich.

Nennfrequenz:

Als Nennfrequenz bezeichnet man bei Strom-, Spannungs- und Leistungsfaktormessern die auf dem Instrument angegebene Frequenz. Ist für ein Instrument ein Frequenzbereich zulässig, so bezeichnet man diesen analog als Nennfrequenzbereich.

Anzeigefehler:

Den durch die mechanische Unvollkommenheit des Meßgerätes und durch die Unvollkommenheit der Eichung verursachten Unterschied zwischen dem angezeigten und dem wahren Wert der Meßgröße bezeichnet man als Anzeigefehler. Vorausgesetzt ist hierbei, daß die Bezugstemperatur eingehalten wird und keine Beeinflussungen durch fremde Felder vorliegen. Der Anzeigefehler wird in Prozenten des Endwertes des Meßbereichs angegeben (vgl. S. 5).

Bezugstemperatur:

Unter Bezugstemperatur versteht man die Raumtemperatur, auf die sich die Meßgenauigkeitsangaben für ein Meßinstrument beziehen. Normalerweise wird die Bezugstemperatur zu $20°$ C angenommen.

Temperatureinfluß:

Der Temperatureinfluß ist bei Strom-, Spannungs-, Leistungs-, Leistungsfaktormessern und Frequenzmessern die Änderung der Anzeige, die lediglich dadurch verursacht wird, daß sich die Raumtemperatur um $\pm 10°$ von der Bezugstemperatur unterscheidet. Bei den Strommessern der Klassen E und F darf der Temperatureinfluß $0,5\%$, bei den Spannungs- und Leistungsmessern der Klasse E und F $0,3\%$ nicht überschreiten. Bei den Meßgeräten der Klasse G beträgt die obere zulässige Grenze 2%.

Frequenzeinfluß:

Unter Frequenzeinfluß versteht man bei Strom-, Spannungs-, Leistungs- und Leistungsfaktormessern die größte Änderung der Anzeige, die lediglich durch eine Frequenzänderung innerhalb des Nennfrequenzbereiches verursacht wird. Der Frequenzeinfluß darf bei den Meßgeräten der Klassen E und F $0,1\%$, bei Meßgeräten der Klasse G 1% nicht überschreiten.

Spannungseinfluß:

Unter Spannungseinfluß versteht man bei Leistungs-, Leistungsfaktor- und Frequenzmessern die größte Änderung der Anzeige, die lediglich durch eine Spannungsänderung innerhalb des Nennspannungsbereiches verursacht wird. Der Spannungseinfluß darf bei den Leistungsmessern der Klasse E $0,2\%$, bei denen der Klasse F $0,5\%$ und bei Klasse G 1% nicht überschreiten.

Fremdfeldeinfluß:

Fremdfeldeinfluß ist die Änderung der Anzeige, die durch ein fremdes Magnetfeld von 5 Gauß Feldstärke bei ungünstigster Phase des Fremdfeldes und ungünstigster gegenseitiger Lage verursacht wird. Der Fremdfeldeinfluß wird bei Strom- und Spannungsmessern bei vollem Zeigerausschlag, bei Leistungs- und Leistungsfaktormessern bei angelegter Nennspannung festgestellt. Bei den eisengeschirmten und eisengeschlossenen elektrodynamischen Instrumenten darf der Fremdfeldeinfluß 3% vom Endwert des Meßbereiches nicht überschreiten. Für die eisenlosen elektrodynamischen Instrumente sind keine Grenzen vorgeschrieben.

Um die bei den eisenlosen Instrumenten möglichen Fehler auf ein Mindestmaß herabzusetzen, muß man beim Aufbau der Meßschaltung besondere Vorsichtsmaßregeln beachten. Hierbei kommt einesteils die gegenseitige Beeinflussung der Instrumente, andernteils die Beeinflussung der Instrumente durch Leitungen und Apparate in Frage. Bei den eisenlosen Instrumenten der Laboratoriumstype ist ein gegenseitiger Abstand der Instrumente von etwa 40 cm von Mitte zu Mitte einzuhalten. Bei den Instrumenten der Prüffeld- und Z-Type ist die gegenseitige Beeinflussung wegen der geringen Ausdehnung der in den Instrumenten wirksamen Felder so klein, daß man die Instrumente ohne weiteres dicht nebeneinander aufstellen kann. Eine Beeinflussung durch die Instrument-Zuleitungen kann nur bei großen Stromstärken auftreten. Man vermeidet sie dann dadurch, daß man Hin- und Rückleitungen möglichst dicht nebeneinander verlegt. Apparate, die starke magnetische Felder erzeugen, z. B. Maschinen und Meßwandler, dürfen nicht in unmittelbarer Nähe der Instrumente stehen. Hierbei ist noch zu beachten, daß die Instrumente der Prüffeldtype infolge der höheren Amperewindungszahl der Drehspulen gegen fremde Streufelder noch empfindlicher sind als die der Laboratoriumstype. Es ist daher bei den Instrumenten der Prüffeldtype besonders auf einen möglichst großen Abstand von Maschinen und Apparaten zu achten.

Störungen durch elektrostatische Ladungen:

Um die bei direkten Hochspannungsmessungen auftretenden Störungen der Instrumente durch elektrostatische Ladungen zu vermeiden, werden die Instrumente der Laboratoriumstype mit einem besonderen statischen Schutz ausgerüstet (vgl. S. 12).

Außerdem können bei Meßinstrumenten noch Fehlweisungen durch elektrostatische Ladungen des Glasfensters auftreten. Um das Entstehen solcher Ladungen zu vermeiden, soll man die Glasscheiben der Instrumente nicht unmittelbar vor der Messung putzen, da durch das Reiben mit einem trockenen Tuch leicht Ladungen erzeugt werden können. Man beseitigt sie durch leichtes Anhauchen der Glasscheibe.

Isolierte Aufstellung:

Bei direkter Einschaltung der Meßinstrumente in Hochspannungs-
kreise mit Spannungen von mehr als 1000 Volt ist eine isolierte
Aufstellung der Instrumente erforderlich. Diese erfolgt am besten
durch Zwischenlegen einer Ebonit- oder Glasplatte zwischen Tisch-
platte und Instrument. Bei sehr hohen Spannungen empfiehlt
es sich, die Instrumente auf Porzellan isoliert (Isolierschemeln)
aufzustellen und zum Schutze des Beobachters mit einer Glasplatte zu überdecken. Naturgemäß ist bei Hochspannung jede
Berührung der Instrumente lebensgefährlich.

Die Isolation der Vorwiderstände gegen Erde ist so bemessen,
daß alle normalen Widerstände für Spannungen bis 3000 Volt für
die volle Betriebsspannung genügend isoliert sind. Bei Reihen-
schaltungen von mehreren Widerstandskasten für Spannungen
über 3000 Volt sind die Widerstände isoliert aufzustellen. Die
Isolierung der einzelnen Kästen sowohl gegeneinander als auch
gegen Erde ist hierbei für die volle Betriebsspannung zu bemessen.

Nennleistung:

Die Nennleistung eines Spannungswandlers ist der Höchstwert der
Scheinleistung, die der Wandler bei der Nennspannung abgeben
kann, ohne daß die Meßgenauigkeitsbestimmungen der betreffenden Klasse verletzt werden. Die Nennleistung wird in Voltampere
gemessen. Ihr Wert ist auf dem Schild des Spannungswandlers
angegeben.

Grenzleistung:

Die Grenzleistung eines Spannungswandlers ist der Höchstwert
der Scheinleistung, die der Wandler abgeben kann, ohne unzulässig erwärmt zu werden. Die Meßgenauigkeitsvorschriften
brauchen bei der Grenzleistung nicht eingehalten zu werden. Die
Grenzleistung wird in Voltampere gemessen; ihr Wert ist auf dem
Schild des Spannungswandlers angegeben. Nach den neuesten
Vorschlägen für die Regeln soll die Grenzleistung stets für die
1,2 fache Nennspannung berechnet werden.

Nennbürde:

Die Nennbürde eines Stromwandlers ist der Höchstwert des
Scheinwiderstandes, den man an die Sekundärseite anschließen
darf, ohne daß die Meßgenauigkeitsbestimmungen der betreffenden

Klasse verletzt werden. Die Nennbürde wird demnach in Ohm gemessen. Der zulässige Wert ist stets auf dem Schild des Stromwandlers angegeben. An Stelle der Nennbürde wird auch vielfach die Nennleistung in Voltampere angegeben.

Auslösebürde:

Die Auslösebürde eines Stromwandlers ist der äußere Scheinwiderstand, bei dem ein Stromfehler von 10% erreicht wird. Vorausgesetzt ist hierbei, daß der Stromwandler mit dem Nennstrom belastet ist. Die Auslösebürde soll kennzeichnen, wie groß der Scheinwiderstand eines an den Stromwandler angeschlossenen Auslösers sein darf.

Übersetzung:

Übersetzung ist bei Stromwandlern das Verhältnis des primären Nennstromes zum sekundären Nennstrom, bei Spannungswandlern das Verhältnis der primären zur sekundären Nennspannung. Die Übersetzung wird als ungekürzter gewöhnlicher Bruch angegeben.

Stromfehler:

Der Stromfehler des Stromwandlers ist die prozentische Abweichung der sekundären Stromstärke von ihrem Sollwert (vgl. S. 88).

Spannungsfehler:

Der Spannungsfehler eines Spannungswandlers ist die prozentische Abweichung der sekundären Spannung von ihrem Sollwert (vgl. S. 95).

Fehlwinkel:

Der Fehlwinkel ist bei Stromwandlern die Phasenverschiebung des Sekundärstromes gegenüber dem Primärstrom; bei Spannungswandlern die Phasenverschiebung der Sekundärspannung gegen die Primärspannung (vgl. S. 88 und 95).

Dauerüberlastung:

Die zulässige Dauerüberlastung beträgt bei Meßwandlern und Meßinstrumenten im allgemeinen 20%. Demgemäß können Stromwandler bei Belastung mit der Grenzleistung mit dem 1,2 fachen Nennstrom, Spannungswandler mit der 1,2 fachen Nennspannung dauernd belastet werden. Ebenso müssen Leistungsmesser und

Leistungsfaktormesser dauernd die 1,2 fachen Werte ihres Nennstromes oder ihrer Nennspannung aushalten. Bei den Strom- und Spannungsmessern gelten die Überlastbarkeits-Vorschriften von 20% nur für die Klassen G und H. Bei den Instrumenten der Klassen E und F ist keine Dauerüberlastung zulässig.

Thermische Festigkeit:

Unter der thermischen Festigkeit eines Stromwandlers versteht man die Stromstärke, die der sekundär kurzgeschlossene Stromwandler ohne unzulässige Erwärmung eine Sekunde lang tragen kann. Ist demgemäß für einen Stromwandler angegeben „therm. 50", so bedeutet dies, daß der zulässige Sekundenstrom 50 mal so groß ist wie der Nennstrom.

Dynamische Festigkeit:

Unter der dynamischen Festigkeit eines Stromwandlers versteht man den höchsten Wert des Stoßstromes, den der sekundär kurzgeschlossene Wandler aushalten kann, ohne mechanisch beschädigt zu werden. Ist für einen Stromwandler beispielsweise „dyn. 75" angegeben, so bedeutet dies, daß er eine erste Stromamplitude vom 75 fachen Betrage der Amplitude des Nennstromes aushält.

Kurzschlußziffer:

Die Kurzschlußziffer dient zur allgemeinen Kennzeichnung der Kurzschlußfestigkeit eines Stromwandlers. Für Kurzschlußziffer 1 ist nach den Verbandsvorschriften dyn. 75 und therm. 50, für Kurzschlußziffer 2 dyn. 150 und therm. 60 vorgeschrieben.

Prüfspannung:

Die normale Prüfspannung der Schalttafel-Instrumente für Spannungen bis 650 Volt beträgt 2000 Volt. Das Prüfspannungszeichen hierfür ist ein roter Stern auf der Skala. Tragbare Instrumente können mit einer kleineren, der jeweiligen Nennspannung entsprechenden Prüfspannung geprüft werden, jedoch wird bei den neuen tragbaren Instrumenten ebenso wie bei den Schalttafel-Instrumenten eine Prüfspannung von 2000 Volt eingehalten. Die Prüfspannung für Meßwandler beträgt $2,2\,E + 20\,\text{kV}$, wobei E die normale Nennspannung des Wandlers ist.

	Drehspul-Meßwerk mit Dauermagnet
	Kreuzspul-Meßwerk mit Dauermagnet
	Dreheisen-Meßwerk
	Eisenloses elektrodynamisches Meßwerk
	Eisenloses Kreuzspul-Meßwerk
	Eisengeschlossenes elektrodynamisches Meßwerk
	Eisengeschlossenes Kreuzspul-Meßwerk
	Drehfeld- (Ferraris-) Meßwerk
	Zungenresonanz-Meßwerk
	Gleichstrom
	Wechselstrom
	Gleich- und Wechselstrom
	Zweiphasenstrom
	Drehstrom gleicher Belastung
	Drehstrom beliebiger Belastung
	Vierleiter-Drehstrom

Umrechnungstafel für den Leistungsfaktor $\cos \varphi$.

Die nachstehenden Tabellen sind unmittelbar für die praktischen Bedürfnisse des Elektrotechnikers zugeschnitten. Es wird daher im Gegensatz zu den bekannten trigonometrischen Tafeln, die von einem runden Winkelwert ausgehen, von einem runden Wert des Leistungsfaktors ausgegangen. In den danebenliegenden Spalten sind die für die Umrechnung erforderlichen Werte $\sin \varphi$ und $\operatorname{tg} \varphi$ sowie die zugehörigen Winkel φ unmittelbar nebeneinander angegeben. Man braucht also hier nicht wie bei den bisherigen Tabellen erst aus dem $\cos \varphi$ den Winkel und dann aus dem Winkel wiederum durch Übergang in andere Tabellen die Funktionen $\sin \varphi$ und $\operatorname{tg} \varphi$ zu suchen.

Nachstehend einige Anwendungsbeispiele der neuen Tabellen:

1. Ist $\cos \varphi$ bekannt, so folgt unmittelbar aus der Tabelle der zugehörige Winkel φ.

2. Ist der Gesamtstrom J und $\cos \varphi$ bekannt, so folgt
$$\text{Wirkstrom} = J \cdot \cos \varphi.$$

Aus der Tabelle entnimmt man den zugehörigen Wert $\sin \varphi$,
$$\text{Blindstrom} = J \cdot \sin \varphi.$$

3. Ist die Wirkleistung, die Spannung E und der Strom J gemessen, so folgt
$$\frac{\text{Wirkleistung}}{E \cdot J} = \cos \varphi.$$

Aus der Tabelle entnimmt man den zugehörigen Wert $\operatorname{tg} \varphi$:
$$\text{Blindleistung} = \text{Wirkleistung} \cdot \operatorname{tg} \varphi.$$

4. Ist die Wirkleistung und die Blindleistung gemessen, so folgt
$$\frac{\text{Blindleistung}}{\text{Wirkleistung}} = \operatorname{tg} \varphi.$$

Aus der Tabelle entnimmt man den zugehörigen Wert $\cos \varphi$.

5. Sind bei einer Drehstrom-Leistungsmessung die beiden Ausschläge α_1 und α_2 gemessen worden und ist α_2 der größere Ausschlag, so ist
$$\sqrt{3} \cdot \frac{\alpha_2 - \alpha_1}{\alpha_1 + \alpha_2} = \operatorname{tg} \varphi.$$

Aus der Tabelle folgt dann wieder der zugehörige Leistungsfaktor $\cos \varphi$.

cos φ	sin φ	tg φ	φ
1,00	0,000	0,000	0°
0,99	0,141	0,142	8° 7′
0,98	0,199	0,202	11° 29′
0,97	0,243	0,251	14° 4′
0,96	0,280	0,291	16° 16′
0,95	0,312	0,328	18° 12′
0,94	0,341	0,363	19° 57′
0,93	0,368	0,395	21° 34′
0,92	0,392	0,426	23° 4′
0,91	0,414	0,455	24° 30′
0,90	0,436	0,484	25° 51′
0,89	0,456	0,511	27° 8′
0,88	0,475	0,540	28° 21′
0,87	0,493	0,567	29° 33′
0,86	0,510	0,594	30° 41′
0,85	0,527	0,620	31° 47′
0,84	0,543	0,646	32° 52′
0,83	0,558	0,672	33° 54′
0,82	0,572	0,698	34° 55′
0,81	0,586	0,724	35° 54′
0,80	0,600	0,750	36° 52′
0,79	0,613	0,776	37° 49′
0,78	0,626	0,802	38° 44′
0,77	0,638	0,828	39° 39′
0,76	0,650	0,855	40° 32′
0,75	0,661	0,882	41° 25′
0,74	0,672	0,909	42° 16′
0,73	0,683	0,936	43° 7′
0,72	0,694	0,964	43° 57′
0,71	0,704	0,992	44° 46′
0,70	0,714	1,020	45° 34′
0,69	0,724	1,049	46° 22′
0,68	0,733	1,078	47° 9′
0,67	0,742	1,108	47° 56′
0,66	0,751	1,138	48° 42′
0,65	0,760	1,17	49° 28′
0,64	0,769	1,20	50° 13′
0,63	0,777	1,23	50° 57′
0,62	0,785	1,27	51° 41′
0,61	0,793	1,30	52° 25′

cos φ	sin φ	tg φ	φ
0,60	0,800	1,33	53° 8′
0,59	0,808	1,37	53° 51′
0,58	0,815	1,40	54° 33′
0,57	0,822	1,44	55° 15′
0,56	0,829	1,48	55° 57′
0,55	0,835	1,52	56° 38′
0,54	0,842	1,56	57° 19′
0,53	0,848	1,60	58°
0,52	0,854	1,64	58° 40′
0,51	0,860	1,69	59° 20′
0,50	0,866	1,73	60°
0,49	0,872	1,78	60° 40′
0,48	0,877	1,83	61° 19′
0,47	0,883	1,88	61° 58′
0,46	0,888	1,93	62° 37′
0,45	0,893	1,98	63° 15′
0,44	0,898	2,04	63° 54′
0,43	0,903	2,10	64° 32′
0,42	0,908	2,16	65° 10′
0,41	0,912	2,22	65° 48′
0,40	0,917	2,29	66° 25′
0,39	0,921	2,36	67° 3′
0,38	0,925	2,43	67° 40′
0,37	0,929	2,51	68° 17′
0,36	0,933	2,59	68° 54′
0,35	0,937	2,68	69° 31′
0,34	0,940	2,77	70° 7′
0,33	0,944	2,86	70° 44′
0,32	0,947	2,96	71° 20′
0,31	0,951	3,07	71° 56′
0,30	0,954	3,18	72° 33′
0,29	0,957	3,30	73° 9′
0,28	0,960	3,43	73° 44′
0,27	0,963	3,57	74° 20′
0,26	0,966	3,71	74° 56′
0,25	0,968	3,87	75° 31′
0,24	0,971	4,05	76° 7′
0,23	0,973	4,23	76° 42′
0,22	0,976	4,44	77° 17′
0,21	0,978	4,66	77° 53′

cos φ	sin φ	tg φ	φ
0,20	0,980	4,90	78° 28′
0,19	0,982	5,17	79° 3′
0,18	0,984	5,47	79° 38′
0,17	0,985	5,80	80° 13′
0,16	0,987	6,17	80° 48′
0,15	0,989	6,59	81° 22′
0,14	0,990	7,07	81° 57′
0,13	0,992	7,63	82° 32′
0,12	0,993	8,27	83° 6′
0,11	0,994	9,04	83° 41′
0,10	0,995	9,95	84° 16′
0,09	0,9959	11,1	84° 50′
0,08	0,9968	12,5	85° 25′
0,07	0,9975	14,3	85° 59′
0,06	0,9982	16,7	86° 34′
0,05	0,9987	20,0	87° 8′
0,04	0,9992	25,0	87° 42′
0,03	0,9995	33,3	88° 17′
0,02	0,9998	50,0	88° 51′
0,01	0,9999	100,0	89° 26′
0,00	1,0000	∞	90°

Verzeichnis der Tafeln.

A. Leistungsmesser und Zubehör.

B. Strom-, Spannungsmesser und sonstige Meßgeräte.

E. Prüfeinrichtungen.

F. Kurven und Diagramme.

Sachverzeichnis.

Meßgeräte und Schaltungen zum Parallelschalten von Wechselstrom - Maschinen.

Von Oberingenieur **Werner Skirl.** Z w e i t e, umgearbeitete und erweiterte Auflage. Mit 30 Tafeln, 30 ganzseitigen Schaltbildern und 14 Textbildern. VIII, 140 Seiten. 1923. Gebunden RM 5.—

Elektrotechnische Meßinstrumente.

Ein Leitfaden von Oberingenieur a. D. **Konrad Gruhn,** Gewerbestudienrat. Z w e i t e, vermehrte und verbesserte Auflage. Mit 321 Textabbildungen. IV, 223 Seiten. 1923. Gebunden RM 7.—

Elektrotechnische Meßkunde.

Von Dr.-Ing. **P. B. Arthur Linker.** D r i t t e, völlig umgearbeitete und erweiterte Auflage. Mit 408 Textfiguren. XII, 571 Seiten. 1920. Unveränderter Neudruck 1923. Gebunden RM 11.—

Meßtechnische Übungen der Elektrotechnik.

Von Oberingenieur a. D. **Konrad Gruhn,** Gewerbestudienrat. Mit 305 Textabbildungen. VI, 177 Seiten. 1927. RM 10.50

Messungen an elektrischen Maschinen.

Apparate, Instrumente, Methoden, Schaltungen. Von Dipl.-Ing. **Georg Jahn,** Oberingenieur. F ü n f t e, gänzlich umgearbeitete Auflage des von **R. Krause** begründeten gleichnamigen Buches. Mit 407 Abbildungen im Text und auf 1 Tafel. VII, 394 Seiten. 1925. Gebunden RM 21.—

Die Meßwandler, ihre Theorie und Praxis.

Von Dr. **I. Goldstein,** Oberingenieur der AEG-Transformatorenfabrik. Mit 130 Textabbildungen. VII, 166 Seiten. 1928. RM 12.—; gebunden RM 13.50

Wirkungsweise der Motorzähler und Meßwandler

mit besonderer Berücksichtigung der Blind-, Misch- und Scheinverbrauchsmessung. Für Betriebsleiter von Elektrizitätswerken, Zählertechniker und Studierende. Von Direktor Dr.-Ing., Dr.-Ing. e. h. **I. A. Möllinger.** Z w e i t e, erweiterte Auflage. Mit 131 Textabbildungen. VI, 238 Seiten. 1925. Gebunden RM 12.—

Die Prüfung der Elektrizitäts-Zähler.

Meßeinrichtungen, Meßmethoden und Schaltungen. Von Dr.-Ing. **Karl Schmiedel,** Charlottenburg. Z w e i t e, verbesserte und vermehrte Auflage. Mit 122 Abbildungen im Text. VIII, 157 Seiten. 1924. Gebunden RM 8.40

Anlaß- und Regelwiderstände. Grundlagen und Anleitung zur Berechnung von elektrischen Widerständen. Von **Erich Jasse.** Z w e i t e, verbesserte und erweiterte Auflage. Mit 69 Textabbildungen. VII, 177 Seiten. 1924. RM 6.—; gebunden RM 7.20

Der Wechselstromkompensator. Von Dr.-Ing. **W. v. Krukowski.** Mit 20 Abbildungen im Text und auf einem Textblatt. (Sonderabdruck aus „Vorgänge in der Scheibe eines Induktionszählers und der Wechselstromkompensator als Hilfsmittel zu deren Erforschung".) IV, 60 Seiten. 1920. RM 4.—

Die Wechselstromtechnik. Herausgegeben von Professor Dr.-Ing. **E. Arnold,** Karlsruhe. In fünf Bänden.

I. Band: **Theorie der Wechselströme.** Von **J. L. la Cour** und **O. S. Bragstad.** Z w e i t e, vollständig umgearbeitete Auflage. Mit 591 in den Text gedruckten Figuren. XIV, 922 Seiten. 1910. Unveränderter Neudruck 1923. Gebunden RM 30.—

II. Band: **Die Transformatoren.** Ihre Theorie, Konstruktion, Berechnung und Arbeitsweise. Von **E. Arnold** und **J. L. la Cour.** Z w e i t e, vollständig umgearbeitete Auflage. Mit 443 in den Text gedruckten Figuren und 6 Tafeln. XII, 450 Seiten. 1910. Unveränderter Neudruck 1923. Gebunden RM 20.—

III. Band: **Die Wicklungen der Wechselstrommaschinen.** Von **E. Arnold.** Z w e i t e, vollständig umgearbeitete Auflage. Mit 463 Textfiguren und 5 Tafeln. XII, 371 Seiten. 1912. Unveränderter Neudruck 1923. Gebunden RM 16.—

IV. Band: **Die synchronen Wechselstrommaschinen.** Generatoren, Motoren und Umformer. Ihre Theorie, Konstruktion, Berechnung und Arbeitsweise. Von **E. Arnold** und **J. L. la Cour.** Z w e i t e, vollständig umgearbeitete Auflage. Mit 530 Textfiguren und 18 Tafeln. XX, 896 Seiten. 1913. Unveränderter Neudruck 1923. Gebunden RM 28.—

V. Band: **Die asynchronen Wechselstrommaschinen.**

1. Teil: **Die Induktionsmaschinen.** Ihre Theorie, Berechnung, Konstruktion und Arbeitsweise. Von **E. Arnold** und **J. L. la Cour** unter Mitarbeit von **A. Fraenckel.** Mit 307 in den Text gedruckten Figuren und 10 Tafeln. XVI, 592 Seiten. 1909. Unveränderter Neudruck 1923. Gebunden RM 24.—

2. Teil: **Die Wechselstromkommutatormaschinen.** Ihre Theorie, Berechnung, Konstruktion und Arbeitsweise. Von **E. Arnold, J. L. la Cour** und **A. Fraenckel.** Mit 400 in den Text gedruckten Figuren und 8 Tafeln. XVI, 660 Seiten. 1912. Unveränderter Neudruck 1923. Gebunden RM 26.—